超越仁义－政治之境

郭美华 —— 著

《庄子·外篇》解读之一

从《骈拇》到《天地》

广西师范大学出版社
·桂林·

本书受到教育部人文社会科学重点研究基地华东师范大学中国现代思想文化研究所出版资助,以及中央高校建设世界一流大学(学科)和特色发展引导专项资金与中央高校基本科研业务费资助

目　录

引言　生存的整体性境域与仁义-政治之域的超越

只有一个世界，这是人领悟自身生存的一个基本方面。由此，这个世界就必须从少数人或者个别人的私人化窠臼与主观化囚禁之中释放出来，否则，每一个体以及所有个体的自然、自在而自由的生存就无以可能。捍卫自身生存于其中的这个世界的独立自在性，是每一个自由存在者的责任。自由的生存必须对一切障碍加以反抗，"自由的人是战士"①。生命的自由就是有能力进行反抗，"无能于反抗"是生命的衰弱、退化和颓废。

这个世界即是天地及其万物构成的无限性整体。这个无限性整体是人自身生存得以展开的整体性境域。它对于任何个体具有绝对外在性。其间蕴涵着无数差异性，差异性的个体之间彼此相与而外在。就人类自身的生存而言，天地及其万物的自在性与外在性、人自身的自然性与自由性，具有根源性意义。天地的无限性、外在性担保着人的自然、自由之在。

人类自身有着政治之域、仁义（狭义的儒家道德而非道家之道德②）之域、教化之域。通常儒家倾向于认为政治-仁义-教化具有本质一致性而一体，并将其规定抽象化、先验化并绝对化，视之为每个人以及所有人的本质。

---

① ［德］尼采：《偶像的黄昏》，李超杰译，商务印书馆，2013年，第81页。

② 孔子也提及道-德连用："志于道，据于德，依于仁，游于艺。"（《论语·述而》）但道-德在孔子那里只是偶然论及，其主要关注的还是仁、礼等伦理概念，而老庄则是在本体论意义上使用道德概念。

但在庄子哲学看来,独一无二的独化、独有之在,才是至关重要的。生存的真正个体性是不可言喻的,是非名言之域①,那即是隐逸之域。只有在政治、仁义、教化之间适当划界,在三者之间相互勾连的同时保持各自分别的界限,才能使个体性隐逸生存得以可能。就此而言,庄子所谓"君臣父子无所逃于天地之间"(《庄子·人间世》),其本意是要将政治-仁义(伦理)之维回置到无限天地整体之中,从而开启人的自然而自由的隐逸生存可能。但是,在后儒的伦理绝对化过程中,"君臣父子无所逃于天地之间"被扭曲为"天地无所逃于君臣父子",后儒用普遍的政治-伦理观念与原则,囚禁了天地万物,束缚了每一个人以及所有人。本书立足于生存论视野,经由对庄子的重新解读,将人的未知可能性与有限而开放性从政治-仁义一体化之域中解放出来,"向人们据以虚构出一个真实世界的所有前提宣战。此类前提也包括如下主张:道德价值就是最高价值"②。

庄子哲学无疑昭示了超越仁义-政治之域的自由而深邃的生存可能性。尽管大多数研究者认为庄子哲学主要体现在其内篇之中,但是,从两个方面来看,外篇乃至杂篇的深度诠释是具有意义的(当然这基于对整个《庄子》文本的深度诠释):一是对庄子哲学而言,外篇和杂篇不但构成着整个庄子哲学,而且,每一篇都具有独立性的意义,它们都深刻地呈露了问题的不同方面;二是对迈向自由而深邃的致思者来说,一个对象文本本身的深度,奠基于阐释者自身思考的深度——《庄子》的每一篇文字都可以让思想深入自身。就阶段性的理解而言,《庄子》外篇之《骈拇》到《天地》已然揭示了一种更为磅礴广阔的生存视域,即超越仁义-政治之域的无限性生存境域。

《骈拇》基于自然本性与仁义造作这一基本的区别而展开自身的讨论。《骈拇》以骈拇枝指为自然形体之累赘,类比说明仁义礼乐是精神生命之累赘,着重指出:儒家所谓仁义并非道德之正——仁义是对人之自然真性的扭

---

① 冯契说:"一个生活中的我,作为具体的存在,却总是有难以用语言表达的情况。"(冯契:《人的自由和真善美》,华东师范大学出版社,1996年,第188页)

② [德]尼采:《权力意志》,孙周兴译,商务印书馆,2021年,第1009页。

曲与遮蔽,道-德则敞开人之自然、自在与自由生存的通道。仁义通过与权力的沉瀣一气,伪造出某种普遍之物。如此普遍之物吞噬了整体世界的自在性与道的客观性,使得无数他者丧失自身的自在性与差异性。仁义作为扭曲与虚妄的掩饰物,阻断了道与德之间自由而畅然的往复交通,成为回到真实整全世界与真实个体之间的障碍。所谓仁义,表面上是对爱和秩序的强调。但是,仁义不但不是人的真实本性,反而是人之真情实感的虚伪化;仁义僭越而成的道并非真正的道,道作为真正的秩序"让"每一物在其自身,而"仁义"作为虚妄的秩序,"使"每一物丧失自身为其自身。仁义颠倒了真实与虚妄,它以虚妄的东西作为本质,而强行加于每一物以及万物和天地,使得流俗世界陷入以无本质为本质的荒谬境况。因此,只有舍弃、克服仁义,才能返归整全之道与本真之德的自由顺畅之沟通,才能让万物整体与每一物回到自身的自然真实。

《马蹄》更进一步揭示了仁义的虚妄性与荒谬性。在人类自身的历史与现实中,仁义(作为非本真道德的流俗道德)与权力二者的勾结,造成了一种根深蒂固的谬见,即二者伪造了人的本质,将仁义-政治视为每一个人乃至整个世界的本质内容。从而,仁义与政治作为利益占有的遮羞布,强行侵夺人心,湮没了人和世界的自在性与自然性。《马蹄》对"治天下"与"圣人"的批判,捍卫着人类生存中每个人返回自身自在性、世界整体返回自身自然性的可能。

《胠箧》与《骈拇》《马蹄》一起展开对仁义、圣人、知识的批评。《胠箧》主要集中批判圣人和圣知扭曲政治,并由此指出其导致人自身存在的异化,遮蔽人自身走向、回到其本真之在的可能性通道。《胠箧》通过对世俗之知与圣人之知的本质一致性、圣人与大盗之一体性、知识的逐利本性的揭露,以及对权力与知识及仁义沉瀣一气以逐利的批判,显露出深刻的政治批判意义。

在流俗的仁义-政治一体的世界里,利益的占有与"道德"的伪饰沉瀣一气。《在宥》一针见血地指出,从根本上说,只有让天下回到天下自身,每个人与所有人乃至万物才能回到自身。就每一物乃至所有物之自然而自在的存在而言,根本就没有"治天下"的可能与必要,它不但不导向人自身的完善,反而导致人和世界以及万物的戕害。人类生存处境的悖谬之一就在于,一个毫无必要与可能的"政治治理",被逐渐扭曲、转化为人的本质和真实。如此扭曲,越发加重了人、万物与世界的虚妄化,甚至治理者本身也丢失了自身。政治治理欲求以普遍的正确认识或真理使人心向善,实质上却是以自私的主观观念扰乱了人心;在政治治理的进程中,治理者不断将天地万物加以伦理化、政治化,将人和天地囚禁在仁义-政治的狭隘之域。政治治理在不断强化的过程中,最终走到了自我崩溃的处境——在已然有着政治治理的这个世界,只有政治治理先行以普遍而超越、自在而正义的秩序约束、规制自身之际,每一物乃至所有物与天地才能返回到自身的自然与自在。只有在天地保持其自在性与无限性、整体性秩序保持其自在性与超越性的基础上,每个人才能走向真实的个体性生存,即独有之在。如此生存论的认识论领悟即是,每个人之合于其德的有限而开放的生存,与无限性、自在性的天之间,永远保持着间距,即天永远具有外在性。

如此致思,在《天地》中得到进一步的呈露。《天地》开篇两节强调,人存在于世界之中,而世界作为整体有其秩序,并有无数他者共在其间。因此,无数彼此相异的个体共存于整体世界,天地整体及其秩序必须保持自在与自然,而不能为任何个体所僭越。如此,每一个别物和所有物,才能在如此自然整体中,在自在秩序的制约下,各得其自身。每一个体置身于如此整体及其秩序,就能将自身视为他者而达成双重自然性,既是让他者作为我回到其自身之自然,也是让我作为他者而回到自身之自然。捍卫天地整体及其秩序的自在与自然,与持守自我作为他者的自然,是《天地》开篇乃至整个《庄子》的道家生存论之基本主旨。

《天地》第三至五节表明,天地整体及其秩序的统一即是道。在人类存身其间的这个天地世界之中,人类整体的无数个体之间存在无穷的差异性。无论是认知能力的高低之别,还是物性能力的大小之分,都不能消解天地整体及其秩序的自在性,也不能湮没每一个体的差异性。这是《天地》一以贯之的主旨。第三节在人与天地万物的寂感相应中,突出不能以自觉与自为湮没天地及其万物的自然与自在;第四节突出自我与他者都是玄珠自得的自在性存在,而不为任何个体的认知外在地加以把握;第五节再次以尧之欲让天下的方式,以许由的居间性彰显流俗仁义-政治之域的治理对天地及其万物之本性的扭曲。由此而言,《天地》不同章节,都是以不同的角度和方式对天地整体及其秩序与万物的自在性和他者差异性反复加以论辩。《天地》第六、七两节继续深化对政治的批判。第六节揭示尧以君子之德治理天下而伪为圣人之治,区分君子之政任个体之德,而圣人之政依循超越而普遍自在之道;第七节进一步阐明仁义(狭义道德)与政治之间的不一致,无序之政治的展开必然导致仁义(狭义道德)的衰败。接着在第八节绽露了庄子哲学中一个重要的论述,即通过从泰始到大顺的讨论,显露出有无浑成的整体之分化展开及其返回的生存之境。

在一定程度上,《天地》第九至十一节的内容具有连续性。第九节是孔子与老聃的对话,孔子认为流俗的政治治理与人的本性是一致的,人的本质应该经由政治治理而生成并与之相合。但是老聃揭露了政治治理与仁义相沆瀣的本质,即政治治理把悖逆于人之自然的东西当作人的本质,而倡言忘己而让万物入于自然。第十节是将闾葂与季彻的对话,前者认为政治治理者应该标举自身的德性以治理天下,而季彻则指出政治治理者的道德自高必然走向权力自高(即突出权力的至上性),从而使治理者与被治理者都丧失自身——陷入“贼心”。由此,季彻认为,真正的自然真实之在必须克服贼心而迈入独志(自然而真实的个体)。第十一节是子贡与汉阴丈人、子贡与孔子的对话,通过对子贡这个人物的知识性-技术性-功利性取向的剖破,以及孔子对知识性认知的否定,昭示了汉阴丈人作为隐逸者生存的、不可被认知的自然真实性(浑沌之在)。

《天地》最后四节在内容上有所深化。第十二节中,苑风具有儒家式圣人倾向,以为一般民众需要给予他们以价值、秩序的“圣治”,其基础在于圣人具有不容已的“德性”与高超的“神光”;而谆芒则以每个人在其自身的无治为圣治,以每个人以及所有人的自得其德为“德人”,以不可认知的命运与生命的未知绽放之混冥一体为“神人”。第十三节通过门无鬼与赤张满稽对周武王之血腥杀伐与舜之禅让的讨论,拒斥了暴力血腥与仁义伪饰,而凸显了自然、自在而自由的人类生存之境。第十四节中,庄子以自陈式论调揭示了流俗世界欲求独得之见而陷于道谀的悖谬,在举世大愚大惑的境域中,觉解者只能隐逸而生,持一分绝望的希望。第十五节以百年之木破断失性为喻,说明五色、五声、五臭、五味、五趣以及仁义对人的残生伤性,吁求走出生命的自囚而迈向自由与清白之在。

生命并不苟延残喘。权力的宰制是苟延,伪道德的欺蒙是残喘。这个世界并非是非对错的简单划分,生存在这个世界是走向更深邃、更广袤:"生命体所做的一切并不是为了自我保存,而是为了变得更丰富"①;"生命之贫者即弱者使生命变得更贫乏,生命之富者即强者则使生命变得更富有"②。在迈向更为深邃、更为广袤之生存的过程中,我们反抗一切扭曲与遮蔽自由的阻碍,我们捍卫一切引向自然而自由的通道。在此进程中,我们要将一切使我们生命虚无化的所谓普遍的价值与理想加以虚无化,"'最渺小的世界'乃是普遍决定性的东西"③,由此,我们就将走向克服虚无而真实的生存。如此生存的精神性标志,"就是独立性"④,也就是庄子所谓"独有之人"(《庄子·在宥》)。

---

① [德]尼采:《权力意志》,第 1030 页。
② 同上书,第 973 页。
③ 同上书,第 954 页。
④ 同上书,第 846 页。

第一章　仁义对道-德的阻碍与中断
——论《庄子·骈拇》对仁义的批判

　　《庄子》之书,历来以为内七篇是其核心所在,外篇、杂篇为其辅翼。这个说法是的当之论。不过,外篇之论,虽有拉杂过激之处,但非浅薄无益之论。况且,就历史影响而言,《庄子》作为一个整体,不能任意剖裂,须浑然视之。即使就文字而言,外篇也是"文字华密,如美锦然。古今多少笔法,自此萌芽而出! 或曰外篇文粗,误矣"①。

　　内七篇是以文义撮要为篇名,外篇、杂篇则是取章首二三字以为篇名。以义为题当然更为显豁,但以章首为题也并非与主旨毫无关联。实际上,作为外篇首篇,《骈拇》开篇所谓"骈拇枝指",关联于性、德、形而论"侈",其间的义理并非直接显明的,而有晦涩深邃之处。作为譬喻,它突出仁义之为"侈"。从仁义是对人之存在的"侈",即多余之物出发,《骈拇》实质上的主题是:仁义作为造作之物,是对道-德之间自然畅然关联的阻碍和中断。《骈拇》从道-德之本然而然之关联出发对仁义进行批判,彰示了人之生存的自然性的深度与厚度,其整体性不容仁义的遮蔽与隔阻。

　　本章依据《骈拇》文本的分节,展开为五个部分的阐释。分节采用陈鼓

---

①　林希逸:《庄子鬳斋口义校注》,周启成校注,中华书局,1997年,第147页。

应版本①,每节的阐释基本依从文本顺序,但对《骈拇》中道-德与仁义的本质之别,则基于生存论的视野,作出了入乎其内而又出乎其外的义理阐释与逻辑重构。总体而言,《骈拇》认为,人的自然形体有骈拇枝指,精神生命则有仁义礼乐,二者都是对人之本性的背离与扭曲。特定个体的骈枝之物(即仁义),通过与权力的沆瀣一气而伪造为普遍之物,吞噬了整体世界的自在性与道的客观性,使无数他者丧失自身的自在性与差异性。仁义作为扭曲与虚妄的掩饰物,阻断了道与德之间自由而畅然的往复交通,成为回到真实整全世界与真实个体之间的障碍。《骈拇》对仁义的批评,集中指出:仁义不等于道德,反而是道德的反面与阻碍;仁义不但不是人的真实本性,反而是人之真情实感的虚伪化;道作为真正的秩序是"让"每一物在其自身,而"仁义"作为虚妄的秩序,"使"每一物丧失自身为其自身;仁义颠倒了真实与虚妄,使流俗世界陷入以无本质为本质的荒谬境况;只有舍弃仁义,才能返归整全之道与本真之德的自由顺畅之沟通,才能让万物整体与每一物回到自身的自然真实。

第一节:仁义并非道德之正

　　骈拇枝指,出乎性哉! 而侈于德。附赘县疣,出乎形哉! 而侈于性。多方乎仁义而用之者,列于五藏哉! 而非道德之正也。是故骈于足者,连无用之肉也;枝于手者,树无用之指也;骈枝于五藏之情者,淫僻于仁义之行,而多方于聪明之用也。

　　是故骈于明者,乱五色,淫文章,青黄黼黻之煌煌非乎? 而离朱是已。多于聪者,乱五声,淫六律,金石丝竹黄钟大吕之声非乎? 而师旷是已。枝于仁者,擢德塞性以收名声,使天下簧鼓以奉不及之法非乎? 而曾史是已。骈于辩者,累瓦结绳窜句棰辞,游心于坚白同异之间,而

---

① 陈鼓应:《庄子今注今译》,中华书局,1983 年,第 231—243 页。

敝跬誉无用之言非乎？而杨墨是已。故此皆多骈旁枝之道，非天下之至正也。

骈拇，大脚趾与二脚趾相连不分；枝指，多生一指，俗称六指。骈拇、枝指在什么意义上可以理解为"出乎性"而"侈于德"？而附赘、悬疣又在什么意义上称为"出乎形"而"侈于性"？

开篇这一节，《庄子》要提示的是"道德之正"或"至正"。那么，究竟何谓"道德之正"或"至正"？如果对"侈"与性、德、形的关联没有一个恰切的理解，所谓"正之所以为正"，就不能得到真正的领会。

林希逸说："与生俱生曰性，人所同得曰德。骈拇枝指皆病也，本出于自然，比人所同得者则为侈矣，侈，剩也。似此性德字义，皆与圣贤稍异。附赘悬疣，亦病也。骈枝则生而有之，赘疣生于有形之后，故曰出于形而侈于性。"①这个说法不准确，但有启发。骈拇、枝指，是形体生命降生之初就有的；附赘、悬疣是形体生命降生之后才长出来的。问题在于：在何种意义上它们都是"侈"，乃至于称为"病"？骈拇枝指也是形，附赘悬疣也是形。为什么骈拇枝指是"出乎性"而"侈于德"，附赘悬疣则是"出乎形"而"侈于性"？林希逸以同众人相比而言"侈"论"病"，有所及而不确。

骈拇是相对于特定个体之行走的不便，枝指则是相对于个体执拿的不便。骈拇枝指之为"侈"，基于特定个体自身的生命之展开而言，才能有其确切意义。因为其有碍于个体自身生命的自然畅然之展开，所以为"侈"；而不是说与别人相比，其他大多数人都缺少这个东西，特定个体之骈拇枝指才被称为"侈"或"病"。实质上，在与众人相比的意义上，天生形体上的"多"，并不必然就是"侈"而"病"，也可能是"少"而"病"。换言之，一个人形体上的大小、多少，在与他人相比较而言的意义上，根本不能确切地说是"侈"与"病"，而必须与其自身生命存在之展开相关联才能确定。通过与他人相比较而言的"侈"与"病"，是一种外在性的"侈"与"病"；与自身生命存在展开过程的整

---

① 林希逸：《庄子鬳斋口义校注》，第 138 页。

体相关联而言的"侈"与"病",则是一种内在性的"侈"与"病"。

从根本上说,性出自天,而德源自道。天与道两者,究极而言,区别在于:天更多地指本然根源性,道则更多意指存在及其生化的过程性与秩序性。作为本然根源性的天性,一成永成;作为过程秩序性的道,则无所成而成。骈拇枝指作为天性所有,无所谓大小多少好坏之得失;但在生而即有的生命延展中,作为自身绵延的秩序性本身之不绝如缕,是确定作为自身间断性之既成所有物(所谓德)的根据。因此,源于生命绵延展开的前行之自为肯定而有的生命内容,当然不是"侈"与"病";悖于生命自为肯定之延展的掺入物,则是"侈"与"病"。所谓骈拇枝指作为天生之"侈",是基于生命自为肯定的延展而言的,即二者悖于、碍于生命的自为肯定的延展。而附赘悬疣作为生命延展过程中的衍生物,因其悖于生命延展的自为肯定,所以"侈于德"而为"病"。天生所有之骈拇枝指,相对于生命自为肯定的延展过程,因其悖逆、阻碍此过程,而被视为"侈"与"病";后天生命延展而衍生的附赘悬疣悖于此过程,而无与于天生之性,是"侈于性"而为"病"。

骈拇枝指只是一个取譬之论,《庄子》要说的不是单纯的形体生命,而是道德生命。真正的道德——道是生命自身绵延展开而自为肯定的秩序,德是由此有序展开而生成的生命内容。就任何生命存在而言,这是根源性的道德,亦即道德之正。但是,道德在流俗中衍化而为仁义,或以流俗仁义为道德之时,便失去了根源性的道德,而非道德之正了。

骈拇枝指、附赘悬疣,就其属于特定个体而言,本已是有碍于自身之生命存在之物;倘若特定个体悖逆而为,兀自标榜起来,以为他人没有"骈拇枝指、附赘悬疣"是生命之缺失,反而强求他人也"普遍一律"地具有"骈拇枝指、附赘悬疣",这岂不是丧失道德之正而至为不正吗?

在此,《骈拇》以仁义与个体的有形五脏性质相关(所谓肝仁、肺义、心礼、肾智、脾信),明确其为有形生命之骈拇枝指或附赘悬疣。骈拇是对行走的多余与阻碍,枝指是对执拿活动的不便与妨碍,仁义则是对五脏活动与耳目聪明活动的支离与乖僻。这个支离、乖僻是双重性的,既是对自身生命存在的支离,也是对他者生命存在的乖僻。

骈,是一种无用的关联;多,是一种无益的增加;枝,是一种有害的推扩;

旁,则是对多余之物的依赖。离朱之生命,侈于其眼睛之明,本无益于生命之本质,却背弃自身当作生命的本质,并衍化为流俗对色彩的追逐,从而淆乱了人天然之眼神,也搅扰了自然之色调;师旷侈于其耳朵之聪,本无用于其生命之延展,却被师旷作为其生命之本,流俗且以之为人所同求的美声,从而戕害了他人的耳朵,也弄乱了自然的音声;曾参、史鱼作为五脏禀性侈于其性者,以一己肝之仁为普遍之德,标榜拔擢以为至道,阻塞人性以求声誉,使他人汲汲于竞逐他们天性所不及之物,荼毒他人生命、扭曲天下之大道;杨朱、墨子天生辩才,侈于言语之敏捷使用,对语言加以无谓、有害的纠结、叠复,在虚妄的坚白、同异之分中,迈着病态的步伐,夸耀无用的"自私用智的思辨之言",迷离了人心、杂乱了语言。

流俗世界总是充斥着"多骈旁枝之道",根本无与于真实生命的存在及自为延展,丧失了天下之为天下的至正之则与至正之态。

究实而言,生命自为延展的"天下整体"与"个体自身"被双重湮没与扭曲,这是流俗邪曲之道的根本所在。

第二节:仁义是对自然真实之情的虚伪化

彼至正者,不失其性命之情。故合者不为骈,而枝者不为岐;长者不为有余,短者不为不足。是故凫胫虽短,续之则忧;鹤胫虽长,断之则悲。故性长非所断,性短非所续,无所去忧也。意仁义其非人情乎! 彼仁人何其多忧也?

且夫骈于拇者,决之则泣;枝于手者,龁之则啼。二者,或有余于数,或不足于数,其于忧一也。今世之仁人,蒿目而忧世之患;不仁之人,决性命之情而饕贵富。故曰仁义其非人情乎! 自三代以下者,天下何其嚣嚣也?

真正的"正",奠基于性命之情——性者成于生之展开,命者前定于生命之开启①；二者在现实人生展开过程之中的交织浑融即是性命之情，换言之，即生之实情。人生之至正，以生命存在自身的真实展开为根源与目的。

骈拇者之手指粘合而生，枝指者多生一指，"粘合而生"与"多生一指"诚然为生之实情，但并不就是价值意义上的侈、病之"骈""枝"。面对手指之粘合与多生一指的实情，情绪与价值的附加掺入，有两种极端：（1）骈拇者与枝指者以其骈、枝为天下之正而正天下，遂使天下及其万物皆失其正；（2）世俗执无骈无枝以为正而以正骈拇者与枝指者，遂使骈拇、枝指者失其正。前者是"圣人"的独断，后者是"众人"的强制，皆非生命之正。流俗之大失其正，恰好是伪以为圣者，假众人之盲从而妄立仁义之名以为正。

从每一物自身之自为展开而言，粘合而生者不一定是骈，多生一指者不一定为枝——合于自身则非骈非枝，不合于自身则为骈为枝。流俗为着某种治理的方便而统一的"度量"，往往成为戕杀人之生命存在的利器。实质上，一物之显现为长，就流俗而言似乎是有多余之处，但就在其自身而言，只是自足于自身而无所多余；一物之显现为短，就流俗而言似乎是有不足之处，但就在其自身而言，只是自足于自身而无所不足。恰如野鸭的脖子很短，但因其自足于自身之生存，如果"爱之而续长之"，则野鸭的生命本身即陷于"忧"了；同样地，对长颈之鹤而言，其颈长自足于其自身之生存，如果"爱之而截短之"，则鹤的生命本身就陷于"悲"了。

就每一物而言，长短在其自身是否多余或不足，以其自身生命存在及展开之"自为肯定与否定"为标准。由此而言，何以为忧？自有骈枝者，以为天下皆有缺失而忧，遂爱以骈枝天下，这正是天下失去其正的根源；而无骈无枝者之怠惰与懦弱，任由骈枝者之骈枝、戕害天下，自失其正更无论天下之正。伪以为圣者之言曰：乐以天下，忧以天下。天下何以需要一个人去为之乐、为之忧？天下因其忧乐而失天下之正。《庄子》的告诫在于，伪以为圣者之忧是天下之大患，这是我们必须警惕的。当然，《庄子》并没有明言：倘若粘合而生的指头与多生一个的指头本身有碍于特定个体自身生命存在的展

---

① 王夫之说"生而然者，则谓之性矣"，这个是可以的；但说"性因乎气质"则是迁就注疏习惯的说法。见王夫之《庄子解》，王孝鱼点校，中华书局，1964年，第77页。

开,于其自身而言为骈枝之侈、病,是否可以截长续短? 个体自身并非总是内在自足的,相与共在与相助而生具有本体论上的意义,这并没有逸出《庄子》的视野。只是,他转化了问题自身显现的角度——走向自然而真实,而非矫饰以虚伪。

在道德-政治哲学领域内,就流俗之展开而言,对天下的仁爱与对天下的伤害,二者交织为用,实质上是一个永恒的难题。就仁义而言,到底是不是人生存的实情呢?《庄子》也说"君臣父子无所逃于天地之间",似乎是承认仁义为有人生存之天下的实情;而且,《庄子》中的隐者一如《论语》中所展现的隐者,他们也有妻儿与朋友。即便可以撇开君主不论,撇开兄弟姐妹不论,人总是生而即有父母。如果仁义即是指父母与子女之间源初的情感-伦理关系,那么,以仁义为忧者究竟错失在哪里呢? 那些自称为仁义之人或伪以为圣者,究竟忧虑的是什么?

对合于自身生命存在展开的"粘合而生"者或"多生一指"者,以之为骈、枝而剖分之、切除之,实际上是伤害其生命,小者使之痛而哭泣,大者使之残而死去。为什么非得剖分其骈和枝? 为什么非得切除其多生之指?

流俗于此有一"忧"——以一个"超越每一个体自身生命的抽象普遍之数",断定骈合者"少"于此"数"而"枝指者""多"于此"数"。流俗在对人生实情的阉割中,所忧的是"普遍自身的实现",而不是"每一物自身的实现"。而那个所谓的"普遍之数",并非天下及其万物自身的自然,而是假仁义以忧天下者"蒿目"所伪造之物。所谓"蒿目",即"半闭其目"①。半闭其目而遮蔽天下,却以其闭目所见为天下普遍之物,这就是"忧世之患而自劳"以为"仁"②。郭象说"仁义自是仁之情性",应当"任之","恐仁义非人情而忧"是多余的"忧"。③这个说法,没有抵达《庄子》的本意。

天下之大伪,不外乎两种表现:一是说天下及其万物是神圣之物或人创造的,二是把天下本来自然平常之物说成是自己赋予高深意义的。就第一

---

① 林希逸:《庄子鬳斋口义校注》,第 140 页。

② 同上。

③ 郭象注,成玄英疏:《南华真经注疏》,曹础基、黄兰发点校,中华书局,1998 年,第 185 页。

个方面而言,如果是宗教信仰,那另当别论。如果是哲学、道德或政治,显然经不住反思与推敲。问题在第二方面:父母之生儿育女乃天下一个朴朴素素、平平常常、自自然然的实情,有何可忧之处? 伪以为圣者以仁义为忧,究竟是要做什么呢? 一个平凡的生命个体,难道没有另一个伪以为圣者或自称为仁义者来标榜仁义,就不知道父母兄弟之爱了?

首先,伪以为圣者或自称仁义者,以一己之私为天下之公(个人的爱被视为普遍的爱),将自然之爱神秘化(不是自然的爱)、玄虚化(不是真切的爱),阻碍甚至剥夺了无数他者、每一个人返回自身去沉沦于爱的道路与通道。爱在真实而具体的个体之间自然绽放,各切于相与者自身生命存在及体验的内在浑融,需要什么人去给予他们双方什么呢? 父母子女之爱,太自然平凡不过了,那是生命交融者之间的情感浑融一体,不必要任何人去为之忧。

其次,每一个体都各自处在自然相爱之中,不同的个体因爱而有多重面向。父母与子女既共处爱的共同体,又相互各为自身——爱的共同体不能剥夺各为自身的独立性,而各自各为自身的独立性也不损害爱的共同体;不同的爱的共同体及其中的个体相互之间,又共存于一个更大的关系共同体,此共同体有着不同于爱的共同体的秩序与情感——就此共同体而言,其秩序只能奠基于所有个体的相互关系,而不是其中某一特定个体的意志。因此,需要明确:(1)在爱的这个小共同体中,其自然而然的爱与关联,不能过渡为广阔范围之内关系共同体的秩序;(2)无论是小的爱的共同体,还是大的关系共同体,任何个体都不能作为超越之物而站在共同体之上,为共同体以及共同体之中的成员加以外在的"忧";(3)相互关系构成秩序,此秩序对于共同体并没有外在性,但对于共同体中的每一个体则具有一定的外在性,秩序本身的合道德性必须以秩序对于每一个体、所有个体的一定外在性为基础;(4)实质上,基于共同体及其成员的相互关系而有的秩序,其外在性,相应着每一个体反求诸己、切己而行的觉悟与对自身有限性的领悟,整体以及整体中的他者与自身作为个体的异质性必须成为一致性的前提与基础;(5)实际上,将自然而然之情拔高为天下的神秘之物,就是以仁义道德为牌坊掩藏无耻之盗娼。

若非如此,伪以为圣者、自以为仁者,便塞目杜撰虚无之物而为天下忧;由于其沉溺于权力而戕害天下,万民皆失性情之真,而以富贵为人生之饱足。人们本来自然而真实地处在相爱之中,流俗伪善者、权力者窃之以为遮羞布,假意宣扬而行盗娼之实,自失其正并使天下以及万物失其正。

每一个体都处在爱与秩序之中,这是生命之实情。但在流俗嚣嚣之仁、义的意识形态宣教中,真爱成为虚伪,秩序成为强权,人生成为苟活。

第三节:本真之序"让物成其为自身"

　　且夫待钩绳规矩而正者,是削其性者也;待绳索胶漆而固者,是侵其德者也;屈折礼乐,呴俞仁义,以慰天下之心者,此失其常然也。天下有常然。常然者,曲者不以钩,直者不以绳,圆者不以规,方者不以矩,附离不以胶漆,约束不以绳索。故天下诱然皆生而不知其所以生,同焉皆得而不知其所以得。故古今不二,不可亏也。则仁义又奚连连如胶漆绳索而游乎道德之间为哉,使天下惑也!

每一物都在与他物的关联之中而存在。相互关联具有一定的秩序。此关联及其秩序,具有超越相互关联物的超越性与普遍性。每一物存在于相互关联的整体及其秩序之中,必须以合于整体及其秩序为前提。

但是,问题在于:第一,整体及其秩序是否为相互关联者中的某一个别物所彻底而完满地体现,甚至于某一个体就成为整体及其秩序本身?第二,整体及其秩序是否就成为其中每一个体自身存在的全部内容或最为本质之处?第三,处于整体及其秩序中的每一物是否可以而且可能持有自身对整体及其秩序的选择、批判、否定等权能?

无疑地,没有任何一物可以僭越地以自身为整体及其秩序。但在很多自以为圣的个体那里,这成了一个隐秘的颠倒。《庄子》的批判,在这里具有恒久的意义。

趋同求名可能是人自身存在的某种本能，乃至于个体生命的历程成为获得他人承认的一场表演。而获得他人承认，依赖流俗之名——空乏无实的普遍之物。对他者肉体的消灭能力，对物利占有的数量大小，作为人类自身兽性的残存物，却成为人类自身具有"伟大成就之个体"的标志。

天下之物，岂有任何一物非其自身？

只有当一物扭曲其自身，它才以他物反而约束自身；一物以他物约束自身之异在为其自身，进而以自身对他物的约束为他物之自身。即便一物之异在是"被"扭曲，也不能证成其对他物的扭曲。只有以自身之异在为自身，从而以扭曲的他物为他物之自身，才有所谓"使某物成为其自身"。破除"使"的扭曲，必须扬起"让"的回返。

一物之为物总是在其自身，此物对于彼物，根本没有"使其成为自身"的可能，只有"让其成为自身"的可能。让他物成为他物自身，之所以是"让"，就在于领悟自身之有限性、恶性、渺小性等。如此之"让"，是"拒斥他物之使我成为我自身"与"克制我使他物成为他物自身"两方面的统一。如此拒斥与克制相统一的"让"，是整体及其秩序最为本真的显现样式。这是《庄子》批判仁义的重要意义所在。

尽管就自然物而言，在这个属人的世界里，本然自在的物是一种近乎想象的东西，但是，内在于人自身的器物制作活动，可以有自我警醒的反思。基于自身的实践需要，人类假物以为用。物的现实性质，以人类的需要为判断的终极准则。人类的准则，在器物制作活动中，体现为钩、绳、规、矩。人类尽管不能脱离钩、绳、规、矩的使用而认识草木瓦石等自然物的性质，但是，在器物制作活动中领悟着一个"实情"，即被施加以钩、绳、规、矩的草木瓦石自身有着并非曲、直、圆、方可以囊括至尽的自在性。物的自在性在人类器物制作活动中的显现，是人类生命活动可以深邃自身并宽容万物的根据。

在因人之需而进行的器物制作活动中，草木瓦石有着多于、超出人类需要之物，人类便以钩绳规矩而剪裁草木瓦石；这是"人类需要之正"（准则），但恰好是草木瓦石自身本性之削弱毁损。在因人之需而进行的器物制作活动中，草木瓦石有着少于、不及人类需要之物，人类便以纆索胶漆而捆缚黏结草木瓦石；这是人类需要的加固，却是对于草木瓦石的附赘悬疣，是对其内在之德的强加入侵。

就仁义礼乐而言,礼乐以人身体的歪曲、扭折为礼乐之行,仁义以装腔之言语、作势之举动为仁义之施;如此以仁义礼乐宽慰、释解天下人之心,反而正是对人心恒常所是之自然状态的戕害。

天下及其万物本在其自身,而在其自身之自在自然就是其常然——恒在其自身之所是。每一物总是永远自在其自身:一物自身以曲为自身,不依赖外在地加以钩之使用;一物以直为其自身,不依赖外在地加以绳之使用;一物以圆为其自身,不依赖外在地加以规之使用;一物以方为其自身,不依赖外在地加以矩之使用;一物自身之不足而内在自生自长以加益自身,也不依赖拔苗助长式的外在捆缚黏结。以钩、绳、规、矩的使用为物之曲、直、圆、方,以胶漆纆索的捆缚黏结为物之自生自长,这就是以物之偶然(外在偶然施为)为物之常然(内在恒常自然)。

揭开遮蔽于物的偶然之异在扭曲,物的恒然常在之自身自然显露。天下及其万物油然自然而显现自身,并不需要一个外加的使其显现得以可能的根据;每一物自得其生,而无需一个何以得其生的理由;天下及其万物在自身的显现与生成中得其自身,而无需一个何以得自身的外在根据。天下整体及其万物之如其自身,其根据就是自为自身。为天地立一个心作为根据,为他人立一个命作为根据,这不是天下及其万物的自身,而是对天下及其万物的侵夺与砍削——或者强加了物,或者抢夺了物。

天下及其万物亘古处在一个自然而自相连续的进程之中;天下及其万物都"处身于"一个整体及其流程之"道",并游于道而得其自身之"德"。道与德——整体与每一物之自身,原本就处在本然畅通无碍的往复洄游之中。无论是道之整体还是德之整全,乃至从道往德与从德返道的通道自身,都不能加以任何外在的损益盈亏。

然而,仁义礼乐是什么意思呢?它们掺入于道-德之间,强行居间,侵入其间。富于侵夺性的仁义礼乐,强行规定为人的本质和世界的本质,阻断了整体之道与个体之德本然而自然、自由而畅然的往复交通。它们这样自身的侵夺与阻碍本性,自我夸饰为因爱而有之联结的"纆索胶漆"。"捆缚以释放,胶固以通畅",这显然是双重的扭曲:剥夺自由以捆缚,却以虚幻的自由来论证捆缚；戕害自然以黏结，却以虚幻的完善来论证戕害。

没有任何人来夸饰地举起仁义的大旗，每个人都自在而自然地处在父母兄弟相濡以沫的本然之境；在此本然之境，整体之道与个体之德自由自在地浑然一体。一个自以为是天地大道的掌有者，夸饰地、侵夺性地主张仁义礼乐，无疑是对天下的戕贼、对万物的祸害，以及对每个人的惑乱。

第四节：流俗仁义以伪本质为人之本质

夫小惑易方，大惑易性。何以知其然邪？有虞氏招仁义以挠天下也，天下莫不奔命于仁义，是非以仁义易其性与？故尝试论之，自三代以下者，天下莫不以物易其性矣。小人则以身殉利，士则以身殉名，大夫则以身殉家，圣人则以身殉天下。故此数子者，事业不同，名声异号，其于伤性以身为殉，一也。臧与穀二人相与牧羊而俱亡其羊。问臧奚事，则挟策读书；问穀奚事，则博塞以游。二人者，事业不同，其于亡羊均也。伯夷死名于首阳之下，盗跖死利于东陵之上，二人者，所死不同，其于残生伤性均也。奚必伯夷之是而盗跖之非乎！天下尽殉也，彼其所殉仁义也，则俗谓之君子；其所殉货财也，则俗谓之小人。其殉一也，则有君子焉，有小人焉；若其残生损性，则盗跖亦伯夷已，又恶取君子小人于其间哉！

人本然地处于自身真实之中，此真实奠基于道-德之间自然畅然的往复交通。流俗伪道学宣扬的仁义是道-德之间自然联结的阻碍物，以强加一个某些特定个体虚构的"应然"之途的方式，中断了每一物在其自身的自在展开。每一物的存在及其展开，其本质性的道路即是道-德之间自然畅然的往复交通；而虚构的仁义教条遏断每一物之本己的道路，给出一条扭曲的异己虚设之路。由此而言，对仁义的标榜与宣扬，浅而小则迷惑每一个体人生的路向，深而大则迷惑每一个体自身的真性。

因此,仁义作为"应然"要求,以有虞氏(舜)为表征,有三个基本的特点表明仁义是对人的本己道路的遮蔽乃至对人之本己真性的淆乱、戕害:其一,舜一己的特殊生存之路被视为所有人"应然"的生存之道,其他个体用理智之光来关注舜之所以为舜,而遗忘其自身之为自身。只要以某些人(比如杜撰的圣人)的特殊之见夸大为普遍之物,就必然有对天下万物自性的遮蔽与侵夺。其二,那个作为特定个体的舜,不管其个人的事实之行在仁义上具有何种真实性,但能"普遍地以仁义强天下之所有人",是因为其特殊的社会地位,即拥有最高权力的帝王。他假权力之手以宣扬所谓仁义,天下之人就因其"权力之命"而疲于奔命,根本无法回到自身。其三,每一物存在的真实,只能源自其自身本己自然的绽放;至上权力与普遍之物的"沉瀣",将本己自然而真实的绽放可能连根拔除了。因此,流俗伪道学宣扬的仁义,给出了一条脱离天下人本己绽放的路径,为每个人、所有人给出了一个他们自身之外的"心"以作主宰,一条他们自身之外的"普遍道路"以作引导,即"以仁义扭曲人性",这除了增加天下之惑、增加人性之乱之外,别无他用。

权力与伪道学之仁义的纠合沉瀣,有一个叠加累进的为恶效果。舜之把持权柄,宣扬仁义以淆乱天下、迷惑生存路径、戕害人生本性,经过其后夏、商、周的长久衍化,从外在强加的迷惑、祸害,转而为个体自身内在的顺从——外在强加的戕害转为内在自我强加的戕害。仁义作为伪道德与权力勾结造成的毒性浸淫日久,人性长久丧其真,人生恒久丧其途,具体表现就在于时间性上的历久之害转为空间性上普遍的弥漫之害,即"天下莫不以物易其性"——天下整体及其万物都以自身之外的虚构物来取代、遮蔽了自身内在的真性。

如此"以物易性",流俗的本质就是其以无本质和伪本质为本质——流俗已然丧失了本质,却伪造出一个虚假的本质,并由此虚假本质对人加以"存在等级"的划分,即分为小人、士(君子)、大夫(贤人)和圣人(帝王)。流俗以为圣人以天下为怀,大夫以家国为忧,士以名誉为念,这些都"高于"一般百姓之以物利为求。这个"高于"是一个杜撰的、虚假的"应然"。实质上,圣人、大夫与士以这个虚构的"应然"(仁义)与权力沉瀣,掩盖他们对天下之利的攫取,美化他们对天下百姓的鱼肉、收割。圣人、大夫及士根本不能有真诚的"仁义"之行,因为他们宣扬的"仁义"本身就是虚假的。虚假的仁义作为迷幻剂,实际上不单迷幻了被他们收割的天下百姓,也反过来迷幻了他们自身。从他们一开始就丧失的那个真正的自然真实之本质而言,帝王以生命追逐天下以至于死亡,大夫以生命追求家国以至于死亡,士以生命寻求名誉以至于死亡,与一般百姓以生命追求物利以至于死亡,本质是完全一样的——一般百姓求利以满足生命需求,反而以物利作为目的,以生命作为手段,当其有形之生尚在,其无形之生早已死灭。表面上,流俗在圣人、大夫、士与小人之间作出所谓价值上的"区分",给予不同价值意味的"名称";实际上,他们都一样地丧失了自身的真正本质,他们的所作所为都是"损害自身本性而以身死于身外之物"。

在流俗的价值区分中,读书乃为善,好利赌博则为恶。这个区分是虚妄的、没有意义的。正如一个好读书之人,比如臧;一个好利赌博之人,比如谷。假若二人都放牧羊群,都丢失了羊群,二者虽有读书与好利之异,但是就牧羊之人生而言,都是丢失了人生之本(丢失其羊)。读书与好利赌博,作为表面的形式区别,当其从流俗伪道学虚构的仁义价值加以强化和突出的时候,实际上就是丧失了本质而后以无本质为本质(掩藏的是人类丧失本质之后以兽性为本质)。

伯夷身死于仁义,盗跖身死于货财。流俗以伯夷为君子,以盗跖为小人。实际上,伯夷与盗跖,就如读书丢羊的臧与好利赌博丢羊的谷一样,他们的区别只是虚假的形式上的区别,实质上都是"丧真于伪"的舍己殉物(无论是仁义之名,还是货财之力)。

置身流俗伪道学的"仁义世界",每一个人都残贼自身本真的生命,损害自己自然的真性。没有真生命,没有真性情,伯夷与盗跖都同样如此,对二人进行虚妄的君子与小人之划分究竟奠基于何处?

究极而言,仁义作为流俗的价值,根底上就是丧失本性与离弃本真之物。无根无本的流俗仁义,在历史中蔓延长存,这无疑是人类存在的悲剧。而流俗及其伪道学"煞有介事"地把悲剧当作喜剧,把虚无当成真实,则是悲剧之最大者,是恶作剧——以恶作戏,把自己虚假游戏的剧本当作天下及其万物的生命内容。

第五节：舍弃仁义而回返自身

且夫属其性乎仁义者，虽通如曾史，非吾所谓臧也；属其性于五味，虽通如俞儿，非吾所谓甘也；属其性乎五声，虽通如师旷，非吾所谓聪也；属其性乎五色，虽通如离朱，非吾所谓明也。吾所谓臧者，非仁义之谓也，臧于其德而已矣；吾所谓臧者，非所谓仁义之谓也，任其性命之情而已矣；吾所谓聪者，非谓其闻彼也，自闻而已矣；吾所谓明者，非谓其见彼也，自见而已矣。夫不自见而见彼，不自得而得彼者，是得人之得而不自得其得者也，适人之适而不自适其适者也。夫适人之适而不自适其适，虽盗跖与伯夷，是同为淫僻也。余愧乎道德，是以上不敢为仁义之操，而下不敢为淫僻之行也。

人自身本己的自为存在，自然切于自身而展开，即为其自身之善。自为肯定的存在之善，是道与德之间自然而畅然的往复交通。流俗杂然相就的仁义，却是对道-德顺畅交通的阻碍与中断。

人自身如何选择、归属自身的本性，这是其存在展开之旅的本质之处。此本质必然归于道-德之间的顺畅交通，而不能归属于任何他物。

如果将人自身的本性归属于"仁义"，这"仁义"即使如同曾参、史鱼那么"通达"，那也不是真正的、基于道-德顺畅交通的自身的肯定性展开之善。因为第一，曾参、史鱼通达的"仁义"是有虞氏（舜）扰乱天下的虚文之"仁义"，有一个基于权力强制的向外奔命，即强迫每个人丢失自身而疲于奔命。第二，曾参、史鱼仅仅是某些具有"附赘悬疣"之性的个体，其个体特殊性恰好可以"敏于"追求有虞氏所命的仁义；但以他们作为所有人的命之所向，则是本末倒置。第三，曾参孝其父之仁，史鱼敬其兄之义，不在仁义之名教，而在仁义之为事亲从兄之实情，本然存身于父母兄弟之家，自然有着父母之爱与兄弟之情。只有自身的情感、觉悟与行动浑然融于此本然自然之中，才是生命的实情与自身之本质(德),那个系属于曾参、史鱼的"仁义"之名反倒成为生命实情与本质之德的篡夺物。人本身处在道-德彼此往复交通之中而自为其善,仁义作为"虚名"(抽象概念),无论从理智上给出多少"规定性",都是歧出与扭曲;如果进而将仁义之虚名与曾参、史鱼或者别的什么具体人物"融合"一处,以为他们就是那个抽象概念的理想化实现之典型,每个人只需模仿、效法,那更是加倍的歧出与扭曲。善,是真实之源与切己之行的不间断的往复流通之展开。借助曾参、史鱼、有虞氏而宣显的"仁义",则是间断、阻碍、误导。

　　每个人都喜欢美味、美声、美色,可是真正的关键并非味、声、色有一个"独立自在的抽象物",似乎此抽象物"使得"我们产生了"喜欢"。流俗的掩匿妄行之一,就在于遗忘了"喜欢"而突出"味、声、色"。"喜欢"总是有一个"我","喜欢"也总是有一个"物","我"与"物"在"喜欢"中融为一体。遗忘、丢失了"我",单纯将"喜欢"与"物"相连,"喜欢"本身也就逐渐消退,而"物"成为决定性的东西。流俗的荒谬之处就在于遗忘"我"、丢失"喜欢",竞逐于味、声、色。于是,味、声、色成为某些"杰出的手艺人",甚至是"天才"的"创造物"。就味而言,一个人本当在其本然的对味的喜欢中,沉醉于此"喜欢"而充溢完满地实现自身而善;然而,一个人以擅长辨识美味的他者(俞儿)之味为味,让"我"自身的口舌成为他者本性的实现,这不是"我"的实现,也就不是"我"的善。

　　我的耳朵可能与他人有一些相通相似的构造,所以也能聆听某些共同的声音。但是,不同的人也有着耳朵构造的差异,可以让每个人听到与他人不同的声音。天地之间万物并作,声丰音富,每个不同的耳朵,都可以找到属于自己的声音。每个人的耳朵,其聆听的本性,就实现在其聆听的活动之中。每个人都可以有自己喜欢聆听的声音,不同的人既有可能共同喜欢聆听某些声音,也有可能分别喜欢聆听一些不同的声音。但不管如何,真正重要的是让自己的耳朵自身去聆听美妙的声音,并喜悦于聆听活动。耳朵在喜悦、沉醉于聆听美妙之声音中,肯定着自身聆听本性的实现,这是耳朵之聪。师旷弹奏出乐声,只是人籁;耳朵的聆听如果系属于师旷所奏之声,便遗忘了天地整体之声——天籁。让耳朵保持对天籁的开放性,是耳朵的聪;

师旷所奏乐声绕梁三月不绝，则导致耳朵的聋而不善。在流俗的音乐中，当然是耳朵驰骛了自身而不善。即如在所谓高雅的音乐中，它们也并不开启所有人的耳朵通向其耳朵之聪。当所谓高雅音乐被视为少数杰出天才的创造物之际，"我"逼迫自己的耳朵变形去"领悟"那个与"我"自身相异者制作的"声音"，并不能在本质上证成"我"耳朵之聪。而且，"我"的耳朵对美妙声音的聆听，实现"我"的耳朵之聪，是"我"的耳朵与声音之间的交融，是"我"的喜悦与沉醉，而非通向，也无法通向那个作为演奏者的师旷的耳朵与喜悦。

　　眼睛对颜色的观看与喜悦也是如此。离朱有他自身天生善于辨色的眼睛，但是，我的眼睛只能自己辨色。不是因为外面有个色，我去辨识之；而是眼睛自身内蕴着辨色的本质，而实现之于物。眼睛并非逢物即见有色，眼睛总是只看到自己愿意、喜欢看到的色。喜悦于色，基于我能辨色。眼睛的辨色与我的喜悦浑然不分。离朱所喜之色，因为他喜欢而以之为美，不是因为那色自身美而离朱喜悦之。离朱能辨色而喜，且赏美而悦。这是离朱自身眼睛之观赏本性的实现。我不能以离朱的眼睛作为自己的眼睛，我不能以离朱的喜悦为自己的喜悦。我的眼睛之明，是我的眼睛的辨色活动与我的喜悦之感的浑一相融。

　　简而言之，口之于味、耳之于声及目之于色，正如"疼痛不能被代替"的"冷暖自知"，是自己体味而喜、自己聆听而悦、自己观赏而乐，并自悟此体味、聆听与观赏的活动与渗透其间的喜乐之情。[1]因此，本性并不在五味、五声、五色，而在口之体味、耳之聆听、眼之观赏活动本身的切己展开（内蕴着喜悦、沉醉与觉悟）。

---

　　① 维特根斯坦在对语言与感觉关系的讨论中，认为别人不能感觉我的痛是一个没有意义的表达。维氏的侧重点在于"语言表达"的私人性的否定，但是，我们恰好在此看到疼痛的表达与疼痛本身的本质区别。在前语言、非语言表达的切己生存中，"痛"展开，并不是一个茫昧无觉的过程。不单是痛的语言表达不同于痛本身，而且，经由语言对痛的表达而实现的他者理解，也不是痛本身。尽管在伦理-道德上（并非庄子意义的道德），同情被赋予本质性的意义，但在生存论上，痛之在其自身的展开具有更为根源性的意义。参见［奥］维特根斯坦：《哲学研究》，李步楼译，商务印书馆，1996年，第133页（第一部分，第244节，以及后面若干讨论）。

　　就人的整体存在而言，其存在之善，就不是有虞氏、曾参、史鱼所标举的仁义——将人们自身的平凡而质朴的、与父母兄弟共处的生存实情加以剥夺，外在强加地"谓之为仁义"，以此将个人的狭隘自私之个体性杜撰为普遍实在性。通向如此"主观谓之的仁义"，实质上就是对众多他者每一个切己生命过程的扭曲，不是其自为肯定展开的善，而是遏断其自身过程的恶。真正本己生命存在之善，是自身本然之所得的绽放和实现，是顺任自身本性实情的流淌与绵延。这就是道与德之间没有阻滞的顺然而畅然的往复交通。

　　因此，真正耳之聪，不是归属于一个"外在的声音"或者一个善于演奏的乐师，声音和乐师是所聆听的异在之彼，耳之聪要立于自身之能听与在听之中而自得其身。目之明，不是归属于一个在彼之颜色与辨色审美之他者，而要立于自身之能看与在看之中而自得其身。不让眼睛的观看实现于眼睛的观看活动之中，而给出一幅图画及其作者，那就不是自身眼睛的本己实现，而是自己的眼睛成为他者及其作品的实现。[①]一个人的生命存在，不以自身内在之所有为得，而以有虞氏之所谓为得，那就是将自身作为有虞氏这个他者之所得（使得自身成为他者的实现），而不是让自身之所有真实地展开、实现为实有诸己之物；这就是不从自身本己之德出发，走自身生命实情指引的通向道的大路，而走一条有虞氏强予的、引向歧途的扭曲之径。

　　有虞氏强予的仁义，本身即是流俗之物，流行于流俗之中，强化了流俗之为流俗的流俗性，使得自然和真实越发被遮蔽而难以显露。仁义是流俗自身的自我加强，其表现就是它在自身之内划分出伯夷之为君子与盗跖之为小人。伯夷之死义，盗跖之死利，其区分及区分的固化，是流俗自身内在恶性自我掩饰的伎俩。实质上，伯夷为之而死的义，与盗跖为之而死的利，就其残生伤命不得其死的实际而言，二者都悖于自身生命存在的本然之德与自然之道。就伯夷、盗跖二人都没有从自身本然之德出发、没有遵循自然

---

　　① 《骈拇》这一段关于口、耳、眼与味、声、色的讨论，与《孟子·告子上》"心之所同然"章的讨论，具有很大的义理关联性。值得注意的是，即便在孟子那里，也不是给出一个抽象而超越的普遍本质（理义），而是在体用不二的意义上，突出个体心-身统一于主体性行动的"切己性"，即耳朵之听声音，是通过耳朵对心与耳整体的实现，而非单纯耳朵的外在聆听。区别在于，孟子突出的是狭义的道德性生存（即庄子所谓的仁义），庄子突出的则是广义的道德性生存。

之道而行来说，二人都同为悖乱、邪僻之恶，根本不是伯夷善好、盗跖坏恶之别。

　　领悟自身的本然之德与自然之道，时时自警于道-德之间顺畅交通被阻碍的可能性，一方面要拒斥流俗所谓"上德"的仁义之操行，另一方面要远离流俗所谓"下德"的声色犬马之行。竞于仁义，逐于物利，都是邪曲、悖乱之行。

　　综上所述，《骈拇》对流俗仁义的批判，透显了人自身更为渊深广博的存在。道-德自身的自然性之立定，是个人自然整全生命得以可能的基础，也是世界整体得以可能的基础。如果将仁义夸张为存在的最高价值，进行人为的设计与外在强加，既剥夺了他者的自在与自然生命，也遮蔽了世界整体的自在与自然。《骈拇》的如此批判，契合于哈耶克讨论的"行动的自然性而非人为设计"之意①，使得我们必须注意后世经过郭象（比如郭象对下一篇《马蹄》的解释）而有的以人为造作、主观设计作为"自然"，将人类的自然生存不断窄化与虚化，使自然整体性与自由个体性不断丧失其可能性。

---

　　①　哈耶克反对单纯的自然与人为的二分，提出了在二者之间有一个"人类行动却非人类设计"的第三项，这在本质上使得我们理解庄子哲学中的自然更为"开阔"，就是自然真实的生命活动，自我领悟却并非人为设计（同时彰显了道作为普遍秩序的自然性，即与所有人作为整体的行动相关，但并非任何有限个体的认知与作为所设计）。参见 F. A. Hayek, *Studies in Philosophy*, *Politics and Economics*, the University of Chicago Press，1967，pp.96—105。

第二章 仁义-政治之域对物之自在性与自然性的湮没
——《庄子·马蹄》对仁义和政治的批判

人类生存其间的这个世界,作为整体,有多重关系。但无疑地,人的生存及其活动,是这个整体世界中的本质性构成要素,构成了这个整体世界及其内在要素得以呈现自身的基本乃至唯一的"通道"和"舞台"。

在物与物的相互关系中,相互关联的两物,如果关系构成二者存在的某种必然性或本质性内容,那么,此关系对于二者而言都是内在的。但是,关系的此一内在性,并不是说相互关联的任何一方以自身的个体自私性僭越为关系本身;而且,相互关系的二者构成一个整体,此一整体具有超越关系任何一方的自在性,而不能由整体中任何个体吞没。实质上,自然事物之间的相互关联、任何有意义的关联,都需要以人类及其活动这个通道和舞台加以确定。

在人和物的关联中,事物自身的呈现有着复杂性。一方面,事物只能以属人的方式呈现自身,脱离了人的生存及其需要,事物就无以显现出来;另一方面,人通过呈现事物而实现自身,在此过程中,人在事物之属人的呈现中,能领悟事物之不属人的自在性。事物自在性的呈现,以人自身领悟自身之有限性为基础。换言之,事物自在性的呈现,是人自身呈现、自身开放和更新的内在本质使然。

人与人之间,以物为中介而实现关联。但是,以物为中介,有一个本质性的环节,即人与物、人与人的关系,必须以人的行动及其展开为基础。人类的行动本身,由无数的个体行动构成。人类整体有着自身的秩序,个体有着自身的自由行动。个体自由行动与人类整体秩序之间,具有复杂、细微而奥妙的关系。尤其是,当无数个体的行动在政治之中展开时,人类整体秩序分化为政治规范(主要是成文律法规定)与社会风俗习惯,政治权力易于异化为人类自由生存的反面,使得政治规范不断侵夺、压缩甚至取代社会风俗习惯。

　　人类生存的秩序,比如根据哈耶克的说法,至少可以分为三个层次:一是人和万物皆有的自在自然性秩序;二是以政治运行为主的人为设计秩序;三是经由无数个体的行动生成但并非自在自然性的,也并非人类主观设计的秩序。①在某种意义上,俗儒对仁义的突出,并与权力政治沆瀣,将基于人类行动而生成的自然秩序消弭了,这在理论和实践上造成了很大的弊端。

　　从内容上看,《马蹄》的主旨与其上篇《骈拇》一致:"《马蹄》与《骈拇》皆从性命上发论,《骈拇》是尽己之性而切指仁义之为害于身心,《马蹄》是尽物之性而切指仁义之为害于天下。"②因此,让天下及其万物远离仁义-政治之害,返回自身的自在性与自然性,是《马蹄》的内在主题。

第一节:人类生存的自为性与自在性及其意蕴

　　　　马,蹄可以践霜雪,毛可以御风寒,龁草饮水,翘足而陆,此马之真
　　性也。虽有义台路寝,无所用之。及至伯乐,曰:"我善治马。"烧之,剔

---

　　①　哈耶克反对单纯的自然与人为的二分,提出了在二者之间有一个"人类行动却非人类设计"的第三项,这在本质上使我们理解庄子哲学中的自然获得了更为"开阔"的视野,就是自然真实的生命活动,自我领悟却并非人为设计(同时彰显了道作为普遍秩序的自然性,即与所有人作为整体的行动相关,但并不是任何有限个体的认知与作为所设计的)。参见 F. A. Hayek, *Studies in Philosophy, Politics and Economics*, pp.96—105。

　　②　刘凤苞:《南华雪心编》,方勇点校,中华书局,2013 年,第 220 页。

之，刻之，雒之，连之以羁馽，编之以皁栈，马之死者十二三矣；饥之，渴
之，驰之，骤之，整之，齐之，前有橛饰之患，而后有鞭策之威，而马之死
者已过半矣。陶者曰："我善治埴，圆者中规，方者中矩。"匠人曰："我善
治木，曲者中钩，直者应绳。"夫埴木之性，岂欲中规矩钩绳哉？然且世
世称之曰"伯乐善治马，而陶匠善治埴木"，此亦治天下者之过也。

　　《庄子》以人类对马的驯养、使用来譬喻人类整体的"政治治理"蕴涵的
困境。马的真性，脱离了人类生存及其需要，难以遮断。但是，就在人类自
身之域对马的呈现中，基于人之生存或自身展开的历史性与认知有限性，可
以区分开马之属人的呈现与马之在其自身。马的自在性，尽管是相对于人
而言的自在性，但是，人在自身整体生存之内，可以作出马之自在性与属人
性的有意义区分，这却是人类生存活动的本质之处。因此，当《马蹄》说蹄踏
霜雪、毛御风寒、齕草饮水、翘足而跳是"马之真性"时，这就是对马之自在性
的确认。如此自在性，使人类自身珍视的高台大床，这种完全属人性（但并
非本质性）的东西，与马之自在的真性有着区别。人自身之价值珍视，自觉
于其与异己之物有着"间距"，这是人类价值得以成为真实价值的内在
规定。

　　而伯乐之类"驯兽师"出现，由于其知识能力与权控能力的强大，认为可
以将马的自在性完全"驯化改造为"属人性。"善治马"，意味着马的自在性
完全消解进入人类自身生存需要的"价值世界"。自然事物（马）以满足人的
需要为善，自然事物自身的自在性就被人类基于生存需要的主体性行动扭
曲。火烧、刀剃、刀刻、绳套、索连、圈关，马自身自在性的逐渐丧失，就是马
自身生命的丧失。伯乐以人类主观之需而对马的形体自然的束缚，使得马
的生命丧失十之二三；进而，又用刺激-反应之术驯化其生理生命，加之以
笼、辔、轭、鞍、鞭等，使之饥渴而驱其驰、骤，以满足人的远行和速行之需，如
此，马之自然生理生命便死去过半了。

　　伯乐治马，是对人类社会政治治理的譬喻。伯乐对马之自在性的戕害
与抹灭，扭曲了人与马之间的全面关联。这与政治治理对人整全生命的扭
曲如出一辙。在王夫之看来，政治治理的扭曲，意味着在社会整体关联中，

相关联而掌权的某一方,"以其意之所趋,矫人之固不然者合之于己,自谓足以齐一天下,而不知适欲其党已也。驭马者乘之骑之,马效于己,以从其意之所趋、喻其所欲为而顺之,是人与马为党也。既已党矣,而又安能一乎!一者,一之于天也。天之所然而然之,天之所未有而不然,唯天是效而己不参焉,岂容以斯人为马,己为伯乐,以治之哉?"①人不能用自身主观私意以完全取代、抹灭马的自在性,甚至也不能取代、抹灭树木与泥土的自在性。一棵树之自身,难道就是为了被木匠制作为杯盘? 一块黏土之自身,难道就是为了被陶匠制作为瓦罐? 当然不是。这不仅是因为人类的主观性侵夺了物之自然性,而且是某些人以自己对于物的狭隘关系,剥夺了其他人与物之间更为广博、多样的可能关联。

因此,政治治理的错失就在于此:剥夺了物的自在性,抹杀了无数个体自身的自在性,固闭了不同个体与万物之间关联的自由而开放的通道。

而且,在强力的恶意支配下,人自身的生命活动,其自在性被遮蔽,为少数强人的私意所侵占,辅之以仁义礼智之伪饰,使人的生存成为权力的羔羊。

对人类行动自在性的湮没,郭象的注解很鲜明地体现出来。郭象注解这一段,提出了一个后来影响极为深远的解释:"夫善御者,将以尽其能也。尽能在于自任,而乃走作驰步,求其过能之用,故有不堪而多死焉。若乃任驽骥之力,适迟疾之分,虽则足迹接乎八荒之表,而众马之性全矣。而惑者闻任马之性乃谓放而不乘,闻无为之风遂云行不如卧,何其往而不返哉! 斯失乎庄生之旨远矣。"②人类自身的行动,在个体的意义,本身就是自由与自在、自觉与自然的统一,并非每一步都是自觉而自由的;而且更为重要的是,即使每一个体的行动都是自觉而自由的,无数个体行动构成的整体秩序本身也是具有自在性的。人类自身需要人为设计的政治秩序,但政治秩序本质上就是为了保证个体行动的自然与自由,而不是相反去取代、消灭个体行动的自然与自由。郭象的注解,以人类行动及其需要消解马的自在性,这是

---

① 王夫之:《庄子解》,第 82—83 页。
② 郭象注,成玄英疏:《南华真经注疏》,第 194—195 页。

悖于庄子的本旨的。而且,经过曲折的思想史与政治史的历程,它逐渐衍化为宋明时期思想的主流,以仁义道德同权力的本质一致,完全将人类生命存在的自然与自由遮蔽、湮没了。这是我们今天必须注意到的。

　　限制特定个体的主观性观念对于天地、人世以及万物和人类的强加,让天地万物以及每个人保持其自身的自然与自在,这是人类政治治理的一个基本原则。只有让天地万物以及每个人保持其自身的自然性与自在性,人自身生存的自由与个体性才能真正实现。

第二节:仁义之域并非道-德相通的淳朴世界

　　　　吾意善治天下者不然。彼民有常性,织而衣,耕而食,是谓同德;一而不党,命曰天放。故至德之世,其行填填,其视颠颠。当是时也,山无蹊隧,泽无舟梁;万物群生,连属其乡;禽兽成群,草木遂长。是故禽兽可系羁而游,鸟鹊之巢可攀援而窥。

　　　　夫至德之世,同与禽兽居,族与万物并,恶乎知君子小人哉! 同乎无知,其德不离;同乎无欲,是谓素朴;素朴而民性得矣。及至圣人,蹩躠为仁,踶跂为义,而天下始疑矣;澶漫为乐,摘僻为礼,而天下始分矣。故纯朴不残,孰为牺尊! 白玉不毁,孰为珪璋! 道德不废,安取仁义! 性情不离,安用礼乐! 五色不乱,孰为文采! 五声不乱,孰应六律! 夫残朴以为器,工匠之罪也;毁道德以为仁义,圣人之过也。

　　追求利益衍生出权力,权力的诉求即是占有利益。利益有限性与欲望无限性的冲突,使得对其他利益争夺者的控制成为利益占有的转化形式,而且成为利益占有的更高形式。

　　利益即是物。对物的占有需要力量的支撑,而对物的占有本身就是最大的力量。对某物的占有,需要排除他人对此物的分有;而排除他人对某一物的分有而独占,需要另一些人作为物化力量的支持。

这是人类社会一个特别吊诡之处：为什么有人放弃自身对物的占有甚至放弃自我占有自身，而去充当强者独占一切物的物化力量呢？其奥秘之一在于，将人加以物化得到了流俗道德（即俗儒所谓仁义）的"辩护"。

单纯的权力作为物质性力量，总是物强则折，不可持久。通过强力对物的占有，占有者深明于此，而屡弱者也并不昧于此。利益争夺导致人群分化。最强者不甘于与弱者共享，次强者不甘于一无所得，弱者需保存身家性命。尼采以相反的方式表达了同一个"道理"——弱者以道德来达到对强者的反叛，并消灭了强者。①尼采的强者是真正的素朴者，是让自身返回"自然充盈"之在的存在者。流俗的强者则是用物性力量来宰制人而自高者。尼采没有阐明的是平凡者的真朴之在，但看出了流俗道德的本质就是一种伪饰了的、曲折的权力。简言之，流俗道德就是人被物化为权力占有利益之工具的辅助物。

流俗道德不是真正的道德。《庄子》以仁义来说流俗道德，以为"用仁义来毁坏道德"是治世的圣人的一种过错。流俗道德或仁义，与权力具有沆瀣一气的本质（无本质的本质）："人无非党也，此仁义礼乐之必继以兵戎寇仇也。皆圣人有为之心启之，而恶能禁之！"②在王夫之看来，仁义后面，就是兵戎寇仇。

赤裸裸的权力被流俗道德加以伪饰，当然较之赤裸裸的权力以血腥形式加以掠夺显得"更好"，但代价则是以虚假取代了真实——流俗道德与权力沆瀣一气宰制人类生存的历史，就是一个不断将人引向虚假存在的过程。

在仁义作为流俗道德的伪饰下，似乎有着不要利益的仁爱、不要利益的道义。实质上，如此脱离利益的仁爱和道义，掩盖着人世间政治生活的隐秘实情——凡是宣称仁爱道义之处，就是利益的血腥争夺之地。真正良好的社会治理，要回到一个基本的实情，即人就是"织而衣、耕而食"的生命存在，每个人乃至所有人都是需要物欲满足的生命物，这是人恒常的天然本能，是

---

① ［德］尼采：《论道德的谱系》，周红译，生活·读书·新知三联书店，1992年，第21—27页。

② 王夫之：《庄子解》，第84页。

天生而得之"德"。此德是所有人"普遍相同"的,是"永恒不变"的。那种宣称有的人只有一片爱心、只有一腔道义的言辞,悖于此实情,是虚假的。普遍而永恒的生命展开,这是一个超越所有人的"整体之一";而那些流俗道德伪称的仁爱道义,则是掩藏利益之后的结党营私,以小集团的利益团结,来戕贼自然放任而生的那个"整体之一"。

伪饰的仁义,之所以能对"整体之一"加以戕贼、破坏,是背后的权力支持的。每个人的生存,要获得食物等资料满足自身,总是需要基本的"力量"。不同的人,力量大小不一,难免陷入力量的冲突。冲突带来力量的分化与组合,产生以政治形式建立起来的权力。政治权力作为一个超越一切个体力量的庞然大物,就其自在本质而言,是为了让每一个体力量能自然而自得。每个人乃至于所有人皆能自得,就是"至德之世"。"至德之世",是一个整体性的世界。作为整体,其最为突出之处,就是没有基于权力或力量大小而分化的"利益占有集团",尤其是作为庞然大物的政治权力自身没有从社会中分化出来,成为一个"独立的特殊利益集团"。

庄子以返璞归真式的言辞,给出一幅田园牧歌式的自然图景,并非单纯地就是反对文明的前行和技术的发展,对此我们需要更为深入的领悟。

不要以权力占有利益而伪饰以仁义,形成凌驾于整体之上并分裂、瓦解整体的特殊利益集团(私党),而要使个体经由自身自然而自由的劳作、自我享受地实现自身的生存,"其行填填,其视颠颠"——每个人都厚重于自身而行动,每个人都淳朴而运用自身的五官。

自然的山岳、天然的河泽,"万物群生,连属其乡"而为一浑然的天地整体;在如此天地整体之中,禽兽成群,草木茂盛,人迈足与禽兽同游,举手与鸟雀同飞,同居而并生。这是一个自在而自足的"自然世界",人并非没有衣食住行的满足,而是衣食住行的满足实现在"无声无息无形无迹"的自然自在之中。山岳可以开凿路径,河泽可以行舟架桥,禽兽鸟鹊可以系羁攀援,但是,让每个人成为每个人的自然之整体与整体之自然,必须得以持存。

每个人的自然-自由之生得以实现,就是自然整体的实现;整体自然的持存,就是每个人乃至所有人自然-自由生存的实现。这个世界中,每个人都自存自持,人与人之间没有价值高低好坏之分。所谓君子之善与小人之恶的区分,是流俗的仁义对权力剖分、裂解整体的一种"辩护"或"掩饰"。

让每一个自存自持之人"无知"于君子小人之分、善恶之别,所有人都普遍共同地遂生自得;遂生自得而无过分之欲,自持自存于素朴之中。没有伪饰的素,没有掩蔽的朴,人就见素抱朴而各得其德、各成其性。

耳目聪明者,有占有更多利益的力量,有更灵巧的知识以修饰自身的私利,将权力与仁义裹在一起。强力去爱人,奋力去倡道义,而其实情则是攫取利益。如此口举仁义,手取利益,让天下之人对人之素朴而整全的存在产生了怀疑。仁义以标榜自身无所求于利益的方式攫取利益,这对人类自身自然而自由的生存实情是一个严重的破坏——人类怀疑自身的本己之在。

纵欲以为乐,烦琐以为礼,礼乐美其名曰"明分使群",实质上是对利益占有分层的固化——将人分属并固定于不同的利益占有集团。以乐标榜自身的精神高贵,以礼标榜自身的权势高贵,所有人普遍而平等地自然-自由生存的天下整体,就如此被分崩离析了。

酒器损坏牛角之淳朴,珪璋毁损玉石之天然,仁义碍断道-德之畅达,礼乐分离存在之实情与生命之本性,人眼审美之五彩淆乱了万物之色彩绚然,人耳审美之六律杂扰了天地之天籁。

利益占有之实,辅之以仁义掩饰,两者虚构一个"世界",这个"世界"成为遮盖渊博大海的冰层、掩藏辽阔苍穹的云翳。

有真实的仁、淳朴的义吗? 没有。仁义只是权力和利益占有的遮羞布和欺人、愚人的麻醉药。仁义本身就是人丧失自身淳朴自然之后的伪饰之物:"六亲不和有孝慈"(《道德经》第十八章),"失道而后德,失德而后仁,失仁而后义"(《道德经》第三十八章)。因此,所谓仁义的世界,是一个背离人之真朴的伪饰之域,根本没有一个奠基于仁义的世界。世界只有一个,即天地万物在其自身、每个人乃至所有人在其自身的世界。

工匠的罪孽在于以己为用,戕贼、破坏了土、木自身完整之朴,反而以此戕贼和破坏作为自身的肯定价值;手握权柄的权力者,掩盖自身对利益的占有,阻碍道-德而伪以为仁义,灭绝天地而虚构世界。所谓"治理世界",其本质就是以私利僭越为天地,以仁义遮蔽道德,以权力缄闭众口。实现这些,就是流俗所谓圣人。圣人的罪责,就是让虚构的仁义欺骗至深,而道德就此隐匿不显。

第三节:圣人治世的悖谬——虚构人类生存的本质

　　夫马,陆居则食草饮水,喜则交颈相靡,怒则分背相踶。马知已此矣。夫加之以衡扼,齐之以月题,而马知介倪、阘扼、鸷曼、诡衔、窃辔。故马之知而态至盗者,伯乐之罪也。

　　夫赫胥氏之时,民居不知所为,行不知所之,含哺而熙,鼓腹而游,民能以此矣。及至圣人,屈折礼乐以匡天下之形,县跂仁义以慰天下之心,而民乃始踶跂好知,争归于利,不可止也。此亦圣人之过也。

《马蹄》揭示并加以批判的是"治天下者之过",并以治天下者为"圣人",所以归结为"圣人之过",并且两次强调指出"圣人之过"。显然,其主题在于指出,权力与仁义礼乐的结合造成了天下的祸害。

为治圣人,以一己之主观僭越为普遍律法,戕害事物与人的本性;并且以虚构的仁义礼乐强加给万物和人,以伪造之物取代本真之性而为存在物之内容。万物丧失真性而以伪为真,根据在于多重因素,比如,权力的强制性与仁义的欺骗性、生命的脆弱性与认知的易曲性等。

在力量与利益争夺的世界里,权力强制与求生本能,辅之以仁义欺骗和认知-教化的灌输,就是"规训"或"驯化"人性从真到伪的基本伎俩,与禽兽被人驯化毫无二致。

即使对禽兽而言,比如马,摇尾漫游于陆地,自然食草,自在饮水。群居之马,相互之间欢喜则脖颈相交彼此抚摩而顺,相互之间发怒则相背奋蹄相踢。喜则相摩,怒则相踢,一则是马与马之间自然而本能之行为,二则是马自身本性自然而生、自然而逝之本能感触,而非可以留存持续并与仇恨相混杂的记忆之知。

人之以马为用,在马脖子上加以横轭之束缚,在马头加以月题之控制。在驯化马而以马为用的过程中,人基于对自身利益趋求的认识,强行改变马的本然生存活动,在人不断"认知"马的本性并加以进一步的扭曲和戕害中,马自身也获得了"知"的跃进——从本能的感触之知跃进为留存持续之知,从内在于自身自然本性与本能活动之知跃进为对自身自然本性与本能活动之外之知。自然地食草、自在地饮水,本来根本不必要认知人,由于人对马的持续戕害,马逐渐发展自身的知识能力,竟而至于能与人相抗相敌——知道折断车之横轴,知道曲颈摆脱车轭,知道顶抗车盖,知道吐出口勒,知道咬断辔绳。实质上,这些輗(横轴)、车轭、幨盖、口勒(衔)、辔绳等,根本与马的本性无关,与马的本真生命存在的展开无关,然而,由于伯乐这样的"治马者"的存在,马不得不以悖于自身本质的东西作为自身认识的内容。这里面有着双重的扭曲:一层是知的无意义"产生",即生命最为本然的展开方式,根本用不着脱离自身的知而"被扭曲"地产生;另一层是最为本真的知,以自身本性和本真生命活动为唯一的内容,却被扭曲为无关于自身本性与生命,甚至悖于自身本性与生命的内容。

这一点,王夫之看到了。知具有自身的本质规定,此一本质规定在于知以自身的存在为本真内容。但是,政治治理与仁义礼乐纠合的世界,知丧失了本质、丢失了内容:"踶跂好知,乱之所由生也。所好之知,皆非性之所有也。"①在知的领域内,无关于自身本性与本质的东西成为知的内容,这是生存世界被仁义-政治之域扭曲的必然结果。

马被拽进人类需要的世界,同时被拽走了马自身的本性与真生命。相似地,人被拽进"圣人施治"的"仁义世界",同时被拽走了人自身的本性与真生命。

上古无为以治之时,人民皆自治而在。人民生活在大地,并不需要一个神圣的海龟来托举大地;人们生活在天下,也不需要一个伟大的天神来支撑天穹;人们栖居在自身的家园,相濡以沫——母亲以乳汁哺育婴孩、老人慈爱幼小、青年敬顺长者等,并不需要一个圣人给予的"仁";人们迈出自己的

①　王夫之:《庄子解》,第84页。

脚步行走,并不需要圣人给予一个"道义"。人们生活在自身之中,他们在天穹下、在大地上,处身无穷广袤之野,但"深林一枝、江河满腹"(《庄子·逍遥游》)而已,并不需要圣人来给予一个世界。简言之,人们生活在一个自在的世界中,人们处身在自己的真实本性之中,人们活在本己的自然之中。

然而,治理天下的圣人的出现,完全颠倒、扭曲了真实的世界和真实的人性。圣人以屈折人的身体性存在为"礼乐",强求所有的自然身体符合"礼乐"之形式规范;圣人高悬一个"仁义",作为自身一己私利的遮羞布,强求所有人以此仁义作为自身之心的内容。

如此礼乐和仁义强行"侵入"身体和人心,背后是权力的支撑。权力为了自身利益的最大化,借助虚构礼乐为高贵,伪饰仁义为神圣,并以利益的"赏赐"为诱饵,"规训""驯化"了人群,使民众竭力追求仁义礼乐之知,并从仁义礼乐之知而获得利益,即所谓"义为天下大利":"循天理,则不求利而自无不利……惟仁义则不求利而未尝不利也。"①如此,就形成了一个不可遏止的人类生存倒退——赤裸裸的血腥权力或者直接走上舞台,或者在仁义礼乐的遮盖下自欺欺人地表演。人类生命陷在毫无真实和毫无本质之境,这就是圣人治理天下的根本性罪过。

对此严肃而深入的揭露与批判,钟泰解释说,仁义本身不是利,圣人示之以仁义,民众却悖于仁义而"自然追逐利益":"夫利者,仁义之反也。以仁义示民,而民反入于利者,求之不以情,应之必以伪。此亦自然之势也。"②他说"求之不以情,应之必以伪",完全弄颠倒了而不自知,即在圣人治理的天下,仁义本身是伪,而非利益追求本身是伪——仁义本身就是作为利益追求的伪装。钟泰又说:"夫民智既启,世变日新,乃欲返之于无知无欲之古初,譬之障江河而使西流,是何可得!然而留此一段文字,俾为天下者知夫用知之过,利起而害亦随之,或害且加于利十倍、百倍而未止,因之慎用其术,不敢急一时之功,而贻长久之祸,则亦未为无助也。"③这样的说辞,似乎是说,

---

①　朱熹:《四书章句集注》,中华书局,1983 年,第 202 页。

②　钟泰:《庄子发微》,上海古籍出版社,2002 年,第 202 页。

③　同上。

人类已经陷于虚妄而不可自拔,只有虚妄才能生存,虚妄成了真实;而《马蹄》揭示了真实,但此真实过于虚弱,反倒成了虚妄。钟泰有一个将庄子儒家化的潜意识,如此潜意识,根本不能深入思想的深邃之处,从而根本不能理解庄子对儒家思想弥漫造成的虚妄与扭曲的纠弹和补正。

治理天下的目的不是某种善的目标的达成,而是治理本身的自我取消,让天下回到天下自身,让天下之人回到天下之人自身。"让……回到自身",不仅不是"善",甚至也不是"真",而是使"真"得以可能的根据,而"真"又是"善"的根据。

圣人治理天下的罪过,就是以自私之恶伪饰为善,以伪饰之善为天下之真,而致使天下与天下人都丧失其自身。"让……回到自身"不管有多么艰难,却必须是可能的,因为只有这样的可能性存在,人的存在才是值得期待的。

每个人与天地世界之整体,从权力与仁义的魔障之中解脱出来,各自回到自身;让每一个人与世界整体,都持存其相对于仁义-政治之域的自在性与自然性,而不为强力与仁义所僭越和扭曲,这是《马蹄》揭示的基本主旨。人自身的存在与展开,无论就个体而言,还是就类整体而言,尽管人的主体能动性发挥着特定的作用,都是一个自然历史过程。人类经由自身行动而创造意义世界的过程,是一个化自在为自为的主体性活动,这是自然的人化过程。尽管如此,人自身创造意义世界的过程,生成着人类自身的秩序,这个秩序不单是合力的作用,而且在人类的历史过程中成为自然而然的习惯,这又是人道自身的自然化。因此,人类的生命存在,实质上就是自然的人化与人道的自然化的统一。①就此而言,"人直接地是自然存在物"②。因此,任何将人类自身存在归结为圣人与权力的做法,都是对人类自身存在的自在性与自然性维度的抹灭。

人有自然而然的生存欲望及其实现,也有基于本然关系的自然人伦,并

---

①　冯契:《认识世界和认识自己》,《冯契文集(增订版)》第一卷,华东师范大学出版社,2016年,第276—278页。

②　马克思:《1844年经济学哲学手稿》,《马克思恩格斯全集》第42卷,人民出版社,1979年,第167页。

在这双重自然的基础上更加自然地迈向越加深邃、广袤的生存。但自然可能被扭曲，因为自然欲望与本然人伦会随着知的发展而矫饰自身，通过加一层伪饰的深刻物并将人伦片面地夸大为仁义，从而掩盖利欲熏心。当人类社会如此展开治理与教化时，经由历史的积累，人类自身的生存就不断迈向毫无本质的本质之窠臼中，最终难以自拔。庄子的哲学，就是从深陷的虚无本质中得以抽身返回的玄思。

第三章　圣人与知识对政治生活的扭曲

——《庄子·胠箧》对圣人与圣知的批判

《骈拇》指斥仁义是真正道-德之间畅然往来的障碍，《马蹄》揭露天下及其万物丧失本性是圣人之过，《胠箧》承继二者，进一步指出圣与知（智）是淆乱天下的根源。吴世尚《庄子解》论《胠箧》篇说："此又承上二篇而言，以仁义自用而不免乎忧，以仁义慰天下而民争于利，以圣知已天下之乱而天下之大盗即窃吾圣知之法以大乱乎天下，三代以下直是无可如何矣。"①这个说法代表了传统注疏的基本倾向，即认为圣知与圣法本身并不恶，只是为大盗所窃而为恶。事实上，通读《胠箧》全文可知，《庄子》的批判是更为彻底的：它认为大盗与圣人是本质相同的，而且就是同一个东西；它完全否定圣人与知识对人类生存的积极意义，指出权力与知识及仁义沆瀣一气的恶性本质。

第一节：流俗小知之利益占有与圣人大智之窃国本质一致

将为胠箧探囊发匮之盗而为守备，则必摄缄縢，固扃鐍，此世俗之

---

① 方勇:《庄子纂要》叁，学苑出版社，2012年，第138页。

所谓知也。然而巨盗至,则负匮揭箧担囊而趋,唯恐缄縢扃鐍之不固也。然则乡之所谓知者,不乃为大盗积者也?

故尝试论之,世俗之所谓知者,有不为大盗积者乎?所谓圣者,有不为大盗守者乎?何以知其然邪?昔者齐国邻邑相望,鸡狗之音相闻,罔罟之所布,耒耨之所刺,方二千余里。阖四竟之内,所以立宗庙社稷,治邑屋州闾乡曲者,曷尝不法圣人哉!然而田成子一旦杀齐君而盗其国。所盗者岂独其国邪?并与其圣知之法而盗之。故田成子有乎盗贼之名,而身处尧舜之安;小国不敢非,大国不敢诛,专有齐国。则是不乃窃齐国,并与其圣知之法以守其盗贼之身乎?

世俗之知与世俗小利相应,圣智之知与政治大利相应。知识作为占有利益的力量,本就具有个体性差异——力大者得利大,力小者得利小。世俗之人,有世俗小能力,有世俗小知识,获取世俗小利益;圣智之人,有圣智大能力,有圣智大智慧,获得政治大利益。

极为吊诡的是:一方面,世俗之知与圣智之知具有本质一致性,乃至于世俗之知即在自身之内以圣智之知作为理想与目的;另一方面,世俗之知又以自身昧于圣智之知的方式而自存,并且,圣智之知以与世俗之知相区别的方式自存——似乎二者具有本质的不同。本质相同而又以"貌似本质不同"的方式呈现出来,内蕴着现实政治权力以及知识沆瀣一气的强行奴役和恶意欺蒙。

在《孟子》中,权力的继承需要很多形式要件,比如天命、在位天子的推荐、民众的认可、储君行事的成功等。[1]符合这些形式要件的权力才具有合法性。但是,现实的政治权力并不满足这些形式要件。恰好在这里,孟子对世俗小偷小摸与政治窃国行为做出了一个区分:"夫谓非其有而取之者盗也,充类至义之尽也。"(《孟子·万章下》)就概念的彻底性而言,民间杀人越货者与统治者鱼肉百姓,具有本质一致性;但是,就权力的现实性而言,政治权力必须被接受,而民间杀人越货必须被惩戒。孟子的政治理想主义,实际上

---

[1]　参见《孟子·万章上》。

透露出一抹政治现实主义的气息。这个矛盾，在《胠箧》中以醒目的方式再现出来，促使我们对社会整体进行更为深入的反思。

物品因为其附属于主体而成为财产。每个人都拥有一定私产而生存。个体对自身财产的占有，以不容他人侵犯为现实表现。真正意义上的不侵犯他人财产，以道德自律的方式实现出来。但道德自律往往只是少数有德者的行为，对社会大多数人而言，则必须以外在强制的力量加以约束才有可能。一个人不去侵犯他人财产，既有道德自制因素，也可能因为自身知识能力低下或他人有效反抗可能造成的损害威胁，更有政治权力凭借法律及权力机构的强制约束。因此，侵犯往往转换为一些隐秘的方式，不像突然的抢劫、密谋的偷窃和欺骗等。世俗之知在如此"制约下"，以比较简单的方式保卫自身的财产，比如门上加锁、箱上加绳，并不断提升如此防护的技术。世俗之人以世俗之知防护自己的世俗之利，在另外一个意义上，反而是无知无识的。

这种无知性在于：其一，财产的我属性，不是由于机关的防卫，而是由于秩序的担保；其二，个体利用小机关的小防卫，不但不构成对财产的真正占有，反而是在更大范围的财产丧失——世俗之知的财产守护，恰好是在更大范围内（社会整体）、在更大恶性力量（大盗或政权）面前的丧失。如果对财产的保护不是基于限制权力侵夺的普遍秩序，而是基于力量和知识，那么，属于天下人之天下以及属于天下人之财富，就会被更大的力量和更大的知识（君主和圣人以及二者的合体）独占。由此，不但任何个体的财产可能随时被剥夺，而且作为个体劳作与酬报的不竭之源，天下及其万物被权力与知识占有，而使每个人乃至所有人的"潜在的本己所有物"完全丧失。

世俗小知小能自欺地以为自己上锁加绳的物品属于自己，由自己加以坚守呵护的"东西"，恰好成为大智大能的"权力"或巨盗的准备。农夫对牛羊菽粟的精心照料与呵护，恰好成为"地主"加以收割、窃取的准备；手工工人对门栓箱柜的精心制作与打造，恰好成为"市霸"加以抢劫、侵夺的准备。流俗鼠目寸光之知对自身财产的保护，依赖无秩序的力量和知识。没有世俗整体以及每一个体对普遍秩序的捍卫，必然使天下及其万物成为权力与大盗争食之饵。流俗的鼠目寸光之知，就是政治上大智大能之盗抢天下的基础。

世俗的知，如果只是小知小能的鼠目寸光之知，只知道依据力量和诈伪来保护自身的财产，那就是为权力巨盗集聚财富做垫脚石——既是让自身所有随时为权力巨盗所剥夺，又是让天下人共有的天下及其万物为权力巨盗所独占。如此小知小能的愚昧与大智大能的欺蒙淆然相乱的世相，不转向对朴素真实与普遍秩序的建立与守护，反而无根地推崇仁义道德及作为其"表征"之圣人；如此圣人，不但虚伪，而且实质上成为无德无义之权力巨盗的帮凶与共谋。

典型的故事就是田氏代齐。姜氏之齐国，原本广博富庶，村野相连，百姓相望，鸡狗相闻，畜牧业与农业极其发达，广布方圆几千里。然而，如此庞大富庶之国，只是霸而无道，以权力收割民间财富，辅以虚文之礼和无实之圣——立宗庙社稷、倡圣贤道德，实质上并无真正的普遍正义秩序，只是以虚礼和妄圣掩盖依据权力盗抢天下的本质。田成子本来在此"欺蒙"伎俩中获得了极大利益，仍毫无餍足，最后将姜氏之齐窃为己有——实质上，田氏之盗齐，恰好是姜氏之盗齐的极致。因此，田氏盗齐，依然依据大智大能，依然无道无序而倡扬虚礼与妄圣。田氏盗齐，与古往今来之王朝更替、权力兴衰毫无本质之别——都是百世皆用秦法，崇尚权力以奴役天下，故弄玄虚之智以欺愚世界。

权力之力量决定一切，仁义礼智圣不过是因着巧舌如簧而贴上来的遮羞布罢了。田成子用权力的一切伎俩盗取了姜氏之齐，无论大国、小国，何来出自正义的征讨？正如孟子所说，燕国当伐，可是根本就没有任何力量有合于正义和秩序的讨伐资格。世界的真正本质与存在基础，不在力量和诈伪之知，而在自然素朴之实与普遍公正之序。田成子之盗取姜氏之齐，获得与尧舜做天子一样的"安然无恙"，就因为尧舜治天下与田成子盗取齐国基于同样的本质与力量。田氏盗齐，以及历来权力统治的更替，仅仅是财富占有者的重新洗牌，占有财富的根据万世如一——权力至上与狡诈至上的秦政治。所谓仁义礼智圣，不过就是更加隐晦的狡诈，以掩饰权力的血腥。

所以，世俗小知对财产的保护恰好是政治大智抢夺天下财富的准备，圣人之提倡，恰好是权力巨盗窃取天下及其万物的储集与遮掩。

第二节：圣人治世的大盗本质及其危害

尝试论之，世俗之所谓至知者，有不为大盗积者乎？所谓至圣者，有不为大盗守者乎？何以知其然邪？昔者龙逄斩，比干剖，苌弘胣，子胥靡，故四子之贤而身不免乎戮。故跖之徒问于跖曰："盗亦有道乎？"跖曰："何适而无有道邪！"夫妄意室中之藏，圣也；入先，勇也；出后，义也；知可否，知也；分均，仁也。五者不备而能成大盗者，天下未之有也。由是观之，善人不得圣人之道不立，跖不得圣人之道不行；天下之善人少而不善人多，则圣人之利天下也少而害天下也多。故曰，唇竭则齿寒，鲁酒薄而邯郸围，圣人生而大盗起。掊击圣人，纵舍盗贼，而天下始治矣。夫川竭而谷虚①，丘夷而渊实。圣人已死，则大盗不起，天下平而无故矣。

圣人不死，大盗不止。虽重圣人而治天下，则是重利盗跖也。为之斗斛以量之，则并与斗斛而窃之；为之权衡以称之，则并与权衡而窃之；为之符玺以信之，则并与符玺而窃之；为之仁义以矫之，则并与仁义而窃之。何以知其然邪？彼窃钩者诛，窃国者为诸侯，诸侯之门而仁义存焉，则是非窃仁义圣知邪？故逐于大盗，揭诸侯，窃仁义并斗斛权衡符玺之利者，虽有轩冕之赏弗能劝，斧钺之威弗能禁。此重利盗跖而使不可禁者，是乃圣人之过也。

圣与知的统一，因为"知"的极致化趋求本性，必然引向"至知"与"至圣"的统一。在世俗之知与圣人之知的对比中，《胠箧》显露出一个真相，即"知为大盗积，圣为大盗守"。在"至知至圣一体"中，真相以更为怵目惊心的方

---

① 　陈鼓应认为应作"谷虚而川竭"，见《庄子今注今译》，第257页。

式显露出来。

关龙逢之被斩、比干之见剖、苌弘之为刳肠与伍子胥之糜烂于江,究竟揭示了什么呢? 四者被称为"贤者",即所谓"圣人"在流俗中的阶段性现实化,却不能保其身而被君王杀戮,其中蕴涵着什么道理? 我们可以追问:贤者之见戮的真相究竟是什么?

任何一物的产生与消灭,任何一个人的生存与死亡,都有着自身的"理由"。按照孟子的说法,一个用思的人,居然为暴君所杀,本质上就是属于"不知命而立于危墙之下"[1]。四个所谓"贤者"被君王杀戮而死,只有一种可能,即他们的所谓"贤",根本上就名不副实。

四贤者之所以为贤,即便在其自身而言,并非合于自身本质的"贤",而是有着蒙昧与遮蔽的"虚名"与"媚权"。让自己委身于"没有本质的权力"之下,这就已经与"贤"的本质相悖了。四者之见杀,有一个不言自明的前提,即这些君王有权力及权利对他们生杀予夺;这是骨子里的"媚权"本性,却被赋予"贤"这一概念,这是昧于"贤"之本质的。这意味着,四者作为悖于贤之本质的"贤者",因为没有内在的自身肯定之物,需要一个外在的力量来否定他们,以彰显他们作为无本质的"贤者状态"———一种虚名之在。简言之,他们内在地具有"被杀意愿"以实现自身"贤者"的虚名。而掌权之君王之所以遂了他们的"被杀意愿"、成就他们的"贤者虚名",根底就在"权力与圣贤"的沆瀣一气里:"盖桀之杀龙逢,纣之杀比干,周人之杀苌弘,吴王之杀子胥,固皆有其杀之之辞。其杀之之辞,若所谓好名、助叛、处以念恶,挠乱百度。"[2]"贤者"之见杀于掌权者,这是贤之所以为贤的荒谬之处。

权之本性嗜血,杀戮是其本质使然。贤之就近于权,悖于贤之所以为贤的本质。权之杀贤,就是这个流俗世界的历史与现实揭开的一个醒目实情:一个盗与被盗的世界。

道一而已,且道无所不在。一个盗与被盗的世界,作为道的实现,其吊诡性充分体现在"盗跖"这个人物身上。在《庄子》中(有一篇篇名就是《盗

---

[1]　参见《孟子·尽心上》。

[2]　钟泰:《庄子发微》,第 208 页。

跖》），盗跖的形象有一些突出的特点，其中比较醒目之点就是盗跖对仁义之善的瓦解。显然，盗跖所谓"盗亦有道"，并非道之所以为道的那个道之在其自身，而是被权之杀贤那个政治现实称为"道"的圣、勇、义、知、仁五者合一之道。盗跖强调"五者不备而能成大盗者，天下未之有也"，其中蕴涵着略微曲折之意：盗跖作为大盗，在何种意义上是盗呢？——盗跖具有一定的"权力力量"，但并未被流俗"统一"的政治权力控制，这即是其被称为"盗"的依据。将盗跖称为盗的那个流俗政治世界，是否恰好是盗跖之为盗的更为本质的体现呢？——流俗政治权力有一套用以粉饰自身的圣智说辞，盗跖却祛除那层粉饰；在弄权杀戮的意义上，流俗政治世界之权力罩上圣智面纱，无疑远远胜过盗跖之为盗，成为"盗"的极致。进而，盗跖对圣智之"道"的实现，因毫无伪饰而体现出较流俗政治世界更为"真实"的面貌——它运用了圣、勇、义、知、仁之"道"，并以"盗"的本真面目来实现此"道"。盗以真实的方式实现自身为盗，依循流俗政治奉为圭臬的圣、勇、义、知、仁之道，但并没有以圣、勇、义、知、仁作为悖于盗跖为盗的某种"神圣之物"，而就是以之为与盗本质一致之物。盗以不加遮掩的方式实现，较之盗以加以掩饰的方式实现，前者的真实使后者的圣智面纱被揭去。而圣的为盗本质，在被"揭去"面纱之际，也一同被揭示出来。

圣人与大盗的本质一致，或圣盗一如之本质，有不同层次的显现。

流俗世界有善恶二分。一个真正的善人，是在其自身贞定了自身的人，他需要"圣智之道"，是因为他无法逃避流俗世界而生存在彼岸世界。一个真正的大盗，是以流俗世界之本质真实地加以实现的人，他需要"圣智之道"，是因为他本来就身处一个与流俗世界一样基于权力宰制的世界；就其以真实的方式实现流俗之盗而言，他具有一种异样的"善性"——一切真实之物都有的某种特性。实际上，真正的善人与真正的大盗，作为两个极端，都是很少的。更多的是毫无真实性的"伪装"，而圣智之道就是最大的"伪装"。所谓圣人，在一个弥漫伪装的流俗世界里，不断扼杀着真实，催生着虚妄伪作。如此，它也就戕害着天下之为天下自身，而非助益着天下。因此，就其本质而言，圣人与伪饰横行的流俗世界就是一体不分的，甚至本身就是流俗政治世界的最大伪装之物。

在流俗世界作为整体的意义上，最低层次上，圣人与大盗是相因而生的:"圣知、大盗,相因者也。"①唇、齿共存于一个身体,鲁、赵同在一个天下,尽管彼此相互独立而在,但每一物在此之变化,总是引起另一物在彼之相应变化:唇亡齿寒,鲁酒薄而邯郸围:"唇齿则以况相因,鲁酒、邯郸则以况其非相因而因也。"②在流俗整体中,圣人与大盗分有一个共同的整体性背景之域而相因相生,圣人之所以生,即大盗之所以起。因此,圣人与大盗即是同一整体显现自身的统一显现活动的互为表里的两面。对虚妄不实的流俗世界,圣人和大盗二者起着共同的建构作用。大盗用圣而生,至圣本盗而存,二者交织而成一个程度参差而深浅不一的虚妄之流俗世界。

让世界破解流俗之虚妄而返归本质的真实,让天下成其为天下而治,就需要一方面剖切、击倒圣人,另一方面放弃、舍掉大盗。因为圣人在流俗世界中占据"中流砥柱"之位,所以只要将之击毁,虚妄世界的大厦就自然会轰然倒塌,大盗也就自然消亡。正如川谷一脉、丘渊一体,川之水枯而竭,自然谷为之而虚,丘山之夷平,自然深渊被填实;流俗世界的圣人死去,则大盗自然绝迹,整个天下就不再有基于逐利求力之"故为之事"。

进而言之,圣人与大盗不单是"现象上"相因相生的两物,实质上就是一物。以天下为事,勠力而碌碌,自以为有担当、有抱负而爱天下、成天下,实质上却是乱天下、毁天下。天下永在其自身,而圣人以之自任。只要有以天下自任的圣人,就有盗取天下的大盗。究极而言,治世治天下之圣人,即是盗世盗天下的大盗。流俗政治世界所谓"圣人"治世为天下之利,实质上就是以圣人缘饰之盗跖的自利。流俗世界对财富的占有需要用于衡量的斗斛、权衡,伪饰为圣之盗诈称斗斛、权衡是为天下万民之利,实质上它们不过是被伪圣之盗窃取为宰制天下之工具而已。流俗世界基于权力与利益之争夺而不可互信,伪圣之盗以至大之权力背书,制作符玺以为民之信据;符玺作为没有真实根基、真实本质的虚饰之物,实质上不过是权力者欺人自肥的工具。赤裸裸的权力对流俗世界的宰制,易为普通的眼光看透,所以就需要以仁义来矫饰,似乎在争权与夺利的世界里,还有着一些"可贵的情感与道

---

①　褚伯秀:《庄子义海纂微》,张京华点校,华东师范大学出版社,2014年,第309页。

②　吕惠卿:《庄子义集校》,汤君集校,中华书局,2009年,第190页。

德"，然而这些仁义矫饰，实质上不过是掌权者欺世盗名的利器罢了。

为什么说仁义是盗取天下的资具呢？在权力政治的世界里，"窃钩者诛，窃国者为诸侯"。这些窃国之诸侯，每一个都是窃齐之田氏，却以仁义为标榜——盗国窃天下者，总是高举仁义、标榜天下为公，而仁义之道、天下为公之德，其实质不过是对盗窃天下国家之行为的"缘饰、遮掩"。历史与现实的实情就是，掌有最高权力之人，一方面以权力强迫天下以之为圣，另一方面反过来又以伪圣实盗之仁义道德强加于天下之人。圣人的现实性，就是权力的缘饰之物。圣人就是盗国盗世之人。

流俗世界的所有人、所有人之知，都追逐为盗而窃取天下，都标举有所窃取而成功占有土地和人民的诸侯，都以仁义、斗斛、权衡作为自裕而压制他人的资具。这样一个有所缘饰的"丛林生存"之道，都是至死方休而成王败寇——一旦"盗得"天下，即可以颁"道德"于天下。这样一个世界，连猴子也以做狮子为鹄的，赏以轩冕之高官，罚以斧钺之死亡（只有自己置人于死地才能使自己不被人置于死地），也不能止歇盗国窃天下之行。

窃取天下而成为所欲为的大盗，就是圣人之为圣人的本质。圣人之最为深层的恶，即它本身就是戕贼天下而自利的大盗。在流俗权力政治的世界里，仁义中断、阻碍道与德之间的畅然沟通，仅仅是窃国大盗的伪饰；由此伪饰，大盗成了圣人。

圣人的过错是什么？圣人的过错就是不敢将自身的大盗本质向天下敞开。在郭象的解释里，如此意蕴充满着曲折："信哉斯言！斯言虽信，而犹不可亡圣者，犹天下之知未能都亡，故须圣道以镇之也。群知不亡而独亡圣知，则天下害又多于有圣矣。然则有圣之害虽多，犹愈于亡圣之无治也。虽愈于亡圣，故未若都亡之无害也。甚矣！天下莫不求利，而不能一亡其知，何其迷而失致哉！"[①]郭象认为，圣人是天下之害，但圣人作为天下之最大的害，可以压制其他诸多纷乱之小害，这是大害对天下之小利。郭象的解释，是有限度地给予"圣人"以肯定性意义。

圣人能不能抵达其更大乃至最大限度的肯定性意义呢？吕惠卿有一个

---

①　郭象注，成玄英疏：《南华真经注疏》，第202页。

解释说:"心谷之所以不虚,而贼心得起于其间者,以圣为之川而壅之也,竭其圣川而涸之,则谷虚而盗不生矣;心渊之所以不实,而贼心得入于其间者,以圣为之丘而倾之也,夷其圣丘而填之,则渊实而盗不侵矣。"①圣人是注满山谷的川流而阻断其流,则川流成谷而坏谷以及大地;如果圣人自知其为川而决其壅扼,让自身流淌尽净而涸,则谷自为谷而不再有盗生起;深渊低沉空阔,圣人自以为山丘之高而自为突出,则坏了深渊与大地;倘若圣人自知其为山丘而自为夷平自身,则深渊充实而无害可入。吕氏尽管引向的是"所谓(圣人之)死者,不生于其心也"②的心性转化,但无疑看出了圣人自壅自倾对天下的危害。而且,吕氏圣川自竭自涸、圣丘自夷自填之说,撇开其心性论的说法,实质上道出了圣人作为"天下最大祸害"的最大肯定性意义,乃在于圣人的自行灭亡。

由此而言,在某种意义上,圣人自杀是中国政治哲学中的最高理想——不是为了求得最大的善,而是为了避免最大的恶。

第三节:拒斥圣人僭越为普遍性而让每一物返回自身

故曰:"鱼不可脱于渊,国之利器不可以示人。"彼圣人者,天下之利器也,非所以明天下也。故绝圣弃知,大盗乃止;摘玉毁珠,小盗不起;焚符破玺,而民朴鄙;掊斗折衡,而民不争;殚残天下之圣法,而民始可与论议。擢乱六律,铄绝竽瑟,塞瞽旷③之耳,而天下始人含其聪矣;灭文章,散五采,胶离朱之目,而天下始人含其明矣;毁绝钩绳而弃规矩,攦工倕之指,而天下始人有其巧④矣。故曰:"大巧若拙。"削曾史之行,

---

① 吕惠卿:《庄子义集校》,第190—191页。

② 同上书,第191页。

③ 陈鼓应认为"瞽旷"当为"师旷",见《庄子今注今译》,第260页。

④ 陈鼓应认为"人有其巧"当为"人含其巧",并删去"故曰:'大巧若拙'"六字,见《庄子今注今译》,第261页。

钳杨墨之口，攘弃仁义，而天下之德始玄同矣。彼人含其明，则天下不铄矣；人含其聪，则天下不累矣；人含其知，则天下不惑矣；人含其德，则天下不僻矣。彼曾、史、杨、墨、师旷、工倕、离朱，皆外立其德而以爚乱天下者也，法之所无用也。

一旦领悟圣人与大盗的本质一致性乃至于二者名异实同而本为一物，便使治国者之治国显露出醒目的残酷性：所谓治国，就是使鱼脱离深沉之渊，将宰杀控制人的利器炫示于人。而真正的国之治，是鱼在其渊、人在其国并在其自身而不见利器。

所谓治国的圣人及其圣智，其本质就是杀人大盗一般的利器，是对天下的遮蔽、扭曲与戕杀，不是对天下之为天下的显明。

因此，国之臻于其治，就须绝灭圣人、弃舍圣智，如此也就是杀人之大盗、利器之止歇、消停。

天下万物一般，而圣-盗之人以玉为珍、以珠为宝，通过对物之价值高低的人为造作，并以对不同价值之物的占有而标识人的等级高低之不同。如此价值与等级的"虚妄分别"，当然是治国的伎俩——由之诱惑出小盗小偷，而大盗大偷之圣，以对小盗小偷之"打击或惩罚"获得自身存在的"合理性"。抛扔被视为珍奇之玉石、毁掉被视为贵重之珠宝，更进而抛扔、毁灭伪造珍玉贵珠的"伪造者"，小偷小盗便无以兴起。

权力宰治之世，人与人之间没有彼此互信的真实基础，权力便由自身伪造出符印以为人与人之间彼此"信任"的依据。如此，纯朴的民众便为虚造之符印所蛊惑。只有焚烧、砸破符印及其伪造者，民众才能返归于本然之纯朴。

物与物之间的相互交换，根基于不同的人对自身制作物耗费之时间本然之觉与真诚。圣-盗者之治国，因其诈取权力而不得不继续欺蒙以把权，便以权力扭曲、背离劳作的实情，并以权力强制颁行的斗、秤衡量一切物的价值。没有了劳作的实情为基，人与人之间便各自伪行诈称以争利。只有砍折斗、秤及其伪造者，民众才能回到基于本然与真诚的劳作并彼此交换自身的劳作物。

　　所有这一切治理"天下国家"的法条,都是圣-盗假权力之手加以颁布,而借仁义加以涂饰夸耀为"天地之道"(圣法僭越为道),使民众根本无与于大道之言说。只有毁弃一切圣-盗之法,所有的人或所有的民,才"可与言道也"①。每个人、所有人都能普遍而平等地参与"言说",是道之为道的先决条件。换句话说,道之为道的真实性,首先体现为它普遍的公开性——向一切理性的言说敞开自身是道之真实的先决条件。

　　每个人、所有人都有能听声音的耳朵。师旷不过是所有人中的一个人,师旷的耳朵不过是所有耳朵中的一双耳朵而已。师旷的耳朵无疑听到了属于其耳朵的声音,但是,师旷的耳朵所听声音的节奏是否为所有人的耳朵共同遵循呢?显然不是。只有将基于强制与欺骗的师旷一己之耳朵听到的声音及其节奏,如竽瑟声与六律,加以毁绝,天下所有人、每个人才能聪而听到属于自身的声音及其节奏——每个人的耳朵从音乐的"趋同享乐"中,回到自身。

　　每个人、所有人都有能看到色彩的眼睛。离朱不过是所有人中的一个人,离朱的眼睛不过是所有眼睛中的一双眼睛而已。离朱的眼睛无疑看到了属于其眼睛的颜色,但是,离朱的眼睛看到的色彩及其结构是否就是所有人的眼睛共同看到的呢?显然不是。只有将离朱的眼睛黏合,天下所有人、每个人才能用自己的眼睛看到属于自己的色彩。

　　每个人、所有人都有一双能制作器物的手。工倕不过是所有人中的一个人,工倕的手也不过是所有手之中的一双手而已。工倕的手无疑能制作属于其手的制作品,但是,工倕之手制作的器物及其钩绳规矩,是否就是所有人进行手工制作共同遵循的钩绳规矩呢?显然不是。只有将工倕的手指弄断,毁绝基于工倕个人劳作而有的钩绳规矩,天下所有人、每个人的手才能真正获得属于自身的巧技。所有人之手皆巧,每个人之手都巧,这是"大巧","大巧"就是每个人回到自身的淳朴。

　　为什么非得塞师旷之耳、胶离朱之目、攦工倕之指呢?实质上,被塞之耳,已经不是师旷之耳本身,而是为权力加持与扭曲的无名之耳;被胶之目,

①　林希逸:《庄子鬳斋口义校注》,第156页。

已经不是离朱之目本身，而是为权力加持与扭曲的无名之目；被攦之指，也已经不是工倕之指本身，而是为权力加持与扭曲的无名而威压之指。在权力的加持与扭曲下，不塞师旷之耳，则其他所有人、每个人的耳就为师旷之耳所塞；不胶离朱之目，则其他所有人、每个人之目就为离朱之目所胶；不攦工倕之指，则其他所有人、每个人之指就为工倕之指所攦。如果没有权力加持与扭曲而强使一人之耳伪为普遍之耳、一人之目伪为普遍之目、一人之指伪为普遍之指，而是师旷之耳回到师旷自身，离朱之目回到离朱自身，工倕之指回到工倕自身，从而天下所有人、每个人在没有权力压抑与扭曲的世界中都回到自身，那么就不存在任何塞耳、胶目、攦指。

天下所有人、每个人都有所得于道而成其自身之德，而此德作为其自身之所有，一方面须保持其面向道的开放性与通达性而不固蔽，另一方面须持守其界限而不僭越为道以保持道的自在性与他者的差异性。曾参、史鱼之在其自身，固各自有其得，但是，其所得而为德者，高蹈而行，过为标榜而为仁义，超出了一般常情常理，却僭越为普遍之道的实现本身；杨朱之呵护自身以成其私而利口夸饰、墨子之兼爱天下以成无己而巧言蛊惑，都是以其个体所得之德夸耀僭越为道之自身。因此，只有削减曾、史之行，才能一方面使曾、史回到其自身之为自身，另一方面使道回到其自身，从而天下所有人、每个人都能回到自身；只有钳住杨、墨之口，才能一方面使杨、墨回到其自身之为自身，另一方面使道回到其自身，从而天下所有人、每个人都能回到自身。如此，所有人、每个人都能回到自身之德，并让自身之德独立而自由地面向道而开放自身，就是天下所有人之德的"玄同"——不同而同、同而不同地相与共存于有秩序的整体之中。

天下所有人、每个人都能各回到其自身，如此普遍地"回到自身"何以可能呢？那就意味着，每个人因为要保持自身作为自身的自由与独立，而捍卫整体及其秩序的自在性不为任何个体所僭越。这就是说：每个人、所有人都目含其明并捍卫其自明，天下整体才不会为耀出之特定个体所灼烧毁坏；每个人、所有人都耳含其聪并捍卫其自聪，天下整体才不会为膨胀之特定个体所累赘崩塌；每个人、所有人都心含其知并捍卫其自知，天下整体才不会被自圣之特定个体蛊惑淆乱；每个人、所有人都各葆其得并捍卫其自身之德，天下整体才不会被自夸之个体以一己之得塞满天地,天地整体才不至于为其偏蔽而他者无以寻得僻居一隅之所。

曾、史、杨、墨,师旷、离朱、工倕,都是将其自身之所得而为其德者,不持守在自身有限之界限以内,而是扭曲地乱用德的开放性竟至于外化膨胀为天地整体及其道,炫其微光、伪为太阳而"耀乱"了天下以及天下所有之人。在权力加持下,他们的僭越与伪为普遍以成法,实质上就天地以及每一物之自身而言,本质上是毫无用处的虚妄之物。

承认整体及其秩序的自在性以及每一个体之间差异性,是从权力伪造的普遍性中抽身返回以自存的哲学必由之路。因此,《胠箧》这一段之所言,并非统治者治国的聪巧手段,如说"善用人者,使能方者方,使能圆者圆,各任其所能,人安其性,不责万民以工倕之巧"①;也不是每一个体单纯地回到自身的心灵受用之自解自脱,如说"所谓绝圣弃知者,非灭其典籍,弃其政教之谓也,不以生于心而已。所谓擿玉毁珠者,非出之府库而弃之山川之谓也,不以贵之心而已"②,如说"所谓擢乱六律,铄绝竽瑟,塞瞽旷之耳者,反听而已,我反听则天下含其聪矣。所谓灭文章,散五采,胶离朱之目者,内视而已,我内视则天下含其明矣"③。任何个体不单是犬儒主义地自反内视、内听而不生于自心,而是需要经由捍卫自身之自明自聪自得而捍卫天下整体及其秩序的自在性。

第四节:在上者好知之害在于破坏了自然之序

　　　子独不知至德之世乎? 昔者容成氏、大庭氏、伯皇氏、中央氏、栗陆

---

① 郭象注,成玄英疏:《南华真经注疏》,第 206 页。
② 吕惠卿:《庄子义集校》,第 193 页。
③ 同上书,第 194 页。

氏、骊畜氏、轩辕氏、赫胥氏、尊卢氏、祝融氏、伏牺氏、神农氏，当是时也，民结绳而用之，甘其食，美其服，乐其俗，安其居，邻国相望，鸡狗之音相闻，民至老死而不相往来。若此之时，则至治已。今遂至使民延颈举踵曰，"某所有贤者"，赢粮而趣之，则内弃其亲而外去其主之事，足迹接乎诸侯之境，车轨结乎千里之外。则是上好知之过也。

至德之世，就是"上德不德"（《道德经》第三十八章）之世。至德，就是"含其得而非外立者"①。德作为每一物之在其自身，当其让自身与整体性之道保持无蔽的往复交通之际，就是不以自身之德僭越、遮蔽道自身，这就是"不德"；唯其"不德"而不固蔽，所以使自身能"真有其德"——这就是"上德不德，是以有德"（《道德经》第三十八章）。相反，每一物自恃其德，而固蔽、封闭自身之德，不向整体性之道保持开放性，不让自身之德与道彼此往复交通，只见自身之德，且将自身之德僭越为道、遮蔽道之在其自身，由此似乎"有德"，然而实质上是"无德"而丧失自身——这就是"下德不失德，是以无德"（《道德经》第三十八章）。

至德之世，道得以显其自身，而每一物乃至于所有物也得以显其自身。道与每一物的各自"显现自身"，就意味着某一物之显现其自身也就是隐匿其自身。这在政治历史的衍化中，尤其指向作为群体象征之帝王之隐匿其自身。在一定意义上，有帝王自身之显现，似乎就是此帝王所在之世的显现；但实质上，某一世之帝王的自身显现，恰好是此世之被遮蔽，恰好是此世万民存在之被遮蔽。以秦将白起"长平之战坑赵国士卒数十万"彰显的那个"世代"，有秦赵君王、军队统帅的"突兀而耀眼"的显现，但是，几十万上百万死伤的"士卒"乃至于他们后面千千万万无数的"民众"，为这些"英雄与贵族"的显现所遮蔽而无以显现。这里所述"十二个氏，只轩辕、伏羲、神农见于经，自此以上，吾书中无之"②，而由此以为"以是推之，其他八氏必有其

① 钟泰：《庄子发微》，第215页。
② 林希逸：《庄子鬳斋口义校注》，第158页。

人"①,则是显然没有看到其间的深意。经传所见而不实的"传说帝王",慢慢湮没自身而进入不为人知的"无名氏"之中,实质上指向着一个更为深邃的"世界",即没有被任何一物遮蔽的那个"至德之世"本身。

"当是时也",没有某一个特异之人突兀而耀眼地显现自身,而每个人、所有人得以显现自身。无数之民,皆如其自身而行事,且不断行事相续不已,"结绳而用之",并不以自身行事之外的政令、文辞为意而遏断自身。每个人乃至所有人,自行饮食而甘,自行穿衣而美,相沿成俗而乐,各以所居自安自得。不同人群邻境相望,不同人家鸡狗相应,但每个人、所有人"老死不相往来"——各在其自身,并不将自身异化而活成他人,也不将他人扭曲以背离其自身。这是一个没有任何一个自以为能者外在地加以治理而自行抵达最有序生活的"至治"状态——没有圣人,没有大盗,没有滋彰政令,没有为少数"英雄所僭越、遮蔽"的整体性生活本身得以自如地显现,其间每个人、所有人都在其自身。

至德与至治的丧失是同时发生的,只要某个人被"虚妄地拔高起来"——"某所有贤者",就是在价值虚构与利欲诱导上的双重作伪:"以名利滑失其天性,此上之人好知之过也。"②这指向对儒家的批判:"某所有贤者,赢粮而趋之,便是暗说孟子荀子,推而上之,孔子亦在其间矣,观齐稷下与苏张之徒,便见庄子因当时之风俗故有此论。"③

将某一个人加以"凸显",进行价值虚构,进行利欲诱导,便扭曲了生活本身,从其本然之家庭亲伦生活之中走出,让家庭伦常的生活被权力和圣贤二者沉瀣虚构的世界遮蔽、淹没;每个人、所有人从其自身走出,不再在其自身,不再自为生活之主,遗失自身而以自身之外的他物为目的。

真正的生活,不在权力的阴影里,而在自身自足的光亮里;真正的交通畅达,是在自身之德与大道的自由往复里,而不在物理空间的技术性工具带来的距离缩短里。足迹围绕权力诸侯而行,身体在广阔的物理世界里游走,

① 钟泰:《庄子发微》,第 215 页。钟泰以为祝融氏也见于经传,故说八氏。
② 褚伯秀:《庄子义海纂微》,第 316 页。
③ 林希逸:《庄子鬳斋口义校注》,第 159 页。

这就是生活在别处。

　　生活在别处,尤其是将具有精神性本质的生命安置在异于精神性的权力与物欲之处,其根源在于"那个被凸显为唯一者或在上者的人好知"。

　　在上者好知的本质,就是掌有权力者以奸猾而牟利。知的本质就是"逐利的工具"——"知识就是力量",即知识一方面把满足欲望的财富当作人之外的客观对象,另一方面把客观物质对象当作人可以由自身主观加以占有的对象。好知,必须以力量的占有为支撑,即掌有权柄者"喜欢更大的权力"。知识与权力的结合,再以道德为粉饰,这是一切政治治理以无本质无精神的普遍主义湮没淳朴的整体性生活和每个人自如其如的生命的基本伎俩。所谓政治普遍主义,就是一切还原为无个性、无神性、无内容的"技术性力量",每个人都承认"权力大占有更多的财富",乃至于精神自身的反省、觉悟以个体性地远离权力和财富的世界,都毫无可能。如此,便造成了一个荒谬绝伦的人类政治处境,即鱼腩赞美刽子手的技艺那个谎言:"不想当元帅的士兵不是好士兵。"让生活整体成为具有内容的整体,每个人、所有人在整体中持有自身的内容而在其自身,不让"一个贤者"以湮没整体和他人的方式显现自身,成为一切政治得以回归"正义"的基本前提。

第五节:知识、仁义与权力的沉瀣及其对天地万物之淆乱

　　上诚好知而无道,则天下大乱矣。何以知其然邪? 夫弓弩毕弋机变①之知多,则鸟乱于上矣;钩饵罔罟罾笱之知多,则鱼乱于水矣;削格罗落罝罦之知多,则兽乱于泽矣;知诈渐毒颉滑坚白解垢同异之变多,则俗惑于辩矣。故天下每每大乱,罪在于好知。故天下皆知求其所不知而莫知求其所已知者,皆知非其所不善而莫知非其所已善者,是以大乱。故上悖日月之明,下烁山川之精,中堕四时之施;惴耎之虫,肖翘之物,莫

----

① 　陈鼓应校为"辟",见《庄子今注今译》,第264页。

不失其性。甚矣夫好知之乱天下也！自三代以下者是已，舍夫种种之民而悦夫役役之佞，释夫恬淡无为而悦夫啍啍之意，啍啍已乱天下矣！

好知本质上即悖于道，以为知而能合于道的辩护，是不准确的："下又言'诚好知而无道，则天下大乱'者，盖知而有道以节之，则知得其当，即知何害！知之为害，在于过好，过好必无节，此所以曰'好知而无道'也。"①在上者之好知，其本质在于自逐其利："好知，以智谋相尚也。"②为了使其逐利的行为合法化，他一方面以仁义"道德"来伪饰，另一方面诱导民众以利为归。但同时权力又以自身的力量压制或限制民众获得其应得的利益，并以仁义"道德"来为自身压制、限制民众获利的行为进行辩护、欺蒙。如此明显悖谬的两个指向，自陷于无道，因其"名浮于实"而"相率为伪"③，必然导致"天下大乱"。

天下之大乱，首先是被权力化的知作为对象之物的丧失自性、失其自身："好知之害物，使生民失性，虽禽兽虫鱼，亦不得安其性命之情矣。"④权力化的知，其欲求对物的占有，不仅以触目惊心的"毁灭"方式剥夺着对象之物的自性，而且因其持久地对物之欲求与占有，扭曲着物自身自在的展开："攻之愈密，避之愈巧，则虽禽兽犹不可图之以知，而况于人哉！"⑤被侵占、扭曲的对象，本身通过回应、躲避侵害而习与性成，将无关于自身本质的"技巧"发展成为自身的"内容"。外在的侵夺性影响，湮没物的自性，而以非其本有之性为性。从而，因为人的好知之欲求，鸟不再如其自身而翱翔于天空，鱼不再如其自身而畅游于深渊，走兽不再如其自身而漫步于沼泽。

好知相尚不但戕害知识对象的自性，而且反过来进一步戕害、遮蔽、扭曲人自身的本性，使人不断远离其自身："机心生而机事起，机事起而机祸深，鸟鱼人兽，其乱一也。"⑥权力与知识的本质一致性，常常使道德的粉饰捉

---

① 钟泰：《庄子发微》，第215—216页。

② 林云铭：《庄子因》，张京华点校，华东师范大学出版社，2011年，第104页。

③ 褚伯秀：《庄子义海纂微》，第318页。

④ 同上。

⑤ 郭象注，成玄英疏：《南华真经注疏》，第208页。

⑥ 林云铭：《庄子因》，第104页。

襟见肘：有时候，权力肆无忌惮地指鹿为马而彰显自身凌驾于一切；有时候，权力者以背德的方式彰显自身的知识超出所有人，宁愿背德也要突出自身的智慧高人一等。天地人物的整体，都在如此好知之欲下崩塌毁坏。这里引人注目的是，知识与权力的本质一致性，也必然导致"道德"与权力合谋的自行崩溃。其原因在于，"道德"表面上需要合理的知识来加以论证，而知识的权力本性总是凶相毕露而揭穿"道德"粉饰的虚伪性。如此，社会被扭曲，属人的生活世界整体也就不能如其自身而在，每个人、所有人不再能如其自身而生活在世俗之中。

天下总是不断陷入大乱的根由，就是在上者"好知"。在上者以权力与知识的勾结，不断强化对利益的占有和加强对人的宰制；同时，以扭曲的"道德宣教"来证成其趋利普遍性，又以自身的强力限制、剥夺大众对合理利益的拥有。如上所述，是一种悖谬，必然导致天下及其万物的大乱。在如此悖谬中，在上者以权力为基底，以一己之知强加于人，让民众以扭曲自身的方式去"认知"：既要认识趋利的普遍主义，又要认识自身在权力宰制下不可达成自身之趋利；换言之，在上者强迫民众认知一个其不愿意认知的"扭曲之情"，即认识到趋利的普遍主义仅仅是指"有权者占有一切利益的普遍性"，而非一切人普遍拥有个人合法利益的普遍性。对每一个存在者而言，天下之所不知者，即是作为他者的自身；天下之所已知者，则是自己的自身："所已知者，分内也；所不知者，分外也。"①民众以"在上者完全占有利益"作为自身认识的内容，如此之知，就是一种被强迫的知，就是一种扭曲而异化使天下之人离开其自身而异在的知。

知的扭曲带来善的异化。当一个人以自身之自为肯定地展开自身为其知之内容之际，其认知与存在的浑然统一就昭示着一种善的存在状态。但在上者的强权，使民众作为在下者之"知"被扭曲而无法与其自身的存在统一，因此，民众作为在下者就生存于一种"不善"或"恶"的处境之中。掌有权柄的在上者，不但自知其占有利益，而且强迫民众以悖谬方式认知在上者对社会一切利益的占有，就其"占有利益并以普遍之知确定此一利益占有"而

① 郭象注，成玄英疏：《南华真经注疏》，第209页。

言,在上者处于某种"已然之善"的状态。扭曲了的天下,就处于这种不断"认识与肯定在上者占有利益的善"之状态、"忽视与否定在下者不占有利益的不善"之处境的"悖谬荒诞"。①世界岂能不大乱?由此本质,暂时的表面稳定实质上也深具内乱之性,而其公开的爆发不过是或迟或早之事。天下的荒谬,不过就是如此乱乱相续不已,而美其名曰生生不息。

权力与知识的勾结,以及权力与仁义的沉瀣,将少数在上者膨胀为天下的唯一物,尽一己之心而以为即是天下之道,实则不过是逞欲而遮蔽日月之光;自以为尽礼乎鬼神而感动天地,其实不过是恣肆以戕贼山川之精;颁布历法以为效乎时节,其实不过纵私以搅乱四时之运。自以为一己修德而浩然充塞、万物皆备于我,实质上不过是对飞禽走兽、花草树木之本性的扭曲,使它们丧失自性而已。

权力以知识强化自身对世界的占有,对世界而言,已是极端的搅乱。又辅之以"道德"伪饰,世界由乱而转治的可能性愈加阻塞。夏、商、周三代之更替,不过是不同权力掌有者争夺利益的重新组合而已,却被赋予各种"敬天""修德"等伪道德说教。在掌权者之利益分割战争中,无数平凡而生动的个体之民,无声无息地作为炮灰消失,被道德、知识与权力的世界遗忘、抛弃,而对战争的胜利者,流俗却在奴性的存在处境中唱出逢迎溜须的赞歌。思想本该在如此悖谬之境回守自身,保持恬淡无为,以持存思想之为思想的本质;却异化、扭曲自身,以思想去攀附权力而"谆谆施教",一方面以言辞动

---

① 对"天下皆知求其所不知而莫知求其所已知者,皆知非其所不善而莫知非其所已善者"这一句的理解,传统注疏未尝抵达本章所说的意涵。通常的理解有:(1)林希逸说:"不知者,务外求异者也;已知者,晓然而易见者也,自然之理也。不善,在人者也;已善,在我者也。"(林希逸:《庄子鬳斋口义校注》,第160页)(2)林云铭说:"天下之所以大乱者,盖求其所不知以异于人,而不知求其所已知有本体之自同也;皆知非人之所不能,而不知己之所已能者亦未为是也";"求乎外之异,而忘乎内之同;备乎人之责,而矜乎己之用"。(林云铭:《庄子因》,第104、105页)(3)褚伯秀说:"'皆知求其所不知',谓分外求之,如测天地、问鬼神之类。'所已知',谓己之良知、辨微危、尊德性之类。'所不善',己自以为非者,责人求备之类。'所已善',己自以为是者,矜能自用之类。"(褚伯秀:《庄子义海纂微》,第318页)(4)吕惠卿说:"道在迩而求之远,事在易而求之难。天下皆知其所不知,则远与难者也。而莫知求其所已知,则易与迩者也。天下皆知美之为美,斯恶已;皆知善之为善,斯不善已;皆知非其所不善,则恶与不善也;而莫知非其所已善者,则美与善也。"(吕惠卿:《庄子义集校》,第196页)

君侯妄图得君行道,另一方面举铎震天下之民以博取仁义之名,实质是力图曲折地实现自身对利益的分沾。

　　权力与知识已然乱了天下,而假仁义为说的"伪道德",哼哼然以教化天下,其粉饰与遮蔽更加深刻地变乱了天下。拒斥圣人及其知识对政治的决定性意义,需要一些认识有限性的思想:"获得知识并利用知识绝非一种基本受意识支配的过程。"①以知识来抵达政治的完全自觉及治理,是一种迷惘之思,这在《庄子》看来是一种必须拒斥的取向,从而昭示一种自在性的秩序:"我们的文明,不管是它的起源还是它的维持,都取决于这样一件事情,它的准确表述,就是在人类合作中不断扩展的秩序……这种扩展秩序并不是人类的设计或意图造成的结果,而是一个自发的产物。"②

----

　　① ［德］格尔哈德·帕普克主编:《知识、自由与秩序》,黄冰源等译,中国社会科学出版社,2001年,第6页。
　　② ［英］F. A. 哈耶克:《致命的自负》,冯克利、胡晋华等译,中国社会科学出版社,2000年,第1页。

第四章　仁义的克服与政治的超越
——《庄子·在宥》诠释

政治世界基于权力的占有,狭义的道德世界(儒家所谓仁义,就是狭义的道德世界,本质并非道-德,不是本体-生存论上的广义道-德世界)基于利益的分割。在仁义道德-政治世界之外,有境界的世界。境界世界基于个体情味与整体世界的合理关联。在境界的意义上,每个人都是自己境界世界的"君主"——每个人都是自身生存世界的价值、意义的主宰。自身境界世界的存在与绵延,就是体用不二。"在"和"宥","在"是体,"宥"是用。"在之为言存也,不言而存诸心也:是焉而在,非焉而在,利焉而在,害焉而在;不随之以流,不激之以反,天下将自穷而不出于环中。宥之为言宽也:是焉而不以为是,非焉而不以为非,利者勿使害,害者不为之利,天下宽然足以自容,而复其性有余地⋯⋯立体莫善于在,而适用莫善于宥。"①体,就是确立境界世界的属己性,也就是"我之在"的优先确定:"不在则心随物往,天下乘之以俱流。"②但是,尽管境界世界属于自身,境界世界之所牵涉并非完全系于自身。任何个体的境界世界,总是牵涉、融摄着他人、他物乃至天地万物。境界自身必须回置于一个无限深邃的广袤之渊,如此,无数的非我境界世界才

---

① 王夫之:《庄子解》,第 90 页。
② 同上书,第 91 页。

得以可能。因此,所谓用,就是让异己的他者境界世界在我的境界世界里的显现得以可能。如此可能,其实质就是在我的境界世界中,让渡出整体世界自身、让渡出大道自身,以及让渡出他者自身,使整体世界、大道与他者持守在它们各自之自身、保持它们相对于我以及我的境界世界的差异性:"不宥则心激物伤,天下莫知其所守。"①在此意义上,每一个体就只有一个"让自身存身于天下"的问题,而没有"使天下存于我"或"我以我之境界治理天下"的问题。"在"与"宥"作为体用不二的意蕴,其间有一个很重要的向度,即整体世界及其中的万物保有其相对于任何特定个体性境界世界的自在性:"天下所自生者,莫不自在;天下所自得者,莫不自宥。"②如此,让天下及其万物回到自身,根本就没有"治理天下"的问题。

第一节:治天下而使天下与万物丧失其自身

闻在宥天下,不闻治天下也。在之也者,恐天下之淫其性也;宥之也者,恐天下之迁其德也。天下不淫其性,不迁其德,有治天下者哉!昔尧之治天下也,使天下欣欣焉人乐其性,是不恬也;桀之治天下也,使天下瘁瘁焉人苦其性,是不愉也。夫不恬不愉,非德也。非德也而可长久者,天下无之。

人大喜邪?毗于阳;大怒邪?毗于阴。阴阳并毗,四时不至,寒暑之和不成,其反伤人之形乎!使人喜怒失位,居处无常,思虑不自得,中道不成章,于是乎天下始乔诘卓鸷,而后有盗跖、曾、史之行。故举天下以赏其善者不足,举天下以罚其恶者不给,故天下之大不足以赏罚。自三代以下者,匈匈焉终以赏罚为事,彼何暇安其性命之情哉!

---

① 王夫之:《庄子解》,第 91 页。
② 褚伯秀:《庄子义海纂微》,第 321 页。

　　境界世界的自为性与自在性的统一、个体性与普遍性的相融，就是体用之不二。但是，任何个体的境界世界一旦膨胀起来，"尽心知性知天"（《孟子·尽心上》）而弥漫一切，便消解了整体世界自身；"浩然之气"（《孟子·公孙丑上》）而"万物皆备于我"（《孟子·尽心上》），就湮没了自在之物；其他思考者乃至于其他不认可自身观念、信仰的平常人，被视为"禽兽"①，也就否定了他者。否定整体世界自身，否定物之自在，否定他者的差异性，只是用一己的爱和思来妄图碾压一切，从而体用为二、体用割裂，那就会出现"治理天下"的"必要性"。如此"必要性"，不是"天下需要被治理"，而是某些膨胀和僭越了的个体之心、个体之欲望"需要治理天下"。"治理天下"，一方面使自己和整体世界的本有之性紊乱，另一方面使天下及其万物尤其他者扭曲迁移其固有之德。

　　整体世界以及其中每一物之贞定其中正之性，每一物都不迁转其固有之德，是自然而自在的。简言之，每一物与所有物都在同一个整体世界中在

---

　　①　孟子对差异性他者的禽兽之论，是令人触目惊心的。其所谓每个人固有"四端之心"，一旦无之，则以"非人"论之："无恻隐之心，非人也；无羞恶之心，非人也；无辞让之心，非人也；无是非之心，非人也。"（《孟子·公孙丑上》）孟子将禽兽与人之间的区别视为人之本质，但这个本质，只有君子才能保持住，一般人则是丧失了这个区别的禽兽："人之所以异于禽兽者几希，庶民去之，君子存之。舜明于庶物，察于人伦，由仁义行，非行仁义也。"（《孟子·离娄下》）"虽存乎人者，岂无仁义之心哉？其所以放其良心者，亦犹斧斤之于木也，旦旦而伐之，可以为美乎？其日夜之所息，平旦之气，其好恶与人相近也者几希，则其旦昼之所为，有梏亡之矣。梏之反覆，则其夜气不足以存；夜气不足以存，则其违禽兽不远矣。人见其禽兽也，而以为未尝有才焉者，是岂人之情也哉？"（《孟子·告子上》）其所谓人的本质，其实就是礼教，否则即是禽兽："人之有道也，饱食、暖衣、逸居而无教，则近于禽兽。"（《孟子·滕文公上》）墨子之兼爱、杨朱之为我，与其论不合，便禽兽之："杨氏为我，是无君也；墨氏兼爱，是无父也。无父无君，是禽兽也。"（《孟子·滕文公下》）进而，孟子将异于自身的他者普遍化地视为禽兽，在如此普遍地将差异性他者禽兽化的致思中，圣人具有核心的意义："君子所以异于人者，以其存心也。君子以仁存心，以礼存心。仁者爱人，有礼者敬人。爱人者人恒爱之，敬人者人恒敬之。有人于此，其待我以横逆，则君子必自反也：我必不仁也，必无礼也，此物奚宜至哉？其自反而仁矣，自反而有礼矣，其横逆由是也，君子必自反也：我必不忠。自反而忠矣，其横逆由是也，君子曰：'此亦妄人也已矣。如此则与禽兽奚择哉？于禽兽又何难焉？'是故君子有终身之忧，无一朝之患也。乃若所忧则有之：舜人也，我亦人也。舜为法于天下，可传于后世，我由未免为乡人也，是则可忧也。忧之如何？如舜而已矣。若夫君子所患则亡矣。非仁无为也，非礼无行也。如有一朝之患，则君子不患矣。"（《孟子·离娄下》）

其自身而不淫不迁，根本不需要治理天下。天下整体及其中的万物和每一物，就其自身而言，根本无需治理。那么，治理天下的需要，根源在哪里呢？根源在于某些特殊个体生存的扭曲，即要将一己自私而个性的本性僭越为普遍之物或夸大为整体本身。比如尧，他自以为自身之性为善，让天下人都以其一己之性为乐，使天下其他人都不能在其自身而恬静；比如桀，他只以一己之欲望的满足为自身之性，全然忽视、蔑视天下其他人的存在及需要，使天下其他人都以其一己之性为生命之苦。

　　治天下者，尽管流俗以尧为善——尧以一己之主观之于他人的善而强加于天下，以桀为恶——桀一己之主观欲望以否定他人之方式实现并强加于天下，但实质上，无论是流俗所谓善还是恶，尧与桀都是"使物失性"："尧以德临人，人歌《击壤》，乖其静性也；桀以残害于物，物遭忧瘁，乖其愉乐也。尧、桀政代斯异，使物失性均也"。[①]"尧、桀之治天下，虽善恶不同，其触人心而至于害性则一。"[②]治天下者，如尧，之所以能使天下人以其一己之性为乐而乱自身恬静之性，如桀，之所以能使天下人以其一己之性为苦而乱自身之愉乐，本质上在于他们有"权力以鼓天下"："唯一人之喜怒，有权有力，而易以鼓天下也。"[③]"使人者，言因尧桀在上，致人如此也。"[④]因此，治理天下之需要的根源，就是占有权力以使一己之私得以僭越而成为普遍之物。由此而言，治理天下，其本质，在根源处，就是恶。恶的状态或天下被治理的状态（并不是说天下经由治理而达到有序，而是泛指将天下纳入"治理"之域的状态），因为是"使物失性"而每一物皆以非其自身之德为德，即整体世界及其中每一物之存在不在其自身，必然不可长久。

　　治天下即恶，不但治的根源来自一己的膨胀、僭越之恶，而且治理行为展开的依据（权力）也是恶，其展开过程对他物的戕害是恶，其展开的最终结果不但损害了他物，而且损害了自身和整体世界。在宥则不治天下而无恶，意味着让整体世界回到自身，从而让他物、他者回到自身，最终自己也才能

---

①　郭象注，成玄英疏：《南华真经注疏》，第 213 页。

②　褚伯秀：《庄子义海纂微》，第 322 页。

③　王夫之：《庄子解》，第 91 页。

④　林希逸：《庄子鬳斋口义校注》，第 163 页。

返回自身。换句话说,在宥天下,就是在宥自身:"盖天下者,万物之所一也,其性则我性是也,其德则我德是也。在宥天下则在宥我而已矣,在宥我则所以在宥天下也。"①天下整体在其自身,每一物在其自身,天地无所谓喜怒而每一物之喜怒皆在其自身。

喜怒之不在其自身而扭曲,便有大喜与大怒。大喜者,如尧与桀,耀显自身为凌驾于万物之上的阳,是遮蔽、压制他物之显现之阳;不能显现自身为阳而被压抑、遮蔽,就是沉潜于阴而不得其自身,这就是万物之大怒而阴。大喜之阳以不让他物显现而显现自身,大怒之阴以遭受大喜之阳的遮蔽而隐匿自身不得显现。大喜与大怒必然处于对峙之中而相伤,阴与阳必然处于对立之中而相害。无数个体的境界交织而为一个网络,有秩序的境界网络存在于广袤无边的天地之间,成为一个自然整体世界:"万物负阴而抱阳,冲气以为和。人莫不有冲气之和,以与天地通。"②本来,每一物皆有其自身不显之阴与显现之阳。可是,大喜之阳以损害他物之阳、强使之囿限于阴而无阳的方式,显现自身为绝对的无阴之阳。如此,大喜之人也就是以加害于他物之阳的方式而自为阳。从而,大喜之尧、桀,一方面使他物成为无阳之阴,另一方面使自身成为无阴之阳。损害他物之阳而为自身之阳或无阴之阳,因为阴阳相生,就其本质而言,也就是损害自身之阳而为扭曲之显现。作为尧、桀之扭曲之阳的反面,百姓作为众多他者被残害而为无阳之阴,内蕴大怒之气而必然反过来抗拒扭曲而绝对的阳:"人过喜则阳气常舒,过怒则阴气常惨。喜怒始由于君政失中,以致民心失节,上干天地之和,而反伤人之形,此相因之理也。"③喜怒交战,阴阳相抗,本为天地间狭小一隅的境界,竟转而为充斥人心之物,进而,整体世界自身为扭曲的阴阳征战所扭曲、遮蔽。天地的春夏秋冬之时节,不再能无言而自然地呈现在其自身的寒冷与暑热,而是人与人之间扭曲的阴阳之争造成人心和世道的苦寒与酷暑。人之有形存在顺乎天则、依乎自然而能实现自身。但是,因为治理者的治

---

① 吕惠卿:《庄子义集校》,第 198 页。

② 同上书,第 200 页。

③ 褚伯秀:《南华真经义海纂微》,第 322 页。

理,天地的自然被人世的争夺碾压,人便将自身的有形躯体戕害而无以成为心实现自身的载具。

本来一体之阴阳因扭曲而相争,于是,天下失去其阴阳相续之序,百姓失去其阴阳相偕之位。天地整体有天地整体之阴阳,每一物有每一物之阴阳。某一物只有阳而无阴,或是只有阴而无阳,那就是此物不在其自身之为自身的恒常之居所。作为扭曲的无阳之阴,被治理者之思,因为其未予显现,不能切中自身的存在而不能自得自身;其存在的继续展开,半途而废不能自遂其理。越是被囿限在无底的阴暗之中,阴阳的征战越发不能使阴阳回归有序的相偕并生,而那些僭越了的独特个体,就以强大而激烈的方式——"乔诘卓鸷",即片面地显现自身的主观性,压制、摧残、扼杀他物的客观性。以湮没他物的方式而显现自身,这是流俗政治治理的本质,流俗政治治理依凭强力而制定法制以统治,伪造善恶是非之分以伪饰。

流俗有合于强权之阳的曾参与史鱼,便誉以为善而褒奖之;有悖于强权之阳的夏桀与盗跖,便贬以为恶而惩处之。能加以奖赏的治理者是无阴的扭曲之阳,他所要奖赏者却是无阳之阴。如果按照奖赏的本质而奖赏之,那么,也就意味着阳必须将自身分给阴,从而,最大的奖赏就是让阴转为阳;如此,能进行奖赏的治理者,其自身之阳就会丧失而转为阴。就此意义而言,治理者所要进行的奖赏,就不可能是真的如其本质的奖赏。让治理者将自身的阳转为阴以进行奖赏,这是本质悖谬的不可能性——这就是"举天下以赏其善者不足"。

同样地,对恶的惩处,就治理者作为无阴之阳与被惩处者作为无阳之阴而言,惩处不过是强化被惩处者居阴的时间长度。但是,被惩处者在这个"被治理的世界"里,本来就将永远处于不得显现的永久之阴,治理者的惩处根本就无法增加被惩处者的阴暗性。否则,惩处本身反倒成为给予无阳之阴以一丝显现之阳,反过来蚁溃了"世界的受治理状态"——这就是"举天下以罚其恶者不给"。

治理天下依赖于赏罚,而被治理的天下并不足以进行赏罚。实际上,这已然绽露了一个"治理天下"之自行崩塌的实情——治理天下导致天下的不能治理。然而,如此悖谬的"治理"或"治理"的悖谬,从洪荒时代以来,不断地变换着赏罚的手段和说辞,汹涌涛涛而不止息,掩盖悖谬而遮蔽人自身性命之情的可能通道与可能场域。

　　人不能安顿自身的本性之真,或者说不能如其性命之真实而安顿自身,这是治理者治理造成的恶果。天下因治理者而不能成其为天下自身,万物因治理者而不能成其为万物自身,每一物因治理者而不能成其为每一物之自身。人类自身的悲惨命运,就是悖谬而永不能走出悖谬,永远丧失自身而不能回到自身。在此意义上,钟泰以"囿"解"宥"是不对的:"'宥'同囿,谓范围之也。《易·系辞》曰:'范围天地之化而不过。'彼言不过,此言不迁其性,其义一也。以不迁之义求之,则知宥之为囿,而不得如旧注之训为宽矣。"①"范围天地之化",恰好是"治天下",而非不治天下。

第二节:不得已而有的治理首要之点在于
依据普遍而绝对的秩序以治其自身

　　而且说明邪? 是淫于色也;说聪邪? 是淫于声也;说仁邪? 是乱于德也;说义邪? 是悖于理也;说礼邪? 是相于技也;说乐邪? 是相于淫也;说圣邪? 是相于艺也;说知邪? 是相于疵也。天下将安其性命之情,之八者,存可也,亡可也;天下将不安其性命之情,之八者,乃始脔卷獊囊而乱天下也。而天下乃始尊之惜之,甚矣天下之惑也! 岂直过也而去之邪! 乃斋戒以言之,跪坐以进之,鼓歌以舞之,吾若是何哉!

　　故君子不得已而临莅天下,莫若无为。无为也而后安其性命之情。故曰:"贵以身于为天下,则可以托天下;爱以身于为天下,则可以寄天下。"故君子苟能无解其五藏,无擢其聪明;尸居而龙见,渊默而雷声,神动而天随,从容无为而万物炊累焉。吾又何暇治天下哉!

① 钟泰:《庄子发微》,第220页。

个体的经验生存基于感性的苦乐。趋乐避苦是现实生命的本然之理。但不同个体乃至于无数个体的共存,使得苦乐之间的趋避、取舍有一个群己关系的维度。苦乐的主体间性,使得苦的祛除与乐的趋求只能是相对性的。如果个体在自身绝对性地排斥苦而享受乐,那就是枉顾群己关系制约而逞一己之欲的"自私之悦乐":"而[你]且悦之,则明非自见也,淫于色而已;聪非自闻也,淫于声而已;仁非至仁,则不免乱于德也;义非至义,则不免悖于理也。礼非礼之意,则相于技而已;乐非乐之情,则相于淫而已;圣非其所以圣,则不免为艺也;知非其所以知,则不免为疵也。"①每一个体自身眼睛之所见,只是其一孔之见,并非作为整体的色彩之本身,更非他人眼睛之所见;而任何个体以自身一孔之所见为乐而持守之,并僭越为色彩之正,便乱了色彩本身,更坏了他人之所见。耳朵之所听闻与声音、鼻舌之所嗅尝与味道,也是同样的道理。

每一个体都有其本然之情而有所爱,但任何个体的个人之爱,并不就是爱之所以为爱的那个爱本身,更不是他者之所爱;倘若某一个体以自身之能爱为乐而持守之,并僭越为爱本身,则不但乱了爱之为每个人自身之德,也坏了他者个体化其爱的可能性通道。

每一个人趋乐避苦的行动,总是受到规则的制约。规则本身以主体间性或群己关系为本源,具有超越每一个体的普遍性,是为理。如果某一个体以自身的一己之欲的实现为鹄的,以一己目的的实现为行动的规则(义),并以此为乐而损人利己,如此不但乱了他人之趋乐避苦的本然生命展开,也坏了具有普遍制约性的理本身。在孟子看来,理义具有一致性:"理义之悦我心,犹刍豢之悦我口。"(《孟子·告子上》)在庄子这里,理与义的分歧,彰显了一个裂缝,即个体之自我实现并不引向每个人乃至所有人的整体性实现。

礼以节欲,乐以导情。但是,礼乐如果只是少数人用以制约他人欲望和情感的治理工具,而非普遍性地如其所是而制约每个人、所有人,就反而成为治理者——圣知手中的治理工具。王夫之很清楚地看到,明、聪、仁、义、

---

① 吕惠卿:《庄子义集校》,第 201 页。

礼、乐、圣、知八者,是治理的工具:"八者,尧之治具也。"①作为治理工具,其本质就在于损害、剥夺大多数人的利益以满足少数人的利益——"损不足以奉有余"(《道德经》第七十七章),而使八者堕落、滑失、扭曲、异化为被治理者自身存在操控的戕贼性力量。如此,治理者以八者为乐(lè),一方面就是在助益八者的恶性:"相,助也。"②另一方面,它也使治理者与被治理者在此恶性的展开中同时丧失自身:"与之偕而自失曰相。"③世界的治理本质就是经由治理的展开,治理者与被治理者都在治理工具的不断加强中丢失自身。

　　丢失自身是存身的反面。每一物就其本然而言,都以存身及其继续为鹄的。每一物之能存其自身,以天下之能兼容万有为担保。每一物都可以存身天下,但存身天下之每一物,必须以宥天下而让每一他物可存身于天下为先决条件:"吾身固有可在天下、可宥天下者,吾之神也。"④每一个觉悟地自存之物,都能领悟并非天下存于自身,而是自身存于天下,并且是与无穷他者共存于天下。而天下之为天下,作为并非空虚的广袤,是无穷差异之物相勾连、互作用而成的整体,每一物以及万物之如其自身而在,是天下作为整体之合于其本身本质的存在样式。因此,明、聪、仁、义、礼、乐、圣、知八者,如果仅仅是持守自身之界限而存身于天下整体,其自身的目之明、耳之聪、爱之仁、行之义、欲之礼、情之乐、德之圣、心之知,作为其自身之存在与完成,乃不得不存者和可以存者;但如果逸出自身,不是作为其自身之存在与完成,而是僭越为所有人乃至天下整体之存在与完成,则明、聪、仁、义、礼、乐、圣、知八者乃不得存者和不可存者。在一定限度内,特定个体之逸出与僭越,因为不同存在物的相互关联有着强弱之不同,明、聪、仁、义、礼、乐、圣、知八者的不可存在其实也是某种存在的可能。但是,这需要一种限度,即使得天下和他者不被遮蔽和扭曲,能够持存在自身或返回自身。如果逸

---

①　王夫之:《庄子解》,第 92 页。

②　郭象注,成玄英疏:《南华真经注疏》,第 214 页。

③　王夫之:《庄子解》,第 92 页。

④　同上书,第 93 页。

出和僭越而自我强化,遮蔽并扭曲天下,遮蔽并扭曲万物,天下整体及其中万物不能合于自身本质地存在并继续存在,裔卷而"拘束于仁义礼乐"、猲囊而"驰骋其聪明圣知"①,使得天下整体及其中万物与每一物之间、每一物与他物之间都"拘滞不通"②,如此,则天下丧失自身本真之在,万物丧失其存身之所。治理天下以使万物得以存身,因为治理者易于僭越而走向其反面,所以治理的结果常常就是无物可以存身。

　　明、聪、仁、义、礼、乐、圣、知八者之可存与不可存,以其是否归属于一物之不碍他物与整体的自身实现为衡量标准。八者逸出一物自身实现之域而僭越为天下整体及他者存在之内容,僭越者由此拘束天地与万物,并多事于天地与万物,是对天下整体及其万物乃至每一物的戕害。流俗世界之不可理喻处,其中之一便是,人群以对天下及其万物的破坏之能力为崇拜对象。人本该尊奉的是天地本身,因为它是每一物存身之所;人本该爱惜的是如同自身一样的他者,因为他们是自身共存的伙伴。然而,令人疑惑不解的是,流俗世界尊奉、爱惜那些破坏天地、戕害他者的僭越者。在作为每个人无所可逃的生存必由之域的流俗世界中,一二僭越者的戕害他者、坏灭天地之行,本当随着时间流逝而无声无息地湮没。但僭越者本身假借各式各样的礼节仪式,将对天下及其万物的戕坏造作为被崇拜、纪念之物,"斋戒"以言说戕坏之"祖-神","跪坐"以引戕坏天下及其万物之"祖-神"进入"流俗政治世界",伴以笙歌燕舞之庆祝。如此悖谬之世,一个洞悟之人如何应对? 理解此恶,而让自身无恶地存在直至死去,也许是最好的结局。

　　有人的世界,因为各自存身固有的冲突及其可怖的后果,不免于某种程度的治理,于是,不得已而有治理天下的君子。实际上,不得已而临莅天下之君子,如任何人一样,存身是其基本的生命诉求。但是,君天下之君子,较之一般社会成员,因为占据一个权势之位、手握权柄,其一己之存身有着巨大的危险性:因为逞一己之私欲获得了权力的加持,掌握权柄者就易于以损害天下其他人的方式而自肥。实质上,就历史与现实而言,没有制约的绝对

----

① 褚伯秀:《庄子义海纂微》,第 328 页。

② 同上书,第 326 页。

权力必然会导致天下整体及其秩序和其他人(甚至包括掌握权柄者自身)的生命存在、自由与尊严的丧失。

　　不以权力为加持,不以特定价值理念为依归,一个不得已的君子之所为,就是要将自身置于天下整体及其中万物相互作用而成的关系性秩序的制约之下。天下整体及其中万物相互作用而成的秩序,具有绝对性与自在性,不为任何存在物或人所"合一"地加以把持。它否定性地规定每一存在物乃至于所有存在物之所不当为,而肯定性地规定不得已而临莅天下之治国者所当为。天下一般存在者不禁止即可行,而不得已临莅天下的治国君子,则不允许即不可行,这一现代政治哲学的常识,在某种意义上,就是治国者的无为及一般存在者的无不为。因此,治国者的无为,不是因为其德性的自我自觉约束,而是治国秩序本身超越于治国者(及其权力)而有的普遍性约束:秩序之所限制,治国者即不得有为,此即无为;秩序之所不限制,即一般存在者即可为,此即无不为。如此,天下及其中的所有存在者,其性命之情都得到了安放。

　　寄希望于治国者自身德性对治国者行为加以制约,这有点政治幼稚病色彩,但更多的是政治欺诈和政治阴谋。庄子哲学尽管表面上似乎也表现出对治国者德性的侧重(不同于儒家式的仁义规定性),但与孟子式儒家单纯寄希望于超能之圣人救世、治世并不完全相同,尚有一个在德性合理性之前的先决条件,即"寄托"规定性:"贵以身于为天下,则可以托天下;爱以身于为天下,则可以寄天下。"陈碧虚说:"'贵身''爱身为天下'者,是贵爱天下,非贵爱其身也,若是则得丧不在己,忧乐不为身,故可以寄托天下也。"① 有些注释说是贵身爱身甚于为天下,所以可寄托之:"以其身之可贵,犹贵于为天下,而后可以天下托之;以其身之可爱,犹爱于为天下,而后可以天下寄之。"② 尽管孟子也说"天视自我民视,天听自我民听"(《孟子·万章上》),但是,其本质上的诉求是存"道德-政治之价值理念",与这里庄子"存天下整体世界"是不同的企向。以某种特定价值为导向的普遍主义道德政治理念,具

---

① 　褚伯秀:《庄子义海纂微》,第 327 页。
② 　林希逸:《庄子鬳斋口义校注》,第 164 页。

有与权力一样的侵夺性本质,二者都是对天下及其万物的戕坏与扭曲。庄子所谓"存天下整体",是让世界持守在其自在性之中,并允让天地之间的万物能在其自身,并不强予天下及其万物以某种特定的价值理念。

不得已而临莅以治天下之君子,当其有以自制而无以治天下之际,如此治国者,不驰骋自身五脏的欲望而剥夺天下其他人五脏欲望的实现,不拔擢自身耳之聪、目之明以遮蔽天下其他人耳聪目明的实现。因其自制无为而近于"尸居",因其无以治天下而天下万物近于"龙现":"圣人寂同死尸寂泊,动类飞龙在天。"[①]治国者不哓哓苛政,而常默然无声,天下整体及其所有存在者就发出如其自身的整体性声音(雷声)。当治国者基于精神性领悟而立体自存,则天下及其万物自然而在其自身。在同一个秩序的制约下,治国者无有偏好偏恶而从容无为,一般存在者虽平凡微末却自由而浮游于天地之间。

天下不需要"被"治理,流俗的治理,其本真的归宿是治理者自行治理自身而消解治理对天下及其所有存在者的戕坏。任何一个自以为天降大任的存在者,都是自我膨胀而累赘了天下及其中的所有存在者。让自己存身于天下整体,让自己与天下整体之中的所有存在者遵循同一个绝对性自在秩序而存在,是治国者的唯一德性。因此,"以自杀或自我否定方式"来展开治国,这是一个不得已而临莅天下之君子的必然归宿。

第三节:流俗政治治理本质上不是臧人心 使之善而是撄人心而为恶

崔瞿问于老聃曰:"不治天下,安臧人心?"

老聃曰:"女慎无撄人心。人心排下而进上,上下囚杀,淖约柔乎刚强。廉刿雕琢,其热焦火,其寒凝冰。其疾俯仰之间而再抚四海之外,

---

① 郭象注,成玄英疏:《南华真经注疏》,第215页。

其居也渊而静,其动也县而天。偾骄而不可系者,其唯人心乎!

"昔者黄帝始以仁义撄人之心,尧舜于是乎股无胈,胫无毛,以养天下之形,愁其五藏以为仁义,矜其血气以规法度。然犹有不胜也,尧于是放讙兜于崇山,投三苗于三峗,流共工于幽都,此不胜天下也。夫施及三王而天下大骇矣。下有桀跖,上有曾史,而儒墨毕起。于是乎喜怒相疑,愚知相欺,善否相非,诞信相讥,而天下衰矣;大德不同,而性命烂漫矣;天下好知,而百姓求竭矣。于是乎釿锯制焉,绳墨杀焉,椎凿决焉。天下脊脊大乱,罪在撄人心。故贤者伏处大山嵁岩之下,而万乘之君忧栗乎庙堂之上。

"今世殊死者相枕也,桁杨者相推也,刑戮者相望也,而儒墨乃始离跂攘臂乎桎梏之间。意,甚矣哉! 其无愧而不知耻也甚矣! 吾未知圣知之不为桁杨椄槢也,仁义之不为桎梏凿枘也,焉知曾史之不为桀跖嚆矢也! 故曰'绝圣弃知而天下大治'。"

所谓治天下,就其实质而言,是利与力交织的角逐。但披上了一层"仁义"的伪饰,为本来毫无本质的政治强权杜撰、虚构了一个本质,即向善。崔瞿之问以"使人心向善"来为"治天下"背书,就是以虚构的"道德"(这个道德是今天狭义意义上的道德,即儒家的仁义,而非道家的本体论意义上的广义道德)来为无德的权力涂脂抹粉。就本质而言,在人心领域对他者的强行为善与政治领域的强权统治如出一辙。

使人心向善是一个没有根基和理由的谬妄之论。一方面,"使向善"在价值论上就是自相矛盾的。臧人心以使之为善,不但不能走向善,反而从其一开始就是为恶。所谓"以仁义撄人之心",即是以戕害人心之自由自主的恶,矫而为促进人心之自由自主的善。实质上,所谓善,其要害在于一物之存在及其展开自为目的①,或说一物之自为肯定地展开自身即其善。在相与共存的状态中,"一物"相对于"另一物"的善,不是另一物之"使之善",而是"让之善"。"使他人善"之论,在本质上就是一个自相矛盾的说法。

---

① 〔古希腊〕亚里士多德:《尼各马可伦理学》,廖申白译注,商务印书馆,2003年,第2页。

　　另一方面，人心本身自然而灵动不居，任何一种价值的强加束缚，都悖于心之自然灵动的本然状态。人心的本性自在其身而变化灵动，并非坚凝不变之物，任何欲使之凝然为一的外加强制违背了心之为心的本性，是不可能的："人心之变，靡所不为。顺而放之，则静而自通；治而系之，则跂而偾骄。偾骄者，不可禁之势也。"①这个意思，"把《孟子》'出入无时，莫知其乡'合而观之，便见奇特"②。灵动是心的本性，超越于自由之上。自由只是在被外在强制的逼迫下，才显出自由的意义。自由，不过就是为了让心在其自身而无拘灵动——无目的地蔓延、展开、绽放、涌荡。

　　在心自身的灵动多变中，不同可能性的开启必须有一个自为持守的尺度，即心无论如何展开都必须自如其如。如果流俗及其力量将一切使得心走向自身的可能性通道封闭，而只是打开使得心扭曲自身的那些曲径，心也能够在自身遮蔽与自身扭曲的自我丧失中，以异在的样态展现自身。恰好是心有可能因流俗及其力量的强制而丧失自身，撄人心之害才更加触目惊心。扭曲的异在潜蕴着心自身的反抗。心之反抗外在强制更为深刻地显现了心之自由灵动之性。但是，正如在个体自身，心易于为物欲所遮蔽、扭曲一样，心之在人与人共存的整体中，也易于为他者假权力伪饰为心所遮蔽和扭曲。

　　圣人如黄帝之治理天下，实质就是"以仁义撄人之心"。圣人之以仁义撄人心，有一个更大更深的恶性，即圣人自身的实现以众人的被扰乱为"必要的代价"："夫黄帝非为仁义也，直与物冥则仁义之迹自见，迹自见则后世之心必殉之，是亦黄帝之迹使物撄也。"③郭象有一个为圣人辩护的解释，他认为：圣人治理天下而撄物，只是"迹"，而非"所以迹"；圣人之"所以迹"是全而无害于其自身的，但其"迹"则为流俗（俗儒和众人）所泥执而自害。"夫尧舜帝王之名，皆其迹耳，我寄斯迹而迹非我也，故骇者自世。世弥骇，其迹愈粗。粗之与妙，自途之夷险耳，游者岂常改其足哉！故圣人一也，而有尧

---

① 郭象注，成玄英疏：《南华真经注疏》，第216页。
② 林希逸：《庄子鬳斋口义校注》，第166页。
③ 郭象注，成玄英疏：《南华真经注疏》，第216页。

舜汤武之异。明斯异者,时世之名耳,未足以名圣人之实也。故夫尧舜者,岂直一尧舜而已哉! 是以虽有矜愁之貌,仁义之迹,而所以迹者故全也。"①

　　郭象的解释似乎直接批评的是腐儒守迹:"由腐儒守迹,故致斯祸。不思捐迹反一,而方复攘臂用迹以治迹,可谓无愧而不知耻之甚也。"②撇开腐儒这一层,其解释还有一个"加倍"的恶意,即以百姓之崇圣人之迹,而自害并乱天下乃至于害圣人:"若夫任自然而居当,则贤愚袭情而贵贱履位,君臣上下,莫匪尔极,而天下无患矣。斯迹也,遂攖天下之心,使奔驰而不可止。故中知以下,莫不外饰其性以眩惑众人,恶直丑正,蕃徒相引。是以任真者失其据,而崇伪者窃其柄,于是主忧于上,民困于下矣。"③如此恶性,较之仁义之攖人心,有过之而无不及。庄子以粉饰圣人治国之罪为"愧不知耻",郭象式毒鸡汤以权力秩序为自然之必然,反以反对权力戕害为不自然,更是"恬不知耻"了。当然,以郭象的理路来看,他将流俗之儒视为最大的为恶者,一定程度上也有其积极的意义。一方面,郭象认为,真正的治国之圣人有一个无形的所以迹之本,流俗腐儒以仁义来宣扬的那个治国之道却是有形之迹,这对某些儒者的道德高调无疑是一个瓦解;另一方面,如果所谓儒者确乎领悟到了治国圣人就是迹上那般样子,并如其迹之非真而矫饰之,那么,郭象以一种虚构之真来消解儒者真之虚构,两种矫为之伪的对彰,无疑有助于揭去一切披在权力政治上的伪饰。

　　在攖人心的败坏之途上,黄帝开启而下,尧舜、三王,每下愈况。败坏的无穷倒退,其根源,实质上就是攖人心之圣人"自攖其心而后攖人之心":"攖人心者,非待取人之心攖之而后攖也,以所说者自攖其心,而人心无不受攖矣。"④在根底上自攖其心者,其迈步便踏上了一条必然逐渐滑入恶之深渊的自攖而攖他之途。一方面,所谓的治理天下之圣人,从黄帝之自攖其心以攖天下之心,堕落到尧、舜之自攖其形以乱天下之形——尧舜力图通过"股无胈,胫无毛"的形体劳作,自苦五脏和血气,彰显他们自身之心所谓的"仁义

---

① 　郭象注,成玄英疏:《南华真经注疏》,第 217 页。
② 　同上书,第 218 页。
③ 　同上。
④ 　王夫之:《庄子解》,第 94 页。

法度"，以为能以之匡正天下万民，但所谓仁义法度只是其利欲的伪饰之物，而其心也只是一己之私心，因而并不能普遍地胜任"兼济"天下万物之用。于是，尧舜尽管假借所谓仁义之名，但本质上露出掠夺利益的本来面目，对异己者加以形体的惩罚——或流放，或监禁，其或形体消灭："撄则有求胜之意。"[①]以一己之心撄人心，天下之心无穷，当然不能胜任，唯有露出权力本相而行形体消灭之一途。

尧、舜以下，夏、商、周三代之君不断越加巧妙地以仁义之说伪饰其逐利之本质，但此本质越加不能伪饰，而不断暴露出其嗜血的强力，以使天下大骇而为治。权力之治理天下，罪恶之处就在于，它以被治理者的"恐惧"与"苟且偷安"为基础。

在权力的强凌之下，底子里就是夏桀、盗跖之行，表面上则伪为曾参、史鱼之孝（狭义道德的仁义之孝）。权力之与仁义（狭义道德）的实和虚、真和伪，只有回到"在宥"之不治天下才能得以廓清。在权力治世之境，根本没有在其自身的仁义自身，都是权力及其掠夺利益的伪饰。然而，有所谓儒与墨，在不否定权力治理天下的前提下，倡导所谓仁爱、兼爱，以为有纯粹的"道德之爱"（狭义的仁义道德）可以实现。在权力与仁义的如此真实和虚伪的关联下，无论是悦于权力利益还是悦于仁义，人与人都陷入彼此之猜疑；每个人都有利益趋求，每个人也领悟于仁义之掩饰着权力与利益，但聪明人与愚笨人彼此欺骗，乃至于有小聪明与大智若愚的反讽。握有权柄者以自身利益的获得为善，而以万民之自得其利为恶；万民以自得其利为善，而以权力之贪得无厌为恶。彼此之间，肯定自身为善，否定对方并以之为恶。领悟于此荒诞者，无以理解仁义的虔信者；而仁义的虔信者，则无以宽容看破玄机的领悟者。如此二者彼此讥讽，而不得世界之正。天下只有一个，却有夏桀与盗跖、曾参与史鱼、儒与墨等之分歧与对峙，天下之为天下便衰颓不显了。

天下在其自身，则有道。每一物之有其得即为德，德以道为基。突破自身形体之局限，抵达自身德的极致之大德，就与道相即不离。但每一个自以

---

① 　陶崇道：《拜环堂庄子印》，见方勇《庄子纂要》叁，第 174 页。

为大道在身的人，即是以自私小德伪为大德，乃至于伪为大道本身。如此之
"大德""大道"，人人各不相同，而没有道-德之间的真正关联，人的性命之情
作为生命之实就陷入纷乱之中。所有人都要在此虚-实、真-伪相杂的世界里
获得生存，并非一件容易的事情。每个人都只能伪为有德，而矫饰以暗自求
利。这需要"高深"的知识指引，百姓都竭尽所能地获得尽可能多的知识，来
伪为仁义之行，而实为逐利之举。

　　虎狼相斗，不过就是直接性地死伤而已，并且尚可各回其领地而相安。
而有人的天下之乱之极，根源则在于手握权柄者之撄人之心。形体的拘束
与消灭，辅之以心灵的强加与禁锢，弃利自修之贤者也丧失了山林湖泊之地
以隐逸，而各式各层之握有权柄者防民且相互提防而不得安居其位。掌权
者之假仁义以撄人心，最终使得天下不能存活任何人，因为天下自身从根底
上被毁坏了。以仁义为伪饰，人所在的天下"间接性"地成为各种"死亡"的
展览之所：殊死者相枕，桁杨者相推，刑戮者相望。天下经由仁义之撄人心，
不再是生人之居，而是死亡之所。仁义作为束缚人的桎梏，以权力之逐利为
目的，并以权力为背书而演化为暴力机器及为其辩护的观念。所谓儒家之
仁爱与墨家之兼爱，奋力喧嚣，竭力呐喊，不过就是图让权力分一杯羹，而加
剧、粉饰着权力之桎梏。圣人及其智慧没有不是压榨人之桁杨椄槢的，仁之
爱与义之则没有不是束缚人之桎梏凿枘的。

　　所谓仁义，就是在撄人心的败坏之途上必然产生之物。首先，它为了掩
饰败坏而生，与礼法、刑辟一道，本身就是败坏之物："'鈃锯'喻仁义，'绳墨'
喻礼法，'椎凿'喻刑辟，皆撄人心之具也。"[1]其次，仁义的掺入加剧并深化了
败坏的进程："撄人心之害，如江河日下，至于今世乃不忍置口，于是不得不
追罪于致此之由。"[2]最后，仁义与权盗沆瀣危害天下和苍生："桀、跖借曾、史
之说得以自文而为害，是曾、史为盗跖之嚆矢也。""嚆矢，今之响箭也。"[3]在
流俗政治生活中，凡是举起仁义之处，即是为恶之地——手举牌坊，口说仁

---

①　褚伯秀：《庄子义海纂微》，第333页。

②　宣颖：《南华经解》，曹础基校点，广东人民出版社，2008年，第81—82页。

③　林希逸：《庄子鬳斋口义校注》，第168页。

义,心行逐利。简言之,权力吹响仁义之角,就是发起掠夺之行。

圣人及其智慧,本质上就是权力。虽然人类的生存不免于权力之恶以制恶,但权力自身没有约束则陷于更大的恶。将权力自身严格地加以约束和限制,而不是加以仁义(狭义道德)的粉饰,就是"绝弃"作为权力象征的圣人及其智慧,实质上也就是杜绝权力在天下的横行之途,摈弃权力伪为对天下及其万物生存之本质的僭越。如此,天下回到天下,万物回到万物,而天下大治。

实际上,以"使人心向善"作为治天下的理由,就是以仁义自欺并欺天下。流俗之儒往往以"道德壮举"来使自身的政治野心合理化,正是无耻至极之举。在《论语·公冶长》中,颜回所谓"无伐善,无施劳",已经道尽了政治哲学之域的真谛:不要将每一物在其自身的自我生成之善窃为一己之功,不要以一己之勤侵扰天下及其万物。如颜回一样宥而不治的存在之旅昭示的是仁义-政治的狭隘之域的尽头,是修德自持与隐逸守身的广袤之野。

实质上,以"使人心向善"作为治理天下的理由,其间已经蕴涵着双重扭曲了。首先,需要不断重申一个基本的事实,即基于权力的政治治理本身是对利益的攫取和占有,而不是道德(广义的道德)的实现;其次,流俗所谓仁义(狭义的"道德")本身并无自身之目的,而是以权力和利益为目的,因而具有欺骗性和虚假性。只有因为权力掠夺利益的残酷和血腥容易引起被掠夺者的奋起抗拒,政治治理者为更多更久地继续掠夺利益和占有权力,才需要仁义之粉饰,才有所谓"臧人心"的伪问题出现。如果担保每个人都能经过自身的劳作获得自身存身的物质保障,其心自会自趋其善,而根本无劳政治治理者"使之为善":"崔瞿不明人心本具至善,乃欲以政治善天下之心。老聃告以但勿撄之足矣,何作为以善之?"①天下本有其自在之序,每个人本有其自在之善,天下无须加以外在治理,人心无须加以外在之善:"天下本自治,人心本自臧。"②

---

① 　褚伯秀:《庄子义海纂微》,第335—336页。
② 　陶崇道:《拜环堂庄子印》,见方勇《庄子纂要》叁,第174页。

第四节:从治理到生养——幽明一体与微明共和

黄帝立为天子十九年,令行天下,闻广成子在于空同之山,故往见之,曰:"我闻吾子达于至道,敢问至道之精。吾欲取天地之精,以佐五谷,以养民人,吾又欲官阴阳,以遂群生,为之奈何?"

广成子曰:"而所欲问者,物之质也;而所欲官者,物之残也。自而治天下,云气不待族而雨,草木不待黄而落,日月之光益以荒矣。而佞人之心翦翦者,又奚足以语至道哉!"

黄帝退,捐天下,筑特室,席白茅,间居三月,复往邀之。

广成子南首而卧,黄帝顺下风膝行而进,再拜稽首而问曰:"闻吾子达于至道,敢问,治身奈何而可以长久?"广成子蹶然而起,曰:"善哉问乎! 来! 吾语汝至道。至道之精,窈窈冥冥;至道之极,昏昏默默。无视无听,抱神以静,形将自正。必静必清,无劳汝形,无摇汝精,乃可以长生。目无所见,耳无所闻,心无所知,汝神将守形,形乃长生。慎汝内,闭汝外,多知为败。我为汝遂于大明之上矣,至彼至阳之原也;为汝入于窈冥之门矣,至彼至阴之原也。天地有官,阴阳有藏,慎守汝身,物将自壮。我守其一以处其和,故我修身千二百岁矣,吾形未常衰。"

黄帝再拜稽首曰:"广成子之谓天矣!"

广成子曰:"来! 余语汝。彼其物无穷,而人皆以为有终;彼其物无测,而人皆以为有极。得吾道者,上为皇而下为王;失吾道者,上见光而下为土。今夫百昌皆生于土而反于上,故余将去汝,入无穷之门,以游无极之野。吾与日月参光,吾与天地为常。当我,缗乎! 远我,昏乎! 人其尽死,而我独存乎!"

《在宥》以黄帝为"以仁义撄人之心"的第一人。"以仁义撄人之心"有两种不同的形态,一种是以一己主观之心撄人心,另一种是以超越个体的普遍之心撄人心。实质上,如果不承诺道的自在性,所谓的普遍之心就是个体之心的某种转化形式,尽管有某种程度差异,但二者都是基于权力-利益占有的观念伪饰。

道的普遍性与自在性具有一致性。道之自身与道之在人,尤其道之在特定个体之人的显现,具有本质的区别。道总是经由人而显现,但道并不与任何特定个体对道的显现合一。道向所有个体的普遍开放性,或说所有个体普遍地显现道,是道的本质方面。在此意义上,政治哲学领域中道的首要指向并非由特定个体将自身(尤其掌有权柄者)显现之道施加于天下及其万物,而是以道自治:"道止于治身,而治天下者不外乎是。"[1]治天下者之过,在于撄天下人之心,其所以撄天下人之心,即是以自身显现之道僭越为道之在其自身乃至道之在他人之显现,于是以一己之私而"囿"天下,而非自知自身有限性而"宥"天下。"宥"而非"囿",关键在于治理天下者首先以道自治其身,只有治理天下者受到普遍之道的制约以自治,天下才能得其自治。

黄帝以知识-权力的眼光求问"至道之精""天地之精",以为个体自我掌握了"天地至道之精",就可以"佐五谷以养民人,官阴阳以遂群生"。在广成子看来,黄帝所问貌似突出了天地至道,但其问之所以为问的实质是粗浅的实用主义企向:"问至道之精,而所欲却纯是治天下之事,是帝之病处。"[2]所谓"而所欲问者,物之质也",郭象注说:"问至道之精,可谓质也。"成玄英疏说:"所问粗浅,不过形质,乖深玄之致。是诋诃也。"[3]对天地万物及其道理的"追问",基于知识-权力的目光,本质上就属于"粗浅"之思;而在其"实际的运用"中,官宰天地万物,也就必然是对万物的"残害":"苟欲设官分职,引物从己,既乖造化,必致伤残。"[4]由此可见,黄帝之初问显然是以权力-利益的占有及其有效实施为目的,力图获得某种"普遍性精神力量"的支撑。而

① 王夫之:《庄子解》,第 95 页。
② 宣颖:《南华经解》,第 82 页。
③ 郭象注,成玄英疏:《南华真经注疏》,第 219 页。
④ 同上。

广成子(有注释说就是老子)的回应,直接而断然将真正普遍性的精神与权力-利益占有区隔开来,权力-利益占有与争夺的世界没有道可言。

即使在孔子的仁爱世界里,四时行,百物生,也根本不需要一个超越的主宰来加以命令。天地及其万物的自生自成并不为仁爱所消解,仁爱并不僭越自身为天地及其万物的普遍内在本性。知识-技术-权力的蛮横在于,力图以自身对天地及其万物之"普遍本性"的观念性把握,来对它们加以实践的控制与改造。黄帝作为最高权柄的掌有者,不管他多么真诚甚至谦逊地想要"求问普遍之道",最后的结论只可能是证成权力的占有及权力对世界的主宰是"普遍之道"。广成子指出黄帝以权力之道僭越普遍之道,最为突出之点就在于黄帝的权力逻辑破坏了天地万物及其变化的自在自然,即"云气不待族而雨,草木不待黄而落",并且使一切得以显现自身的那个共同地基,即天地之间的日月之光被遮蔽了。权力以自身为天下之道,一直是天下及其万物丧失自身的根源。权力有着赤裸裸的血腥性,以仁爱天下的形式粉饰自身。然而,以仁爱天下为借口而戕害天下及其万物,这是粗浅的理智伎俩,根本不足以关联于本真自在的至道。

经过广成子的否定,黄帝能够领悟"自治其身"以求长久,这对掌有权柄者而言是难能可贵的。掌有权柄者以道自治而宥让天下,即是天下之自有其序:"人皆自修而不治天下,则天下治矣。"[①]尽管权力以道自治而宥让天下标志着政治治理的某种合理性,但是在认识论上,黄帝依然假定了普遍之道与自身个体生存的直接合一性,因此,广成子进一步凸显了普遍之道(至道)与个体生存的幽深关联——这一关联首先需要否定普遍之道在个体有限认知中完全呈现。至道之在其自身,并非个体语言和思虑所可及。道之所以为道,实质总是在人对其加以认识的不断逼近中不断后退远遁、隐匿自身,逸出认识之域。同时,人的认识在对道的把握中,不断自知着自身感知与理解的有限性,在不断接近深刻的领悟中,不断领悟言与思之不能切中道自身。

天下及其万物不待治而自治,黄帝转而问自修自治以求长生,问题恰好

---

① 　郭象注,成玄英疏:《南华真经注疏》,第 220 页。

在于,物本就处在长生不死之中:"夫长生不死,岂非物之实?"①"物未尝有死,故长生者,物之固然。"②自修自治以求长生,究竟是什么意思呢? 人是形神统一体。认识依据形与物的交接,神通过形而与物交关;道通过物并经由形而与神相连。黄帝所谓长久,是个体生命的延续。他从现实性出发,有见于人的形体性时间有限性,欲以至道的超时间性来转化自身的生命存在。但是,如此现实性的生命理解并未切中生命的实情。

至道并不在形体感知与理智认知中,但道并不隔绝于生命。耳朵之形之听,眼睛之形之看,此听此看,并非耳朵与眼睛之能,而是神使之能。耳朵假神而能听,眼睛假神而能看,所听所看牵拽形之际,神也被牵连而拽出自身。牵拽而出,使形、神、物三者都被扭曲;而三者扭曲的纠合,丧失自身却虚妄地以为可以抵达至道。于此,要紧的是生命存在从扭曲与虚妄中回撤,返回自身本真与自然,而非图扭曲与虚妄的"长久"。黄帝从"恒久地占有天下及其万物"返回来寻求的"长久地存身",具有共同的本质,都是在扭曲而非本真生存中的"问题"。形从物的牵拽中返回,神从形的纠合中回返,眼无视、耳无听,神返回并持守自身,形体也自在其自身,形宁静而神清明。个体不以神劳形,不以形摇神,才获得生命的真正"生长"。由此,长生的意义就在于生命抵达其自身之本然的生长。

生命自身的生长,目无所见而神明,耳无所听而神聪,心无所知而神悟,眼、耳、心与神相与于无相与而各自实现,神自守并守护形体,有神守护的形体也获得自身的生长而长生。真心觉悟自身而慎,内外截然分判,内以自持,外以逐求,这是知识上的益多致败之路。

知识是一种"显明",但此显明如果不能显明其所不能显明,便成为更大的遮蔽。知识的显明背后是权力的逻辑。以治天下为己任,其间蕴涵着许多人性的隐秘之处。直面这一人性的隐秘,而非用虚妄之光加以掩饰,天下及其万物之实情便会如其自身而来。人性如同任何一物一样,本身有着幽隐,让事物处于其自身的幽隐,这是幽隐的本然。但是,幽隐之中有熹微之

---

①　陶崇道:《拜环堂庄子印》,见方勇《庄子纂要》叁,第189页。

②　同上书,第190页。

光,如此熹微之光欲照透一切幽隐。如此欲照透一切幽隐的"亮光",反倒是扭曲的幽隐,使得一切幽隐不能在其自身,而以亮光造就了纯粹的黑暗。老庄之所以以本然的幽隐为说,强调幽隐无物,一个重要的方面便是让物处于自身之幽隐而自生:"夫庄老之所以屡称无者何哉? 明生物者无物,而物自生耳。自生耳,非为生也,又何有为于已生乎?"①幽隐则无所可知,而成为一切得以显明之本:"幽至于窈冥昏默者,乃所以为本也。"②刘凤苞说:"大明之上,至阳所栖,而阳气萌于九地之下,是至阴乃至阳之原。"③至阴作为本,让物处于其自身之幽隐,每一物在其自身而生。真正的"大明",就是领悟于"幽隐"之不可被彻底地"照明",并以幽隐为明之本。以他物之生为自身之生的附属物、所有物,这是以熹微之光湮没天地万物的"黑暗之举"。实际上,使天地及其万物陷入黑暗,就是以仁义伪饰之政治治理的本质。

　　天地及其万物共存的道理,就是幽冥与大明的浑然如一。天地及其万物之显现,当然有明。但明之所以为明,就是明有其确切的边界。尽管这一边界具有游移性,但是,明总是显现在广袤无垠的"幽隐之境"中。真正的明,不是一无幽隐的光芒,而是对于"至阳之原"与"窈冥之门"的双重抵达,即抵达使得有所明与有所隐共存的那个根源之处。成玄英以明为迹,以隐为本,强调本迹一体,有见于幽明一如:"智照如日月,名大明也。至阳之原,表从本降迹,故言出也。无感之时,深根寂然凝湛也。至阴之原,示摄迹归本,故曰入窈冥之门。""遂,出也。"④至阴之幽隐,至阳之光明,二者互为本原:"大明之上,至阳所栖,而阳气萌于九地之下,是至阴乃至阳之原。窈冥之门,至阴所辟,而阴气萌于九天之上,是至阳乃至阴之原。"⑤至阳是光亮的极致,至阴是幽隐的极致;臻于光亮之极,也就是抵达幽隐之极。天地并不需要外在主宰,"'天地有官',天地自官也";阴阳并不需要外在的协理,"'阴

---

① 郭象注,成玄英疏:《南华真经注疏》,第 220 页。

② 吕惠卿:《庄子义集校》,第 209 页。

③ 刘凤苞:《南华雪心编》,见方勇《庄子纂要》叁,第 192 页。

④ 郭象注,成玄英疏:《南华真经注疏》,第 220 页。

⑤ 刘凤苞:《南华雪心编》,见方勇《庄子纂要》叁,第 192—193 页。

阳有藏',阴阳自藏也"①。在光亮中显出幽隐,在幽隐之境绽放敞亮,在亮光的自为性中,持存着幽隐的自在性。一方面,作为光照主体,自身依然有着幽隐未明之物;另一方面,作为光照的客体,其被照亮之处,反而更多地反衬着其幽隐未明之处。每一个体善为自持自身的光亮与幽隐,在自为与自在交织之间实现自身,天地及其万物将自在地实现自身:"阴中有阳,阳中有阴,而阴阳有藏也。"②自我在自身之明及其界限之内实现自身,而天地及其万物相对于我之明而言,处于幽隐而回到它们的自身与自在。

明与人之存在的心思(神)相关。心作为明,常不能在其自身,因此其明就转而为黑暗。所谓心之不能常明而陷入黑暗,恰好不是说它不能绽放光明,而是说它不能容忍幽隐,而以为自身之明能够且必须烛照一切。否定一切幽隐的明,就是黑暗。

明不但与幽隐相连而在,而且明总是一种自身参与其中的共明。否认幽隐的明,本质上也就是以一己之明否定他者之明。幽明一体,万明共生,才是明之所以为大明。大明就是任一物之明,既明于自身,又明于他物之不为己明所明而为他物之自明。如此,不但自我与万物共处于"幽明一体"的整体性世界,而且自我本身也存于"幽明一体"之中。自身与自身有幽明相和,自身与万物之间不但有幽明之和,更有不同微明之相和。在幽明相和与微明相和中,每一个体持守自身,存身于"大和之境",处于一种无时间性、无空间性的"生存沉沦"之中,没有形体衰颓、神明弱化的生命短暂性问题。

在幽明相和与微明相和而和的"大和之境"中,自身之明,是自身心思之觉;他物之明,是他物心思之觉。他物心思之神明,对"我"的心思之神明而言,就是不可入的幽隐。万物之在其幽隐之彼,任其自在;而自我之自明在此,不以我之此明为彼万物之归终,而自为归终;处于幽隐之万物,不以我之明为极而我自以为极。至道不可得,而每一个"吾"可自得其道。每一自得其道者,在其自身自明的界域内,上与天地相和而为皇,下与万物相和而为

---

① 钟泰:《庄子发微》,第 230 页。
② 林云铭:《庄子因》,第 112 页。

王——自我主宰自身之明而让天地及其万物自在于其阴。任一自得其道之"吾"或"我",自处幽隐而上与天地之明相和,下与万物之隐无心而相和。自得而有真正的和,与不自得之和,以无和而和。

　　觉只能自觉,觉而明,只是有心于己而无心于物,从而大明即是万物之自如其明,即所谓"百昌(百物)皆生于土而反于土":"土,无心者也。生于无心,故当反守无心而独往也。"①所谓为天地立心之论,在根源上就是一种遮蔽他物之明的黑暗之举。有心于自我之自明,无心于他物之自明。于是,问题在于,黄帝在与广成子之问答中,广成子之自明是否可以成为黄帝之自明?无疑,就庄子的逻辑彻底性而言,广成子之所明,在黄帝那里便显现为幽隐,所以,广成子自觉地从黄帝之明而退回自身的幽隐,即"余将去汝,入无穷之门,以游无极之野"。相对于他者之明,自觉地回退到自身的"幽隐",这是大明的智慧,让自身获得存在的真正自由。

　　回退而遁入自身的幽隐,这是一种高度的觉悟,超越了单纯的认识之域。在认识论上,在认识主体自身之明的界域内,作为对象的他物之迎我而来,与他物之背我而去,都是不可认识的:"物之来去,我皆泯然而不知,故曰当我者,缗乎! 远我者,昏乎!"②"来者自来,吾不知其来也,去者自去,吾不知其去也。"③作为认识对象的他物,在其自身之在,并不为主体及其认识所造就;对象物之呈现在主体视域之中,尽管有主体自身的拣择作用,但是显现之拣择并不能创造呈现物;对象物自身在呈现之前自身的流变与呈现之后的流变,乃至于呈现之中的流变,都不是主体及其认识所决定的。认识作为狭义之明,只有在认识主体与天地及其万物同处于"相与共明之境"才得以可能,即"吾与日月参光";此相与共明的本体论前提,就是认识主体与天地及其万物的永恒共在,即"吾与天地为常"。

　　每一存在物都能绽放出自身的本己之明,任何一物不能以一己私明遮蔽他物之明,即如日月作为一物也只发出其自身之明,而让其他万物自发其

---

　　① 郭象注,成玄英疏:《南华真经注疏》,第 221 页。
　　② 林希逸:《庄子鬳斋口义校注》,第 172 页。
　　③ 陆西星:《南华真经副墨》,蒋门马点校,中华书局,2010 年,第 157 页。

光。天地间不是只有某种单一之光,而是无数光芒的荟聚。让天下保持自身的开放性,让自身之光保持开放性,在"荟聚之光"中,每一物、所有物之在自证自身之生存,而非某一物在一己之光中独证其存在,而暗昧了其他万物,陷之于不可显现的死寂之地。

至此,黄帝追问的"我何以自修治身而长生",抵达了其真正的回答:从向外的追问求明,回归于自身相对他物之明的幽隐生存而让生命得以生长。没有生长的生命,无所谓长生,而生长本身的呵护,即是长生之本质。

第五节:政治治理中自然的人化与物理的伦理化及其悖谬

云将东游,过扶摇之枝而适遭鸿蒙。鸿蒙方将拊脾雀跃而游。云将见之,倘然止,赞然立,曰:"叟何人邪? 叟何为此?"

鸿蒙拊脾雀跃不辍,对云将曰:"游!"

云将曰:"朕愿有问也。"

鸿蒙仰而视云将曰:"吁!"

云将曰:"天气不和,地气郁结,六气不调,四时不节。今我愿合六气之精以育群生,为之奈何?"

鸿蒙拊脾雀跃掉头曰:"吾弗知! 吾弗知!"

云将不得问。又三年,东游,过有宋之野而适遭鸿蒙。云将大喜,行趋而进曰:"天忘朕邪? 天忘朕邪?"再拜稽首,愿闻于鸿蒙。

鸿蒙曰:"浮游,不知所求;猖狂,不知所往;游者鞅掌,以观无妄。朕又何知!"

云将曰:"朕也自以为猖狂,而民随予所往;朕也不得已于民,今则民之放也。愿闻一言。"

鸿蒙曰:"乱天之经,逆物之情,玄天弗成;解兽之群,而鸟皆夜鸣;灾及草木,祸及止虫。意,治人之过也!"

云将曰:"然则吾奈何?"

鸿蒙曰："意,毒哉! 仙仙乎归矣。"

云将曰："吾遇天难,愿闻一言。"

鸿蒙曰："意! 心养。汝徒处无为,而物自化。堕尔形体,吐尔聪明,伦与物忘;大同乎涬溟,解心释神,莫然无魂。万物云云,各复其根,各复其根而不知;浑浑沌沌,终身不离;若彼知之,乃是离之。无问其名,无窥其情,物固自生。"

云将曰："天降朕以德,示朕以默;躬身求之,乃今也得。"再拜稽首,起辞而行。

　　本段寓言的意义,成玄英有个说明:"云将,云主将也。鸿蒙,元气也。扶摇,神木,生东海也……夫气是生物之元也,云为雨泽之本也,木是春阳之乡,东为仁惠之方。举此四事,示君主御物,以德泽为先也。"①云将作为帝王对鸿蒙的发问,将政治治理的问题推进了一步,即,如果天地及其万物的自然运化悖于人自身的生存,当如何处理? 黄帝对广成子的发问,预设的是天地及其万物具有与人自身普遍一致的本质,如果掌握了这个本质,就可以有效地治理人类社会自身。云将的发问,则是预设人类社会自身的存在与天地及其万物的自然运行本质相悖或不自然相应,从而探求如何有效地改变、治理天地及其万物之自然,以适合人类自身的生存。如此发问,涵着《中庸》《易传》所谓"参天地"之意,以为人能通过自身的主体性行动,使天地以合于人类需要的方式完成自身。

　　云将之发问,起始便自称为"朕",一方面表述其在尘世之中为"手握权柄之君王",另一方面表明他处在现象性束缚之中:"有朕则有迹,有迹则有我矣。"②云将与鸿蒙的初遇,有两个发问。一是对鸿蒙"是何人"与"何为"的发问。鸿蒙应之以"游",即当下无所固执的绽放,消解了主体加活动(或主体加功能/性质)的认知式把握(在《逍遥游》中,实质上也是一个无主体之游)。这是一种非主体性的自身实现,没有自我而有所挺立,即如云将之有

---

①　郭象注,成玄英疏:《南华真经注疏》,第 222 页。

②　钟泰:《庄子发微》,第 233—234 页。

己,见之而有"傥然"与"贽然":"傥然,自失之貌;贽然,屹立之貌。"①鸿蒙对云将之第二问,不论其具体所问,仅仅就其欲有所问之问,便即时予以了呵止。而云将表达出来的"所以为问"则是人何以应对"自然之境对人之应然生存状态的背离":"天气不和,地气郁结,六气不调,四时不节。今我愿合六气之精以育群生,为之奈何?"天地亘古见在,天气有什么不和? 地气有什么郁结? 气何以有六? 时何以有节? 这些本来就是人之移情遮蔽使然。云将发问的内在悖谬在于:一方面,天地之自然不合于人之生存的应然,所以人要以自己的行动来"参天地"以改变天地;另一方面,对天地的改变,需要根据天地自身的某种性质(六合之精)。天地之不合于人的生存需要而"参改之""以育群生",而"参改天地"又需要依赖天地自身之精。云将在其发问中,将矛盾与悖谬显现出来,鸿蒙以"吾弗知"为答,实质上就是一种应答悖谬之问的回答。不过,云将第一次相遇并未领悟其发问之悖谬,从而也昧于鸿蒙的不答之答:"追问者问其所弗容问,而答者亦答其所弗容知,拊髀雀跃之神情如故,而掉头弗顾,真境跃然矣。"②

简言之,在云将对鸿蒙的"发问"之境中,真境丧失自身;而在鸿蒙的"吾弗知"之回答中,真境则昭然跃然而显。

云将再次遭遇鸿蒙,依然有所追问于鸿蒙。第二次相遇,云将首先表示"愿闻于鸿蒙",似乎还是在延续初次相遇之际的问题。作为直接回应,鸿蒙将自身的生存状态以与"可知性"相区别的方式加以表达,由此表明云将欲以"知"的方式来问天地及其万物,以满足人自身的生存需要,这本身就是一种错失了人之本真生存的扭曲。"浮游"与"猖狂",就是沉沦弥漫而无一定价值指向的逍遥之在,如此存在,只是无所约束而自由:"鞅掌……失容者,谓匆遽而不暇为礼容也……以犷野无礼形其不可规范,犹上以猖狂形其不可羁约也。"③浮游而猖狂之在,处身无限广袤而让自身与相与共在之万物皆真实无妄:"鸿蒙游心之处宽大,涉见之物众多,能观之智,知所观之境

---

① 林希逸:《庄子鬳斋口义校注》,第 173 页。

② 刘凤苞:《南华雪心编》,第 264 页。

③ 钟泰:《庄子发微》,第 234 页。

无妄也。"①而认知的方式,使欲求以观念的方式先行存在,即知所求;然后,以合于先行观念的方式展开行动,即知所往。知所求与知所往,以认知对于存在的两端(起始与归终)的抽象把握,消解湮没了最为本真的当下沉沦之活生生的跃然之在。

在所有物都真实无妄的整体性境域中,每一物都自融于其浮游与猖狂自身,没有外在的知识性执取。一物狂游而自在其自身,所谓"天地不合于人自身存在的紊乱灾害",根本就不可能成为一个显现的可能。值得一提的是,自然主义的自由生存旨向与所谓人道主义者眼中面对灾祸引致之苦难的责任意识处于冲突之中。云将所问,撇开人祸不论,可以表达为:面对天灾对人自身生存的威胁与戕害,有为之君子或帝王究竟如何自处? 毕竟,这是一个有"人"的天地世界,而"云将则以泽天下为己任者也"②。在第一次相遇之际,鸿蒙并未对此作出直接的回应,而以两个"吾弗知"来应对。实质上,这意味着一个基本的识见,即所谓自然的自在展开对人类生存的危害(天灾),这是政治领域一个积习深厚的谬见,是用以遮蔽层层利益趋求与争夺而造成的人相害的幌子,也是伪儒沽名钓誉恣意妄说什么天意、天道谴责的凭借。

随着对话的演进,云将发问之内在状态,从自然之境与人的应然之需的彼此背离上有所衍变,转而为相与共在的他者(民人百姓)对自己的强求与束缚。人与人的共在,在儒者的情怀里,构成了其责任、使命的本体论前提。在此,云将以共在及由其衍生的情怀为束缚,而追问鸿蒙如何解脱。云将也认为自己猖狂放浪,但总是有百姓跟随,自身存在之所为,其迹为民所仿效:"夫乘物非为迹而迹自彰,猖狂非招民而民自往,故为民所放效而不得已也。"③与民共在而为民所仿效,此仿效成为一种束缚,意味着身为帝王者为百姓所羁绊而不得返回自身:"放则流放之放,言系于民而不得释者也。"④以

---

① 郭象注,成玄英疏:《南华真经注疏》,第 222 页。
② 吕惠卿:《庄子义集校》,第 212 页。
③ 郭象注,成玄英疏:《南华真经注疏》,第 223 页。
④ 吕惠卿:《庄子义集校》,第 214 页。

百姓的追随、模仿和需要来为治理天下进行辩护，这是根深蒂固的自欺欺人之说。对云将所谓"不能释怀于百姓之需"，鸿蒙直接将其所谓的"被动性"显露为主动性之恶，即治理天下之过错在于紊乱天地之常、悖逆万物之情实、阻断所有物之自然天成，以及戕害万物之自然——散兽群、扰禽聚、灾草木与祸昆虫。以人群的需要来为对天地自然之戕贼加以辩护，实际上"撄太虚之清宁，则功小而过大，利短而害长。兽解、鸟鸣，草木昆虫有受其恩者，即有受其灾者"①。所谓泽被苍生的"治人"，总是以破坏天地之自然整体性为必然的代价。

鸿蒙将政治治理中的伪诈之说加以揭示，云将进一步转而问：如果身为帝王者不得不陷身于"润泽天下的使命责任"中，那么如何脱离其束缚？鸿蒙深知以润泽天下为己任的虚妄政治积毒深厚，仅言辞的开解根本无以祛毒。因此，鸿蒙感叹而欲回归自身：既是让发问者回到自身以释然其问，也是让被问者回到自身以泯然其问。

于此，云将以人伦与物理的矛盾困境为"天难"而强问鸿蒙。实质上，在鸿蒙看来，人伦与物理的冲突，其真正的解决，不是强物理以就人伦，而是人伦之必须合于物理："人伦物理混而为一，故'解心释神，莫然无魂'，此人道之极，由之而合乎天者也。"②人伦之顺于物理，其要在"心养"："心养，犹心斋也。能养心于至虚，但安处无为，而物自化矣。"③简言之，云将的问题不是天地及其万物有什么缺陷，而是有治人治世之心的帝王本身之心有缺陷。欲图治人治世者，将自身虚妄的责任意识消解而无为，天地及其万物便自然而均化。

基于身体性需求，个别物以"知"的方式既将自身从整体中分裂出来，也将自身从自身分离出来。要无为而心养，就需要毁弃形体感官之感知，黜去眼之明与耳之聪，不以概念对万物加以分类，让自身以及万物同归于天地之浑然一体之境。每一物都自明于自身，但并不以自身的心和神为主体去照

---

① 王夫之：《庄子解》，第 97 页。

② 褚伯秀：《庄子义海纂微》，第 348 页。

③ 陆树芝：《庄子雪》，张京华点校，华东师范大学出版社，2011 年，第 125 页。

明他物乃至天地整体。在天地整体之境中，每一物自有其魂而在其自身。每一物有自身之心、神、魂，而不以自身之心、神、魂为天地之心、神、魂。每一物大明自身而不施明于他物："大明者，无所施明于物也。"①此即所谓"解心释神，莫然无魂"。

如此，每一物乃至所有物都回到其自身存在之根本。每一物在其自身的存在之根，不能在"知"之中显现，那是一种无"知"之明。郭象说："浑沌无知，而任其自复，乃能终身不离其本也。"成玄英说："用知慕至本，乃离自然之性。"②存在之物抵达其自身之存在，超越于"知"的抽象而虚假之"抵达"。每一物之在其自身是一个不可分离的整体，而"知"是存在自身的分裂，"才有知觉，则与道为二，故曰若彼知之，乃是离之"③。"知"将存在自身分裂为二，在"知"中，存在物便不可能抵达自在而自为其"一"。

不但如此，"知"还以眼窥口问的方式，将与自身存在浑然一体的物推开并分裂为外。要让一切物都归根于其自身，就要无问无窥："凡有分别之谓名，凡有好恶之谓情，窥者，见也，无问无窥，则无所分别，无所好恶矣，此即无为自然也。"④在"知"中，既不能抵达每一物自身的存在，也不能抵达他物的存在。每一物之各回其自身，只能以不知的方式抵达："人人自有其根，各各复之而不自知。"⑤真实的存在，不在"知"之中实现，那就意味着建基于"知"的政治治理本身并无关于人自身存在的真实，也无关于天地及其万物的真实。当政治治理者以某种抽象的理念或情怀作为所有人的生命内容，乃至作为天地万物的存在内容时，除了基于力的强迫与知的欺诈之外，根本毫无任何存在的"根据"。

无论将人伦与物理视为本质一致还是彼此相悖而欲治理天下，"以泽物为己任者，劳而罔功；任天下之自治者，逸而俱化"⑥。当云将消解了自己身

---

① 王夫之：《庄子解》，第 97 页。
② 郭象注，成玄英疏：《南华真经注疏》，第 224 页。
③ 林希逸：《庄子鬳斋口义校注》，第 175 页。
④ 同上。
⑤ 陆西星：《南华真经副墨》，第 160 页。
⑥ 褚伯秀：《庄子义海纂微》，第 350 页。

为帝王的"责任使命"之际,天地及其万物乃至于云将自身才得以返回各自的自在之根而自治自化。

第六节:流俗同异之辩的悖谬与独有之在

世俗之人,皆喜人之同乎己而恶人之异于己也。同于己而欲之,异于己而不欲者,以出乎众为心也。夫以出乎众为心者,曷常出乎众哉!因众以宁所闻,不如众技众矣。而欲为人之国者,此揽乎三王之利而不见其患者也。此以人之国侥幸也,几何侥幸而不丧人之国乎!其存人之国也,无万分之一;而丧人之国也,一不成而万有余丧矣。悲夫,有土者之不知也!

夫有土者,有大物也。有大物者,不可以物;物而不物,故能物物。明乎物物者之非物也,岂独治天下百姓而已哉!出入六合,游乎九州,独往独来,是谓独有。独有之人,是谓至贵。

流俗世界的悖谬,不单是因为权力的扭曲。实际上,权力与流俗是彼此加强的,二者一起加剧了人类生存的扭曲与悖谬。一定意义上,权力在流俗世界之特出地位的彰显,本质上就奠基于流俗世界自身的内在本性,即求同存异或存同灭异的本性。

权力以及与之相应的利益,是最为普遍而同之物。权力和利益作为流俗世界普遍而同之物,本来根本没有任何具有实质意义的"差异",但又被以"彼此相异"的方式自为标榜。如此无异之同,又被以无同之异的方式来加以实现,我们可以用"质"与"量"的分别来加以表述,即流俗世界基于权力和利益的扭曲存在,其所谓同异并非真正的、具有本质意义的同异,而是无质之差别的、纯粹量的分别。因此,流俗世界不能容忍不受权力制约、不受利益诱惑的精神深邃之在,因为深邃的精神与权力和利益本质相异。没有精神性差异的无本质流俗生活,所有人都追求普遍而同之物,却又以追求其所得"超出他人"为目的。

　　流俗之人追求的是无本质的同（权力和利益），因此，其所谓超出他人之众而有的"异"，也就是无本质的异。如此，无本质的同与无本质的异也就成为纯粹量的分层与力的分界。基于权力和利益占有的流俗政治，就以操弄此无本质的同异而淆乱天地世界与人心。

　　食色性也，二者作为最为基本的生存需求，所有人都是相同的。食色之在其自身，本无所谓好坏善恶，也无所谓是非对错，更无所谓大小高下。喜恶欲求，心之觉悟，也无所谓好坏善恶、是非对错之分，而有深浅广狭之别。人之存在真正的差别，仅仅在心自身的觉悟与创造的界域内，才有可能得以贞定。而在食色之域，力图以出乎众为心，混淆了生存的两种不同阶次，根本上陷入了本末倒置的悖谬之中。实质上，流俗以食色之域的量之大小来彼此区别，恰好是无区别；而一个真正要将自身与无区别的流俗之众相区别的存在者，恰好不在食色之域将自身与众人进行区别，而是在心知觉悟之域自为区别："众皆以出众为心，故所以为众人也。若我亦欲出乎众，则与众无异，而不能相出矣。夫众皆以相出为心，而我独无往而不同，乃大殊于众而为众主也。"[1]食色本为众之所同，流俗却于此追求与众相异，实为"无异之异"而陷于"无所同而同"；真正之人，于食色之域自同于众而无所求异，实为"无异之同"而达于"有所同而异"。形式地说，流俗之人无以异于人而"都普遍地求异于人"，从而就"同"于此"无异而求异"；真正之人自同于人之甘食悦色而"独异地不求异于人"，从而就"异"于彼"无异而求异"，因之而抵达"自身不同于流俗之众的本己独一无二性"。

　　流俗世界的悖谬深刻地表现为以如此无异之同为基，却转而求无同之异，进而又强行以此求异之求为众所同："有所说（悦——引者）者众矣，莫甚于说出乎众以为心。撄心者多矣，莫甚于因出众为心而侥幸。撄人者多矣，莫甚于恶人之异己而强之使同。凡夫以仁义臧人之心，取天地之质，官阴阳之残，合六气之精，以求遂群生者，皆自谓首出万物，而冀天下之同己

---

①　郭象注，成玄英疏：《南华真经注疏》，第224页。

者也。"①以同为基,而以求异为心;以求异为心,却又以强人求同为鹄的:"意在高出于众人之上,乃反因众人之同己,以安其所闻而坚其自信。"②流俗及其政治生活就是以如此不可理喻的样式展现自身。

如何抵达每一个体自身的本己独一无二性? 这在流俗的政治生活中是无法达成的,只有越出并克服流俗政治,才能寻得契机与通道。

庄子体现了一条与孟子迥异的道路:"孟子则以平治天下自任,而庄子则不弊弊然以天下为事者也。"③在孟子式儒家看来,天下之乱在于无圣人治理,而庄子则揭明所谓圣人之治理正是天下大乱的根源。真理与正义也许在孟子与庄子二人的合题里,但更为要紧的是,政治治理之序必须使整体及其中的个体能持存在其自身之中。

流俗从同出发,又以求异为心,最终又以强人趋同为目的,以自身悖谬的方式豁显了仁义-政治生活的无本质特性。政治治理者陷于此同-异的谬妄纠缠,以高出众人的权力和利益来宰制众人,这在有限的历史时间之内有一定的效用。但就历史时间的长时段而言,不管治理者手握多大权力,掌有多大的利益,在时光迁流中,众人及其权力和利益相应变化,治理者本身的权力和利益最终必然会被众人的权力和利益超过。

流俗生活及其历史,正如每一个有教养的灵魂业已明了的那样,不断重复着倾覆与被倾覆的故事,一直处在谬妄绵延之中。有教养的灵魂,当积蓄到一定厚度与深度之际,不能再忍受谬妄流传,流俗扭曲之异在才能得以终结。

作为所有人生存其中的自在之境,以土地为基础的"世界"因着其间权力和利益的分割与控制,而成为"国家"。国家(territory)有大小之别,都必须依赖一定的界域而生存。所有人作为整体而生存的"国家"属于所有人,每个人作为个体而生存的"国家"属于个体自身。流俗仁义-政治中掌有权力和利益的"治理者",以整体和其他个体的"国家"为自己所有而"治理"之。

---

①　王夫之:《庄子解》,第 98 页。

②　钟泰:《庄子发微》,第 238 页。

③　吕惠卿:《庄子义集校》,第 217 页。

顺应这一流俗的力量博弈方式,伪儒杜撰的上古圣人的美好治理被一再用以粉饰当下的治理之恶。流俗仁义-政治根本没有任何一丝一毫的纯粹与精神,不过就是扭曲谬妄的力量争斗罢了。精神性与纯粹性从来不跃入流俗仁义-政治的污泥浊水之中。

实质上,无论现实的仁义标榜,还是历史的圣王治理杜撰,都是用以掩盖占有、侵夺整体或个体之"国家"而掠取最大化利益之实。短时段的治理的有效性就在于,治理者对权力和利益的贪欲与整体及其他个体享有基本利益和权利之间存在合理张力。然而,没有任何限制的治理者总是倾向于将整体和其他个体的利益与权利压榨为零。如此,治理者以极端地拥有"国家"的方式侥幸存在,而整体和其他个体的"国家"完全丧失而无所侥幸。然而,权力的邪恶本质甚至无法看清楚一个简单明白的道理,即治理者最大化占有"国家"而使整体和其他个体之"国家"丧失之际,也就是其自身对"国家"的占有丧失之际(因为治理者消灭了自己治理的对象):"以一己而专制天下,则天下塞矣。己岂通哉?故一身既不成,而万方有余丧矣。"①基于权力和利益占有的流俗仁义－政治,就在这样一种谬妄绵延之中,以不断丧亡社会整体与其他个体的方式,最终将自己带进死亡。

之所以如此,就在于流俗生活及其"最高状态的体现者"——有土者或政治治理者,以占有土地国家这一最大之物的方式,并不明白一切物作为人之存在的自然之需,并不能以自我物化的方式来加以占有。一切属人的生活当然不能脱离"以物为用",但是,属人的生活必须让自身"以物为用"之际,不能陷于"为物所用"。政治治理者作为有土者,不但强行将天地整体以及其他人作为物而被使用,而且在以占有权力和利益为目的的治理-宰制中,使得自身也为物所用而并非以物为用,从而,政治治理者作为有土者,就将这一有人且属人的世界彻底推进了"物性化"之境:"不能用物而为物用,即是物耳。"②

拥有天下大物(土地国家)的政治治理者不能以物为物,从而也不能显

---

① 　郭象注,成玄英疏:《南华真经注疏》,第 225 页。

② 　同上。

现使物得以为物的那个非物的力量。区别于物性力量的那个非物性力量，不在流俗仁义-政治之域中，而是在流俗仁义-政治之域外。非物性力量，即让物成为物、让自身成为自身的"用物"而"不为物用"者："夫用物者，不为物用也。不为物用，斯不物矣。不物，故物天下之物，使各自得也。"①实质上，用物者即心，心即非物："明乎物物者之非物，则吾心非物也。心非物，故能物物。"②以物为用而不为物所用，即是有心绽放的存在样态；为物所用而自我丧失，即是无心绽放的存在样态。流俗仁义-政治生活，就是一个无心而物性化了的生存样态。只有逸出流俗仁义-政治之域，才有非物性化的生存样态；而心也只有在其自身而不被物性化，非物性地超越流俗仁义-政治的生存之境，才能得以通达。

"有心"作为人类存在的枢纽，并非一个当然而然的事实。在流俗仁义-政治生活中，心的丧失是一个亘古绵延的梦魇。"有心"的存在样态，一个简单的分野就在于：让物成为物，让非物持存为非物。如此区分，是一切差异得以存在的基础。物性世界是一个有形力量弥漫充斥而毫无缝隙的世界，它以占有、消灭他者为自身存在的必要条件；非物性世界是一个无形空阔的世界，它以让渡、宽容他者及其丰富性和差异性为自身存在的本然状态。流俗仁义-政治之域就是一个相杀的有形物性化世界，在其外——九州与六合之外的藐姑射山，才是一切心灵得以自然而自由绽放的世界。

心灵得以自然而自由绽放的世界，相对于流俗仁义-政治之域对心的戕杀而言，显露出其迥然相异性，这就是"独有"，即唯独为自然而自由之心灵所拥有的生存状态。

换句话说，独有就是真正的本己独一无二性或本己差异性。如此独一无二性，并非一种与普遍性合一的"独占式存在"，比如："吾所体者道，而道外无物，是以谓之独有也。"③以对思辨抽象物的独自占有为"独"，实质上只

---

① 郭象注，成玄英疏：《南华真经注疏》，第 225 页。

② 褚伯秀：《庄子义海纂微》，第 354 页 。

③ 吕惠卿：《庄子义集校》，第 218 页。

是流俗权力独占的观念转化物。独有也不单是一种郭象说的形式性差异："人皆自异而己独群游,斯乃独往独来者也。独有斯独,可谓独有矣。"①郭象式的所谓独有,以与流俗之众相异的方式体现,却又以趋同区别于流俗所谓自异,根本没有领悟到流俗基于无本质的无异之同与无同之异的淆乱。在庄子,独有本质上只有一种本己差异性:"独有者,有其无物者也。有其无,而有者无穷,其于大物也,蔑不胜矣。有其有,则且以所说(悦——引者)者为有,而仁义之名归,道德之真丧矣。"②自身的本己差异性只是在切己生存中将自己召回自身,并不湮没他者的本己差异性。如此本己差异性最为基础性的体现,就在于逸出了流俗仁义-政治之域。流俗世界基于权力和利益占有的生存样式将一切量化或物化,因为流俗世界充斥着物性之有,根本没有将非物性的本真存在可能绽放出来:"凡为人所有者皆物,而有土为大。"③本己差异性,首先就是逸出流俗仁义-政治之域有形之物的充斥而自有其无,因无流俗之所有,而有流俗之所无。流俗陷于有形窒碍而遮蔽的无穷可能性,在无物的存在者这里得以灿然而显。因此,独有的真正意蕴就是逸出流俗仁义-政治之域局限的单一性,而绽放无穷丰富的差异性与多样性。流俗为有形物所充斥,以某些特定之形之物为喜怒,以情感之仁和规则之义来掩饰,天地万物之本真的道-德畅然关联便不复畅然相通而丧失了自身。

　　简言之,独有就是无流俗之所有而有流俗之所无:"'独有',无所有而有也。"④亦即独自拥有别人之所无:"是以至无而含至有,乃独有众人之所不有者也。"⑤如此本己独一无二性,就是至贵,即基于自身才有的生命内核:"'至贵'者,莫之爵而常自然,无所受命者是矣。"⑥源自自身,自生自成,自在自然,自由自主,在丰富而多样的整体性中,绽放属于自身的色彩与光芒。这

---

① 　郭象注,成玄英疏:《南华真经注疏》,第225页。
② 　王夫之:《庄子解》,第99页。
③ 　褚伯秀:《庄子义海纂微》,第353页。
④ 　同上。
⑤ 　陆树芝:《庄子雪》,第127页。
⑥ 　褚伯秀:《庄子义海纂微》,第353页。

就是不可替代的至尊至贵的真正自我,即作为本己之在的"独有"。流俗仁义-政治生活以无本质的方式强使人趋同而在,本己独一无二性逸出了流俗仁义-政治之域,作为一种富于本质的本真生存状态,它"自然"(自身如此)地活出自性,活在自身的独一性中。

第七节:大人之教即是领悟于人与天之间距的自然无言之教

　　大人之教,若形之于影,声之于响。有问而应之,尽其所怀,为天下配。处乎无响,行乎无方。挈汝适复之挠挠,以游无端;出入无旁,与日无始;颂论形躯,合乎大同,大同而无己。无己,恶乎得有有! 睹有者,昔之君子;睹无者,天地之友。

　　贱而不可不任者,物也;卑而不可不因者,民也;匿而不可不为者,事也;粗而不可不陈者,法也;远而不可不居者,义也;亲而不可不广者,仁也;节而不可不积者,礼也;中而不可不高者,德也;一而不可不易者,道也,神而不可不为者,天也。故圣人观于天而不助,成于德而不累,出于道而不谋,会于仁而不恃,薄于义而不积,应于礼而不讳,接于事而不辞,齐于法而不乱,恃于民而不轻,因于物而不去。物者莫足为也,而不可不为。不明于天者,不纯于德;不通于道者,无自而可;不明于道者,悲夫!

　　何谓道? 有天道,有人道。无为而尊者,天道也;有为而累者,人道也。主者,天道也;臣者,人道也。天道之与人道也,相去远矣,不可不察也。

从对仁义-政治世界的消解走向道与德自然畅通的至贵独有,这本身也是一种独特的"教化"方式的彰显。在儒家的理想世界里,最终目的也是仁爱与教化相融合(即二者消解了权力和利益纷争)的无为而治之境。不过,儒家的仁爱-教化世界,或潜隐,或显明,因凸显人自身的主体性与自觉性而带着极强的自圣化、自雄化色彩,湮没了整体及其秩序的自在性和他者的差异性。但在庄子的世界里,自觉性自身被回置到自然之中,主体性被溶解入广袤与深邃之中,整体及其秩序的自在性以及他者的自在性以知自知自身有限性的方式得到确证。

有人的世界就是有教的世界。将一切属人之物加以无谓的夸矜,然后断之为"儒",这是一种很深的思想症候。在《论语》所述的隐者那里,夫妻、父子与朋友等都如其自身那样存在着,并无什么特别的神圣之意在其中。教也是如此,只要有人之间的彼此引发,只要有不同代际的生命经验传承,教就自然而有,其间并没有故意而为的奥秘在其中。大人之教,并非某些特定的神圣之人从神秘之境盗取或密得神启或私自体悟了什么神意、天意,然后颁布给平凡大众。大人之教就是自然而然的"影随形生、响应声鸣",而且百姓之心为形声,大人之教为影响:"百姓之心,形声也;大人之教,影响也。"①让众人自在自生的日子遵其自在之序而自然延展,这是一切教的极致,也就是大人之教。正如"形必有影,声必有响,自然而然也"②一样,大人之教就是保持自身与民众之间相互关联的自然性,并且就是个体自然性实现的极致。

作为处在特定位置上的"大人",并不因为其特殊的位置,比如权力,而获得"外在立法"的合法性。相反,正因为其占有权力的位置,必须被视为内在自生秩序的悖逆之物,从而捍卫秩序的自在性便具有格外重要的教化意义。如果没有权力的位置,却故作神秘而为天地生民"立法",这样的"儒式使命感"与"儒式抱负心",一方面不融入民众生活的自在秩序而破坏之、外在侵凌之(外在地觉之、立之),另一方面作为权力暴虐的观念化表现乞怜于权力,经由漫长历史的浸淫,其毒性便会沦肌浃髓。人世自生的秩序、民众自在的生活,有着自身的问题,这些问题需要某种抑制。掌有权力的大人,就是受制于自在而普遍的秩序,平抑自在生活与自在之序中某些力量的恶性彰显。权力的实现,就其本质而言,只是依附于民众整体自在生活

---

① 郭象注,成玄英疏:《南华真经注疏》,第 225 页。
② 林希逸:《庄子鬳斋口义校注》,第 177 页。

及其秩序的伴生物,即"为天下配",而非天下为其配:"不为天下先,此所以为之配也。"①因此,大人之教或教之大者,指向的是各得其宜之自然:"配,如'匹配'之'配',与人相合而各得其宜也。"②将天下视为自己野心或抱负的伴随物或配备物,那是小人之教。

大人之教使民众都能返回自身之自然。因此,大人在作为"配"的意义上,尽管是随形声而起影响,但就其自身而言,并非处于无形声之影响之中,他也自为形声。恰好因为大人让民众自在其形声,大人才能自为自身之形声。在此意义上,"影响"作为天地万民之"配备",即是下文所谓"不可不为者"。

大人与万民各在自身之形声。在一定意义上,大人也经由自身自在之形声的自然在世,昭示出每个人各自回归自身而自由自在的可能。这就是最为深邃的无为之治与不言之教,它并不给出一个认知意义上的确定起点,也不给出任何工具意义上的依傍,更不给出一个普遍意义上的终点。在生物-物理意义上,大人与所有人一样,都是相似甚至相同的有形存在物。如此形质意义上的"大同",消解了有形意义的"自我"主体,亦即无己。无己是无形的存在,有己是有形的存在。因为在形躯生存上"大同无己",所以在无形生存上反而"大异有我",即非形质的独特自我之在得以显露。如此不同而异、无己而有我的存在,就不再于有形意义上占有任何有形之物,而不有其有;但在无形的意义上,如此特异而在之人不无其有。

儒家式的仁人君子,实质上就是陷于有形存在的束缚中,固执其名分、地位、圣贤、天道等观念不放失。只有逸出有形生存而透悟无形生命的人,才能超越有形之物的束缚,而至于广袤无垠的天地整体之中,与之共存并在。自然主义的无为之治与不言之教肯认了一个有形意义上的相与共在。

传统注疏对《在宥》最后一段有些歧见,不少注者认为"贱而不可不任者"到文末"不可不察也"一段文字与《在宥》甚至整个《庄子》主旨相悖,认为

---

① 吕惠卿:《庄子义集校》,第218页。

② 陆西星:《南华真经副墨》,第162页。

是后世儒者话语的羼入,主张删除这些语句。①也有人认为,从"贱而不可不任者,物也"到"因于物而不去",是说"睹有之君子":"此段单承'睹者昔之君子'而详言之。盖既睹有,则其见以为不容已者,固不一而足矣。"②值得注意的是,以"不容已"解"睹有者",是一条诱惑力很大的歧途,因为这会为反自然者加以辩护。睹有者,就是标榜仁义的君子:"行仁义礼君臣者,不离有为,君子也。"③"其曰昔之君子者,自尧舜而下,皆在其中。"④这些君子表面上也认可"自然",但其自然并非任物,而是"忧物之不得其然",恰好是自然之反面:"(君子)亦思因物付物,而常恐物之不得其所,乃留连于心而不能去也。君子之睹有者如此。"⑤有为者之贼物害天下,根由之一就在于"忧其之不合于自己之所是"而却妄称为"其不合于其自身之然与当然"。

这种解释并不完全合乎《在宥》的本意。实际上,这一段并不能视为儒家观念:"《庄子》之书,大抵贵无为而贱有为,前两转既说有为者不可不为,又恐人把有为无为作一例看,故于此又曰天道与人道相去远矣,不可不察也。开阖抑扬,前后照应,若看得出,自是活泼泼地,但其言语错杂,鼓舞变化,故人有不能尽知之者。兼其间如远而不可不居者义,亲而不可不广者仁,此语不入圣贤条贯,所以流于异端,须莫作《语》《孟》读方可。"⑥钟泰也说:"至宣颖《南华经解》乃谓自'贱而不可不任者物也'以下,意肤文杂,不似庄子之笔。王先谦《集解》亦赞同其说。盖以为既言无为,则不当更言有为。不知本末精粗,相依为用,此正一篇大关键处。"⑦钟泰这个说法,涵着另外一种悖谬,即他一方面认为庄子把儒家的仁义礼法视为末、视为粗,另一方面又以庄子对末、粗之必要性的论述,反过来论证儒家的仁义礼法是本、精。实际上,如后文所要论述的,庄子有着更深的考虑。林希逸的解释指出,《庄

① 参见陈鼓应《庄子今注今译》,第 292 页。
② 陆树芝:《庄子雪》,第 128 页。
③ 郭象注,成玄英疏:《南华真经注疏》,第 226 页。
④ 林希逸:《庄子鬳斋口义校注》,第 178 页。
⑤ 陆树芝:《庄子雪》,第 129 页。
⑥ 林希逸:《庄子鬳斋口义校注》,第 181 页。
⑦ 钟泰:《庄子发微》,第 243 页。

子》貌似肯定仁义礼法之必要性,实质上是对仁义礼法作为"下学"的自然主义消释。如此解释,昭示一个可能,即我们可以从消解孟子式仁义-政治观念的角度来理解这一段论述。

进而言之,我们可以反过来理解,即在《庄子》或《在宥》的视界里,如何安顿或消融儒家高标的"仁义礼法",而非仅仅简单地以为是用儒家的"仁义礼法"来与《庄子》或《在宥》的"道-德"相对峙。

人的生存以及一切得以彰显的,只有一个世界。即使虚妄不实,乃至于扭曲败坏,但权力与仁义勾结的世界毕竟是每一个人的"不可逃逸的命运"。一切真正的智慧都必须面对这个"命运"。对这一命运的理解是必经的"下学之旅":"观此一段,庄子依旧是理会事底人,非止谈说虚无而已。伊川言释氏'有上达而无下学',此语极好,但如此数语中,又有近于下学处,又有精粗不相离之意。"①也可以说为由用达体:"此十者,由用以入体之序。"②

在儒家式仁义主体性高蹈之中,似乎在"下学"之中酝酿着多么"极不自然的伟大神秘之物",如此伟大神秘之物,只有极少数的圣人先知才能领悟,而一般人则"日用而不知"。然而,在庄子看来,这些人自身的"作为"就是平平常常、普普通通、自自然然的:"在于人者,不容不为,而以道眼观之,则虽为之而不容力,故曰观于天而不助。"③人自身的自觉行为,这本身就是一种"自然而然"的事情。将人类自身的社会历史与人自身的明觉行动理解为"自然而然"之举,而非神而化之为某种少数人才能掌握的秘义,这是道家区别于儒家的一个重要方面:"世间之事,虽不可不为,而必知自然之理则可。"④

在王夫之看来,这里所例举物、民、事、法、义、仁、礼、德、道、天十者,即是"十德":"此十德者皆有也,有之皆可说也,说之皆因也。心在于十德,则不能在天下矣。据一德以使天下同己,则不能宥天下矣。然其本无也,不待无之而后无也。绝圣者非绝之,弃知者非弃之。有绝之弃之之心,则亦多知

---

① 林希逸:《庄子鬳斋口义校注》,第179页。
② 褚伯秀:《庄子义海纂微》,第360页。
③ 林希逸:《庄子鬳斋口义校注》,第180页。
④ 同上书,第181页。

之败矣。无有者，过而去之而已。夫云将亦几于过而去矣；而聚之成其螺
蜦，散之流为雨液，则亦未尝去也。至阳至阴之原，大明而云不能掩，窈冥而
云不能入，独有万有而任物之间，顺应之以与相配，此十德者复何碍哉？可
名为十德，而不可以十德名之，是之谓天地之友。"①在一定意义上，可名者都
是某种"有"，此"有"基于命名者有所因以"说之"；但能命名者以名命之，并
非由此就有所名者之自有其有，所以"可名为十德"，但"不可以十德名之"。
十德之名因于命名者之"造"，如果心粘滞在十德或十德之一，则心不在天
下——不仅是天下不在心中，更是心不能让自身安置于天下。命名者所名
之物，自身并无自在性之有，却又是自命名者走向真有的必经之途。名之中
最为醒目者就是圣与智，两者本无自性，并无自在之有，作为透视流俗遮蔽
的"媒介"（无论就其积极意义而言还是消极意义而言，都是如此，《庄子》不
过更为突出地瞩目于其消极性而已），走向真实之旅必然"经过之"。此"经
过"，作为走向真实之旅，是一个道-德之间的自然畅通。一方面，不能错误
地走向杜撰圣、智的独立之有甚至某些虚幻的神圣性；另一方面，也不必芥
蒂于心，生一个意必固我之心来"去之"。

　　必然的"经过"，作为拒斥流俗政治治理的"环节"，相应地就要祛除其上
的仁义-政治的情感-价值划分。就事情之在"彼"而言，不可不因任之物则不
可视为"贱"而在其自身，不可不随顺之民则不可视为"卑"而在其自身，不可
不为之事则不可视为"隐匿"而在其自身，不可不陈设之法（或教）则不可视
为"粗"而在其自身，不可不栖居之义则不可视为"远"而在其自身，不可不推
而扩之的仁则不可视为"域限于亲"而在其自身，不可不集厚人之利益的礼
就不可视为"节欲"而如其自身，不可不高显自身以至于道的德就不可视为
内在之"中"而在其自身，不可不变易多样的道就不可视为"坚凝之一"而在
其自身并让每一物在其自身，人有不可不有所为的天命就不能视之为"神秘
之物"而让其自然。同时，就事情之在"此"而言，作为治理者的"圣人"虽不
能如天之在其自身而观之，却不能以一己之主观"助掺"自在之天；虽有德却
让自身保持开放而不怀璧以自累；行动因循于道而不以主观之知而谋虑；与

①　王夫之：《庄子解》，第 100 页。

他者和万物相遇而仁,却不自恃为一己主观之爱强施予他者及万物;行为近义而让相与者利和,并不自厚其利而制人以义;行事顺应于礼而正直公开,并不自为隐晦顾忌乃至以一己为世立法而诲淫诲盗;事情之来,自然应之而不故为之辞;以共同之法调谐自我与他者的关系,而不以主观之则自乱乱他;依靠民众,却不自轻轻人;因顺万物,而不逐物丧己。

就此而言,《在宥》反复其说,一方面,就十事之"不得不为"而言是"无为中之有为"①,另一方面,就十事"不可不无为"而言依然是"有为而仍归于无为"②。如此,"无为而有不得不为,斯为之矣;有为而究不见其为,又若未尝为之矣"③。"不可不为"与"不足为"的统一,揭示了仁义-政治之域与在宥之域的可能界限。在仁义-政治之域,"不可不为"被片面地扭曲为弥漫一切的东西,而将"不足为"湮没吞噬了。仁义-政治的弥漫,甚至被夸饰伪造为人与世界的本质,根本不明于天地乃至万物与人的自然,不纯于每一物自身之德而羼杂着私欲与自圣自雄的偏见,不能畅然相通于道,如此使得每一物无以回到自身。

不明于道之为道,导致流俗仁义-政治之域的悲苦存在。道在其自身,但人背道而行,肆意妄为而杜撰一个"人道",而忘却、遮蔽道之在其自身的"天道"。伪造的人道虚构了一个高低不同的价值等级。即便在人道自身的价值等级体系中,尊卑之分的裂缝也能昭示出一个实情,即自然无为之天道是最可尊重的,而人为造作的浮华无实的声色之欲和功名之利,尽管被人皆若无其事地"视作珍宝",但无时无刻不是人生的累赘。个体人生与社会生存对人道与天道进行区分,让自然天道支配天地人世,让天地和每一物回到自身,才有在宥之域绽现的可能:"人莫不在宥于天,而各因仍于其道,则不以物撄己,不以己撄物。虽乱而必治,物自治也。物之自治者,天之道也。屑屑然见有物而说之,以数撄之者,人也。"④唯其如此,一切虚妄之光被祛除,天地万物都回归其自身之自然与质朴,天、道、德才能如其所是而为真

---

① 陆西星:《南华真经副墨》,第164页。
② 林云铭:《庄子因》,第117页。
③ 同上书,第119页。
④ 王夫之:《庄子解》,第100页。

为实。

儒者作为睹有者,所谓仁义基础上的天、道、德,其实并非真正的天,并非真正的道,并非真正的德:"睹有者,所最重之道德仁义等,皆物于物者也,故可统名曰'物'。物本不足为也,而以为不可不为,彼固自谓有为而可以治天下矣。不知彼之所谓'天'者,已属物之残,而非天也。则其所谓'德'者,非德矣。不明于天,岂能纯于德乎? 既不明于天之为天,则其所谓'道'者,非道矣。"①

所谓"明于天""明于道",并非指个体认知能力的无限性和完满性能掌握天地与万物之本性和自然。实质上,整个《在宥》对"政治治理"的拒斥与消解基于一个基本的认识论领悟,即对人之有限性的领悟:"人心之动,有可知者,有不可知者。不可知者,人心之天也。治天下者,恒治其可知,而不能治其不可知。治其可知者,人心则既已动矣,乃从而加之治:以'圣知'加诸'桁杨',以'仁义'加诸'桎梏',以曾、史加诸桀、跖,不相入而只以相诋,不谓之'撄人心'也不得……'至阳之原',无物不昭;'至阴之原',无物不藏。无物不昭,不昭物也;无物不藏,不藏物也。物各复根,其性自正;物固自生,其情自达;物莫自知,漠然而止其淫贼。"②治理天下的认识论假设,就是治理者对于自身和被治理者的充分认识。而实际上,每个人都是阴阳显隐的统一,在认识上,不单治理者不能认识被治理者乃至二者共同生存的此一整体世界,而且,治理者对自身也不能有足够的认识。从认识的根源上,天下就昭示为不能被治理,而只能让之在其自身。

因此,一切回归其自身,天地与万物都自然而然、普普通通、平平常常。一切违背自然而真实的夸饰,诸如神圣、智慧、天意之类,掩盖的都是虚妄与私恶。

---

① 陆树芝:《庄子雪》,第 129 页。

② 王夫之:《老子衍　庄子通》,王孝鱼点校,中华书局,1962 年,第 88—89 页。

第五章　天地整体及其秩序的自在性、超越性与自然、自在而自由的生存可能

——《庄子·天地》的哲学解读

一、天地整体及其秩序与自我的双重持守
——《庄子·天地》开篇的哲学阐释

天地就是世界整体，是万物和所有物共在的整体，必须保持自身的自在性，而不能被狂妄的僭越者据为私有之物："世界是这样一种共同性的东西，它不代表任何一方，只代表大家接受的共同基地，这种共同基地把所有相互说话的人联结在一起。"①无论以物性力量的方式，还是以观念力量的方式来"独占世界"的企图（尤其二者勾结起来独占世界的企图），都是对世界整体本身共同性的毁坏，从而必然引向对差异性他者的毁灭。而每一个"我"，无疑都是一个他者的他者，自我以自身作为他者的方式遵循秩序容身于世界整体，这就是《庄子》生存论的要义之一，即一方面捍卫天地整体及其秩序的自在与自然，另

---

① ［德］汉斯-格奥尔格·加达默尔：《真理与方法：哲学诠释学的基本特征》，洪汉鼎译，上海译文出版社，1999年，第570页。

一方面持守自身的自然与自在(让自我以他者的方式实现自身)。如此观念,构成《庄子·天地》的主题,并充分地体现在《天地》的开端论述之中。

第一节:天地整体的自在性及其秩序的超越性与每一个体的自然性

> 天地虽大,其化均也;万物虽多,其治一也;人卒虽众,其主君也。君原于德而成于天,故曰,玄古之君天下,无为也,天德而已矣。
>
> 以道观言,而天下之君正;以道观分,而君臣之义明;以道观能,而天下之官治;以道泛观,而万物之应备。故通于天地者,德也;行于万物者,道也①;上治人者,事也;能有所艺者,技也。技兼于事,事兼于义,义兼于德,德兼于道,道兼于天。故曰,古之畜天下者,无欲而天下足,无为而万物化,渊静而百姓定。《记》曰:"通于一而万事毕。无心得而鬼神服。"

无限广袤的天地作为世界整体,无论多"大",其自身以及其间每一物乃至万物在其自身之变化都是"均匀"的:"均于不为而自化也。"②无限性整体的变化之"均",实质性的意义就在于,内在的无数差异性个别物之自为其自身,或说自然而在其自身;同时,没有任何一物可以在其自身实现天地整体与其他无数差异性事物的存在:"天地之大,万化而未始有极也。"③这是整体性世界及其万物存在的一个方面。

另一方面,则是无数差异性个别物存在之实现遵循同一个秩序,即"其治一也",亦即"一以自得为治"④,"一则各复其根"⑤。"一"而又"自得","一"意味着普遍的秩序,"自得"意味着普遍秩序并不是无数差异性个体的"目的",相反,普遍秩序以无数差异性个体为其目的。

两个方面的意义合起来看,就是无限性整体及其秩序超越任一个体而

---

① 陈鼓应校为:"故通于天者,道也;顺于地者,德也;行于万物者,义也。"见《庄子今注今译》,第296页。

② 郭象注,成玄英疏:《南华真经注疏》,第232页。

③ 吕惠卿:《庄子义集校》,第225页。

④ 郭象注,成玄英疏:《南华真经注疏》,第232页。

⑤ 吕惠卿:《庄子义集校》,第225页。

持存的自在性与自然性,从而使每一个体都能成其为自身:"天地无心,所以均化;物物自治,所以齐一。"①就此而言,人的存在就是同与异的统一:"于人见异,观于天则几无不同矣。"②将仁义-政治之域的生存回置于天地之间,则以普遍而相同之整体及其秩序为基,担保并让与每个人之自得其自身(独特之自然而自在),就是仁义-政治自身的目的与归宿,也是仁义-政治之域克服自身、避免扭曲的根本之处。

在无限性世界整体中,与万物并处共存者,有人。人群相聚而居的境域,并不悖于世界整体的本质及其秩序。人群整体并不以人群之中某一个独特个体为目的,而是经由群体而让每个人自成其目的——在其自身并成其自身。这是人生存的自然(天)与本性(德)。人群作为社会,因为异于一般动物的世界而有礼义之治,但礼义之治并不构成其本质,更不能穷尽人自身存在的所有内容与意义。在此意义上,"君"有双重意义:一方面是社会的治理者,另一方面是每个人的自为主宰与自为目的。因此,社会治理之"君",依据无限性世界整体之"天德"(即自在整体及其秩序与每一物在其自身的统一),使每个人都能自为其"君"。每个人之自有其君,是人群之有君的本体论前提。任何一个人并不需要外在的他人来为之作主,也不需要外在地被赐予某种观念觉悟来使之自为作主。人群之君不能担保人之各有其君,就是人群之君本身的堕落与扭曲。

人之作为人而存在,并没有一个为君的圣贤作为起点。"玄古之君天下"③,即是无君而自然任运——"无为而天德"。天与德的统一就是道,就是自然无为于他物而万物自正其自身。

每个人之在,总是言行统一体,而言行都是心之官——身之君的外显。④从

---

①　褚伯秀:《庄子义海纂微》,第 369 页。

②　王夫之:《庄子解》,第 102 页。

③　另一种断句是将"玄"属上句:"君原于德而成于天,故曰玄。"后一句则是"古之君天下"。参见吕惠卿《庄子义集校》,第 225—226 页,以及王夫之《庄子解》,第 101 页。

④　钱穆说:"'君'或'名'字之讹。"(钱穆:《庄子纂笺》,生活·读书·新知三联书店,2010 年,第 103 页)如果是"以道观言而名正",那就意味着从道的角度看,人类在认识论上以语言来把握事物,可以获得恰如其分的理解。不过,这个恰如其分的理解,在很大程度上,是从否定意义上来理解言说与命名的认识手段,即领悟言说与命名不能切中事物自然之正。

道的角度看每个人存在的语言表现,每个人之心作为其言行的主宰之君,都自为实现而正:"无为者,自然为君,非邪也。"①而就人类社会治理而言,从道的角度看,君之获得其"正",依据在于"天地、君、民之各得其自然"。君在人群中有某种殊胜之位,易于有为而戕害天地及其万物;因此,一般意义上,天地与万物(万民)之自然,就反转逼迫为君者有为于自身限制,而无为于天地与万物(万民)之存在。但是,为君者往往并不会自行限制自身的逾越为害,因此,万民(万物)反过来必须有为于限制为君者之作为而使自身及天地整体得其自然。所谓"自然之正",并不是一种直接现实性,而是一个"过程",其中蕴涵着无数的曲折与抗争。

每一物的存在有两层关系:一是在无限整体中,其自身与无限整体及其秩序的关系;二是与同处整体之中的无数相异之他物的关系。相互关系构成一种对关系任何一方的制约,使得相关者各处一定之"分"(即自是其身的位置)。从天道的角度来看每一物之"分",无论就群体而言,还是就个体而言,治理之君与被治之臣②,都各是其自身而不相陵越。就个体而言,心为君,身为臣,这仅仅是一种言说上的分别,而非主人与奴仆、本质与附属物的关系。人总是心身一体而在,心之为心,身之为身,虽相与为在,但心自为其自身,身自为其自身,身心共同从属于生命整体,共同依循生命整体之秩序而在,并非简单地就是心支配主宰了身,或身是心之从属工具的存在样式。在生命整体的无边广袤与深邃中,潜蕴着无数的可能性,并非世俗的仁义-政治之域的君臣关系所能囊括。就人类群体而言,作为治理者的君与作为被治理者的臣,在流俗的意义上就是主从、本末等不平等的关系。但从道的角度看,一方面君臣同属于无限的世界整体及其秩序,另一方面君臣各在其自身;因此,君与臣的意义,只有某种事实分工的不同,而无价值、等级上的分层。在一定意义上,君之治理人群,就是为了防止人群中的个别存在者侵

---

① 郭象注,成玄英疏:《南华真经注疏》,第 232 页。

② 尽管表面上臣似乎是君主用以治理百姓的"官员",但是,在"臣民"的连用中,臣与民都是被君宰制的对象。

犯整体及其秩序与其他个别存在者,而君由此取得的特殊位置,使得其自身成为最容易堕落而坏的侵犯者。因此,社会治理首要的前提就是防止治理者本身的腐化与堕落,担保整体及其秩序与其他无数个体不被侵犯。如此之意,就是社会治理中的君臣本然之义。

　　每个人都有自身的才能,无论是细民苟活,还是知效一官、行比一乡乃至于德合一君、能征一国(《庄子·逍遥游》)之人,这些"不同能力"的自然而恰适的使用,按其本质都是"自为自得"。但是,在流俗的扭曲中,知、行、德、能之"能"与官、乡、君、国之"域",取得了占有与被占有、支配与被支配的关系,并以占有之量的大小作为能力本身的证明,这就在个体与天地整体、个体与无数他者的关系上造成了扭曲和纷争,使一切物包括占有者自身都丧失了自然之正。从道的立场看,能力之顺乎自然的实现,就是每一物之自为治理,以及社会治理之各有其序(尤其是不同层次的治理者都受到秩序的制约),这就是"天下之官治":既是作为整体的人类社会"每一不同位分之人的各得其治",也是每个人自身所有官能的各得其治。然而,在历史与现实中,人类群体中的不同位分的人,以及每个人的不同官能,并非都依循自然而实现。以悖于自然的方式而展开的社会与个体的活动,在更深一层的意义上显露了"天下之官治":一方面是悖逆、扭曲以滚雪球的方式自我崩溃,另一方面是悖逆、扭曲湮没中的自然微明亘古未绝而召引着复归与返回。恶的自我消解也是一种"官能之治",尽管大多数时候须花费过于昂贵的代价,但是,它是不能普遍而自由地坚持自然的必然。在庄子哲学的深处,持守自然而自由之生存反逼出来的对仁义-政治之域窄化人自身生存的抗拒,以及捍卫整体性及其秩序的自在性与个体的差异性,有着更为深邃的意义,即让有能者有所不能而无能者能自为其能:"以道观能,则无能也而无不能也,无能者无所不能则有能者有所不能。"[1]

　　无论在自然之正的展开中,还是自然的扭曲展开中,每一物都或正或曲地"展开"自身。在"万物刍狗"的意义上,天地及其万物都"得其治"。

---

　　① 吕惠卿:《庄子义集校》,第226页。

在自以为圣而担当天下责任的仁义之士看来,这不免有些犬儒主义的冷酷。殊不知,以对于尘世的情怀与抱负来为自身辩护,自以为圣的仁义者要么就是高蹈的空想主义者,要么就是沉溺于权力的现实主义者,无论如何,都湮没了天地整体及其万物和每一物之自得其自身的通道。道作为无限整体及其秩序的统一,持守其自在性,而非为某种自圣化的理念所僭越,更不为流俗基于力量的斗争进行润饰与掩饰,反倒显露出天地与万物之本相,即"以道泛观而万物之应备"。换言之,在已经悖逆与扭曲的展开之后,让真实与朴素洗尽铅华而呈露自身,较之仁义-政治之域的夸夸其谈与伪为矫饰,更能昭示天地整体及其万物回归自身的可能性通道。以遮蔽、欺骗与强压相结合的方式(即便是理性的技巧或"天假其私以行其大公"之类的思辨造作,也包括在内)堵塞天地及其万物回返自身自然而本然之存在的道路,这是庄子哲学对仁义-政治之域的基本批评之一。在仁义-政治之域,尽管无数的有限性存在物不能以自然真朴之风吹散伪作之气,乃至于为仁义-政治的强制与伪作所侵袭束缚而不得自身自然,但是,逸出狭隘仁义-政治之域的无名自然之朴,最终必将一切矫揉造作、欺骗伪饰、强制野蛮之气扫荡洗涤尽净,而入于滚滚洪荒之流中:"万物虽多,主之者一,造化而已。"①

"故通于天地者,德也;行于万物者,道也。"郭象注说:"万物莫不皆得,则天地通;道不塞其所由,则万物自得其行矣。"②尽管郭象注在一定意义上顺通了义理,但从道与德的意涵而言,德作为万物之得自道者,此句似乎扞格不通,似乎是道与德字传抄错误了,应该是:"故通于天地者,道也;行于万物者,德也。"③整体及其秩序自在其自身,即是道;而万物之各自得其得,即是德。唯有整体及其秩序不为任一个别物之德所僭越,才成其为道之自然,

① 林希逸:《庄子鬳斋口义校注》,第183页。
② 郭象注,成玄英疏:《南华真经注疏》,第233页。
③ 王叔岷说:"陈碧虚《阙误》引作:'故通于天地者,道也;顺于地者,德也;行于万物者,义也。'今当从之。"(王叔岷:《庄子校诠》上册,中华书局,2007年,第413页)钟泰以郭注反对这个说法(参见钟泰《庄子发微》,第246页)。陈碧虚加入一个"行于万物者,义也",累赘了。实际上,可能只是原文道和德二字写反了。

天地才能成其为自身而不为任一个体物所私有。如此，天地在其自身而真正成为公共之域，道在其自身而真正成为普遍之序，每一物与所有物才能"共处一个天地，共由一个道"，并各自得其自身。郭象注，只有在这个基础上才更好理解、更为通透：每一物乃至万物自得其自身，是由天地整体及其秩序不为任一个别物所僭越、阻碍才得以可能，而不是相反；不是每一个别物之行造就出天地整体及其秩序，而是天地整体及其秩序不为任一个别物所僭越、阻碍，每一物乃至万物才得以顺其自身自然而行，并得其自身，而不是相反。只有出自自我仁义膨胀的自圣之心，才会认为从自身之觉悟与行动中生成、创造出了天地整体及其秩序。

　　道-德的顺然畅通可能被阻碍而断，并不断堕落扭曲。在仁义-政治之域，有在上的治理者，他们以自身之心"意向"出物，湮没他物和天地的自然与自在，以为天下一切都是他们能力与责任范围内之"事"："礼、乐、刑、政诸事。"①在"事"中，一切成为在上之治理者手中把玩之物，把玩完全指向把玩者自身的内在心境与情意，亦即，他们炫技而为享乐之艺。万物在治理者的"技艺"中的展现，显然悖于万物之自在其自身。治理者能把天地及其万物编织进入其"技艺"之网，当然有着多重根由，比如治理者的强大物性力量及仁义伪饰的欺骗，又如被治理者本身物性力量的软弱、理智觉悟的低下以及求生怕死的本能，等等。单纯只有在上者的黑暗与扭曲并不造成世界整体及其秩序的湮没，如此湮没总是辅以在下被治理者的无知、懦弱。上下沆瀣，才有无耻至于其极而天地为之闭塞，而道-德为之堕落。这个从道-德向"技艺"的堕落，《老子》三十八章即已言之："失道而后德，失德而后仁，失仁而后义，失义而后礼。"

　　在如此这般依然悖逆与扭曲的流俗生存中，从谋生之技需要不断返回于天。人类生存从天堕落的深度，相应着返回于天的难度。从技返回于事，从事返回于义（义是行事之合宜，一般是心物两方面的合撰），从义返回于道，从道返回于天，就是一个将丧失真朴的生命不断统归于更高真实的过程。这个过程，一定意义上就是"倒追过程"："兼，犹统也，倒追上去，总

---

①　刘凤苞:《南华雪心编》，第 272 页。

归于天。"①背离天道自然是一个堕落的进程,堕落日深,流俗习焉不察而以堕落为常情。由此,克服堕落回归真实,就是一个"倒行"的历程。人类自身的生存,在一定意义上,鲜于自然而顺畅地展开,而常是一种不断返归回撤的行进。回到源初真朴已经成为人类难以企及的梦想,更不用说从真朴自然顺畅地走向深邃与广袤了。

最大的阻碍无疑就是基于权力的政治治理,而且如此治理还笼罩着仁义的伪饰。权力的掌有必然指向对权力的使用之作为;权力政治作为人类生存的悖谬,由仁义的伪饰"辩护",使得胡作非为被虚构为担当责任与天下情怀。即使如此,对天下的仁义责任与情怀依然不可掩饰地戕害着天地及其万物的自然本性。无疑地,逆而返归的路程,首先便要消除权力的肆意妄为,其次是要剔除仁义与权力之间的沆瀣一气之关联。在没有君主治理天下的远古,天下的养护就是让天下成为天下,天下在其自身而不为任何个别存在者,尤其物性力量的突出者所僭越和妄占。天地及其万物不作为任何个别存在者,尤其某些特殊个别存在者的欲望对象而在其自身。所有物、每一物在其自身,整个天地在其自身,这是本然而真朴之足。在流俗以天地及其万物为占有对象的悖谬状态中,权力与仁义以对天地及其万物的占有量之大为足。所有物、每一物持守自身之自然,处于天地之整体,依循自在之秩序,基于自身自然而不断展开、化成自身而进于深邃与广袤,并不需要治理者越俎代庖而外在地作用于它们。流俗世界的嚣嚣攘攘,是权力及其仁义伪饰使然,但在仁义-政治之域,治理者却反过来以为百姓欲望泛滥而不得社会静定之序。实际上,只要治理者及其仁义吹鼓手停止肆意妄为,自行潜入其渊深与静定之境,百姓便会得其自身而宁定自然。(相似的话,《老子》第五十七章说:"我无为,而民自化;我好静,而民自正;我无事,而民自富;我无欲,而民自朴。")此理正如故籍所说:让天地整体保持普遍可通达性与其秩序的自在普遍性,则所有物、每一物都能得其自身而完成其自身;每一个别存在者无心于占有天地或天地中任何一物,让天地整体及其万物都各在其身,作为人之存在特殊样态的心灵之觉,无论是个体生命之生之神,

---

① 宣颖:《南华经解》,第87页。

还是其归之鬼,都是自在而自为地肯定自身。

第二节:刳心而自成其异与万物各成其异而玄同

夫子曰:"夫道,覆载万物者也,洋洋乎大哉! 君子不可以不刳心焉。无为为之之谓天,无为言之之谓德,爱人利物之谓仁,不同同之之谓大,行不崖异之谓宽,有万不同之谓富。故执德之谓纪,德成之谓立,循于道之谓备,不以物挫志之谓完。君子明于此十者,则韬乎其事心之大也,沛乎其为万物逝也。若然者,藏金于山,藏①珠于渊,不利货财,不近贵富;不乐寿,不哀夭;不荣通,不丑穷;不拘一世之利以为己私分,不以王天下为己处显。显则明,万物一府,死生同状。"

此所谓"夫子",无论其为何人②,其所言无疑体现了庄子之学。

道,在其无数的意涵中,整体性世界或天地整体及其秩序是最为基本的方面,所以是"覆载万物"的"洋洋乎大"。③洋洋之大的道,其覆载万物之意,既是"无所不在"④,又是"包罗万有"⑤。道之无所不在,即道作为秩序制约着天地及其万物;道之包罗万有,即道作为整体容在其自身且容纳着万物。

道作为天地整体及其秩序,要持守其自身洋洋之大,最为本质性的就是保持自身的自然与自在,并让共存其间的每一物以及万物在其自身。如此,处身整体之中的任何一个个别存在物,就必须克制其僭越为天地整体及其

---

① "藏",陈鼓应校为"沈",见《庄子今注今译》,第 299 页。

② 成玄英以为是老子(郭象注,成玄英疏:《南华真经注疏》,第 234 页)。宣颖以为是孔子(宣颖:《南华经解》,第 87 页)。《经典释文》引司马彪认为是庄子,林希逸认为:"夫子,言其师也。"(林希逸:《庄子鬳斋口义校注》,第 185 页)陈碧虚说:"首称'夫子曰'者,庄子受长桑公微言也。"(褚伯秀:《庄子义海纂微》,第 373 页)

③ 王叔岷认为,"覆载万物"应当为"夫道,覆载天地,化生万物者也"。参见王叔岷《庄子校诠》上册,第 415 页。

④ 褚伯秀:《庄子义海纂微》,第 374 页。

⑤ 刘凤苞:《南华雪心编》,第 274 页。

秩序的存在冲动,此即是"刳心"的基本内蕴,包括摈除一般的感觉认知之心,"刳心者,剔去其知觉之心也"①。刳心,并非指将心中的固执之见加以消除而容纳道,比如所谓"非刳心使虚则无以容道"②或"去知觉,则虚可入道"③,如此将道个体化的指向,与庄子对道之自在性的捍卫是相悖的。实质上,刳心的意思,就是将自身内在可能逸出自身而妨碍道与万物之自然的主观偏执加以克制、清除,刳心的指向,是不以有限之自我妨碍无限之道,不以偏私之我僭越为普遍之道,消除自身对道的囚禁,而使道能返回其自身。在此意义上,刳心意味着将自身回置于自然之道,归属其中而顺受其则:"刳心者,去其知识之私,而后可以入于自然之道也"④;"刳心,去其私以入于自然也"⑤。

天地及其道之洋洋乎大哉,儒家和庄子都一样赞佩不已。但是,其间有着本质之别。《中庸》赞佩天说:"大哉圣人之道!洋洋乎!发育万物,峻极于天。优优大哉!礼仪三百,威仪三千。"(《中庸》第二十七章)在天和仁义(礼仪)生活之间,有圣人作为中介,如此中介本身跨越了仁义-政治之域与天地世界整体的界限,自身成为无限存在者,不但弥漫了天地,甚至消解了天地自身的无限性与自在性。这恰好就是庄子哲学坚决拒斥的,庄子认为仁义-政治之域是对天地万物之自然的扭曲与背离,反对任何个别存在者尤其圣人僭越为天地之整体及其秩序,力图保持天地整体及其秩序的自在性与自然性。这也就是《天地》突出"天地整体"而强调"刳心"的要义。

无为为之,不是"无心于为";无为言之,不是"无心于言"⑥。如此无心于为、无心于言的解释,实质上是以虚妄的个体洒脱证成侵夺性言行,走向的是庄子哲学的反面。无为与无言,是就任何个体与其他万物共存于同一个

---

① 林希逸:《庄子鬳斋口义校注》,第 185 页。
② 褚伯秀:《庄子义海纂微》,第 374 页。
③ 宣颖:《南华经解》,第 87 页。
④ 陆西星:《南华真经副墨》,第 169 页。
⑤ 林云铭:《庄子因》,第 121 页。
⑥ 刘凤苞:《南华雪心编》,第 273 页。

有序整体而言，即特定个体不能从自身有为于他物与天地整体及其秩序，且不能以一己个体性之言说对万物与天地整体及其秩序概括尽净。任何具体的行为与言说，都与特定个体内在的情识、利欲、观念等相连属，而体现为悖于道-德畅然而通的成心之实现。以基于成心之言行束缚天地及其万物，反过来也束缚了自身。将天地及其万物从自身成心的束缚中释放出去，也就是将自身从成心的束缚中释放出来。如此，天作为自然之道，就与自身本真素朴之德畅然交通，天地整体及其万物也在其自身自然而在，此即"无为为之之谓天，无为言之之谓德"。

　　基于无为无言，而任天地及其万物回到自身，天地及其万物的自遂其自身，就不是特定个体给予其外在之爱使然，而是"人自蒙其爱，物自蒙其利"[1]，即摈除特定个体自圣自雄的责任、情怀等抱负（这种抱负以为没有自己的担当，天地整体及其万物都无法存在，或者没有存在的价值与意义），而是让每一物自爱自利、自然而自遂。这就是"爱人利物之谓仁"。如此"让每个人自爱自利"的"仁"，就不再是"因我之爱而使他者成人"的"仁"。

　　差异性与丰富性之不同万物的呈现，是天地世界的本然之状；每一物呈现为与众不同之状，这是每一物的本然。每一物之在其自身而与他物相异，这是"不同"；而各自不同的万物，又共处于一个天地整体之中，遵循同一个秩序，这是"同之"。要使不同之物能如其自身之不同而显现自身，"同之"之天地整体及其秩序必须保持其自在性。在此意义上，每一物之与他物不同的"异"不能成为"同之"之"同"。进而，这个"个别物之异不能成为所有物之同"，成为所有物共同的规定性——否定任何个别物僭越而为自身之外的无数他物的共性，这才是真正的"同"。每一物之"一样地""相同地"保持自身之"与众不同"而"共存于一个天地整体"，如此含蕴无边的世界才是真正的大，而个别物之异僭越为同则是以小为大。让所有物、每一物之异都能共同地实现，即是"不同同之之谓大"。

　　每一物都在与万物共处于天地之中的基础上，各成自身而独一无二。但是，个体自身之自成其异，一方面不能对作为"共同生存境域"的天地整体

―――――――――

　　[1]　陆树芝：《庄子雪》，第 132 页。

造成损害,另一方面也不能妨碍无数他者自成其异的可能性。在某种意义上,各成其异是一种无言无名的生存论状态,而非流俗声名之域的夸夸其谈。生存论上自成其异的生存者,在世俗意义上反倒是和光同尘而不僻异于世。①但本真意义上的同,并非世俗意义上理解的和光同尘,而是以多样性差异的普遍化实现为内容的。因此,"崖异"的意思,就是从无穷众多之异中突兀地超升出来,某种特定的异成为突出而陵越他者的异。如此陵越之异,就会遮蔽天地整体自身,就会湮没无数他者的差异性。所以,自成自身之独一无二,必须以将自身回置于无数差异之中而存身天地整体的方式来加以实现:"不立崖岸以自异,使万物皆得游于其中而无所隔阂,是宽无不容也。"②实现并持守自身之异,却不以自身之异占据天地整体而阻碍其他万物也在此天地整体中实现其自身之异,此即存在的厚实宽度——"行不崖异之谓宽"。

　　自成其异而又不碍他物之成其异,是宽,也是大。任何一个具体个体,其存在都是有限的,但他不让自身的有限画地为牢而自限限他。所以,每一个体能克服有限性而又具有无限性倾向。一个具体个体当自悟自身之有限性时,就在自己存身于天地之际持有任顺他物之心:"任庶物之不同,顺苍生之为异,而群性咸得,故能富有天下也。"③一切差异性毕现于天下,则天下富有差异性万物;但任何个体所成之异,能自视其"异"为无数差异之"一",而将自身置于与无穷多样性差异共存的天地整体之中,则此个体在生存境界上就是"富有万物"。

　　任何个别之物存在的法则,就在于如何持守其"德"。德既是一物之成其为自身的基础,也是一物之开放自身的基础。因此,存在之"纪",就是要在"自持其德而成其为自身"与"开放其德以与天地大道相畅通"之间处于一个合理之度,使得天地整体与自我相偕而存。

　　如此,德就在自我与世界两方面取得实现:一方面,任何个体自我实现在天地之中;另一方面,大地实现为无数个体自我的共同存在之中。世界和

---

① 　王叔岷以崖异为僻异(王叔岷:《庄子校诠》上册,第 416 页)。

② 　陆树芝:《庄子雪》,第 132 页。

③ 　郭象注,成玄英疏:《南华真经注疏》,第 234 页。

自我都在德的展开中实现自身，此即"德成之谓立"。

德在自我与天地两方面的实现和挺立有一个合理的尺度，此尺度就是作为秩序的道。天地整体有其序，天地整体及其秩序就是道。"循于道"与"成德"相比较而言，一般主要就是"秩序"之意。在自我与天地整体的对举实现中，在无数差异个体并存而在中，此"循于道"，就意味着道作为秩序是自在的普遍物，因为其自在，所以才是普遍的。只有当秩序本身是自在而普遍地被遵循时，一切自有其异之物以及天地整体的自然自在才能得到担保。

在自在而普遍之道的制约下，有天地，有自我，有他人，有万物，而且四者混而为一。在整体的含蕴下，在秩序的制约下，任何一物与他者都有着多种多样的关系。在相互关系中，每一个体捍卫整体的自然性，守护秩序的自在性，从而守护自身之为独一无二，这是每一个体的存在之志。拒斥任何一物僭越为整体及其秩序，以避免其戕害其他个体自身之志；经由保全天地整体及其秩序的自在普遍性而保持自身的存在之志不受他物挫坏，这才是存在的完全或完满。

天、德、仁、大、宽、富、纪、立、备、完十个方面，实质上就是反复其说，归根结底就是指向存在的完满实现。而存在的完满实现，可以归结为两方面：一方面是自我之志的葆有，另一方面是自在天地整体及其秩序的捍卫。志作为心之所之，要求"心能动地以广袤和幽深作为自身的内容"，这既是一种生存论意义上力动的"立心"，"事心，犹立心也。言其立心之大也"①，也是一种认识论意义上静观的"大心"，"韬，藏也，包括万事而无遗，皆归于心，此心之大，无外矣，故曰'韬乎其事，心之大也'"②。

"沛乎其为万物逝也"，意味着在有限个体主体自身存在的展开中，让经由自身的异在而自在之流畅然自行："逝者，往也，'逝者如斯'之逝也，万物往来不穷，而吾与之为无穷，故曰沛乎其为万物逝也。"③有限个体得以剡心而让天地及其万物回到自身的内在根据，就是在自身之内"经验着、体验着、

---

① 俞樾：《庄子平议》，见方勇《庄子纂要》叁，第 255 页。

② 林希逸：《庄子鬳斋口义校注》，第 185 页。

③ 同上书，第 184—185 页。

领悟着"经由自身的异己之流——某物流入我们,我们并不能以自身意识完全透视而明亮之,它保持其无以明之的幽暗深邃,而又流出我们;如此"流入与流出"的莫名而无知的体验,使得我们不但要释放天地整体及其万物,还要释放我们自身。唯有我们释放自身出离于狭隘而沾沾自喜的仁义-政治觉悟之域,天地整体及其秩序乃至于万物才能从我们的"拘禁"中真正地被释放而回到其自身,"任万物之自往"①。从诠释学的角度说,异在性他者的经验总是自我自我理解的本质性内容:"不可支配的他者,即外在于我们的东西是这种自我理解不可去除的本质。我们在永远更新的经验中对某个他者和许多他者所获得的自我理解……在某种本质的意义上说总是不可理解的。"②

　　如果天地整体及其秩序的自在普遍性得到了捍卫,每一物与所有物皆在其自身,而非"为我所占有"。以我占有物的方式来显现物的存在,则"在我"状态的丧失就会被理解为"某物丢失了"。实质上,有序的天地整体中,从来没有任何一物丧失自身;物之丧失自身,与其说是无人占有它,毋宁说,正因为人以占有而属我的方式对待物,物才会丧失自身。人因求长生而悲短命,以富贵为荣而以穷困为耻,所以就占有金银、珠宝作为货财(价值),以彰显人之富贵,这就是人"占有"天地整体及其万物的体现。而人对天地及其万物的占有,反过来使天地及其万物以扭曲的方式占有了人。占有天地及其万物使天地及其万物丧失了自身,天地及其万物对人的占有,也使人丧失了自身。把天地整体及其万物从人的"占有"中解放出来,从而也就是将人从天地及其万物对人的"占有"中释放出来。如此,金银回到山脉,珠宝回到深渊,如此逸出人类因欲望而有的"占有",金银珠宝永远存在于天地整体之中而在其自身,不再丧失自身。天地整体及其万物的解放,也就是人的自我解放。

　　如此对天地、万物和自身的释放,就是"不拘一世之利以为己私分,不以

――――――――――

　　①　刘凤苞:《南华雪心编》,第 274 页。

　　②　加达默尔:《诠释学与历史主义》。见[德]汉斯-格奥尔格·加达默尔《真理与方法:哲学诠释学的基本特征》,第 694 页。

王天下为己处显"。"不拘一世之利以为己私分",即不能让任一个体膨胀其"我",占有天地及其万物,视之为一己私有之物,"私分,犹言私有也"①,从而让天地及其万物回到其自身,由此而让无数他者获得共同存身天地世界的可能性:"一世之利与一世共之,不拘以为我之私分。"②天地作为整体,不为其中的任何个别物所占有或拥有,以此"无"主属性而"利"天地本身及其万物之自遂其身。倘若天地为特定个体所占有而丧失其自在性,则天地便不复为万物乃至每一物之自遂其身之所。因此,从根本上看,庄子拒斥以"有利于自身"的眼光看待天地;唯有任何个体不以利于自身的方式囚禁天地,天地乃成为天地自身,天地才成为天地万物之天地。

　　人类现实生存不可缺乏政治,但政治的核心,即权力的占有者,不能因其为掌握权柄之王,而自以为天地及其万物归属于自身,以自身占有或拥有天地及其万物,而"以湮没天地自身及其万物的方式闪耀自身"。这就是"不以王天下为己处显"的意蕴。在某种意义上,如何让掌有权柄之王成为天地及其万物自显其明的保障,而非成为遮蔽、湮灭天地及其万物之自性的盗贼,这是政治哲学的一个基本主题。庄子对天地及其万物自性的捍卫与吁求,绽露着权力与仁义沆瀣一气为害天地及其万物的根深蒂固。

　　任何个体,尤其掌握权柄的治国者,不能以湮没他物以及天地整体的方式显现自身。当且仅当每一物不以耀眼夺目的方式湮灭他物和天地整体之际,他物和天地整体才能自得其明,且如其自身而显现。此即"不显则明"。③

　　由此,多样性的万物作为万有不同就存在于同一个天地整体之中,此即"万物一府",万物处于一府,此府即是作为"天府"④的天地整体。"天府"是

---

　　① 钟泰:《庄子发微》,第 250 页。

　　② 林希逸:《庄子鬳斋口义校注》,第 186 页。

　　③ 郭象注说:"不显则默而已。"(郭象注,成玄英疏:《南华真经注疏》,第 235 页)这表明,郭象所注本是"不显则明",而非"显则明"。王叔岷说:"窃疑'显则明'三字,乃郭注误入正文者。盖郭注本作'显则明,不显则默而已。'重默不重显也。'万物一府,死生同状。'乃玄同物我、死生之义,非显明之义也。"(王叔岷:《庄子校诠》上册,第 418 页)林疑独注:"不显,则阖然而日章也。"(褚伯秀:《庄子义海纂微》,第 372 页)

　　④ 王夫之:《庄子解》,第 102 页。

天地整体及其万物的解放。

　　天地及其万物的解放,同时就是每一物之自我解放,亦即从死生分别或乐生哀死中解放出来,而抵达"死生同状",即"同于天"①,亦即同于自然——同于"每一物之自在其自身"。换句话说,就是"每一物之在其自身"是"天下每一物或所有物之同",如此之同,是"玄同",即"同于玄"②。人与人之间的存在都是各成其自身之异,但如此各成其异是自然之大同:"于人见异,观于天则几无不同矣。"③

　　"刳心"作为一种政治-生存论工夫,表面上是对自我的消解。实质上,"刳心"是对天地整体与自我的双重建立:"心虽刳也,刳其取定之心,而必有存焉者存,'见晓'、'闻和'、'官天地'、'府万物',而人莫之测。"④

　　《天地》在此之后,除却"泰初有无"一段进一步从抽象论说上阐明开篇的双重持守外,其余大多是以"寓言"从各个侧面喻示双重持守的道家生存论。实质上,如此两重持守的生存论道理,贯穿整个《庄子》文本,不过在《天地》开篇得到一个较为主题化的彰显而已。

二、天地整体及其秩序之自在性与他者之差异性的让渡
——《庄子·天地》第三至五节解读

　　天地整体及其秩序的统一,即是道。在人类存身其间的这个天地世界之中,人类整体的无数个体之间存在无穷的差异。无论是认知能力的高低之别,还是物性能力的大小之分,都不能消解天地整体及其秩序的自在性,也不能湮没每一个体的差异性。这是《庄子·天地》一以贯之的主旨。第三节在人与天地万物的寂感相应中,突出不能以自觉与自为湮没天地及其万

---

① 王夫之:《庄子解》,第 102 页。

② 同上。

③ 同上。

④ 王夫之:《老子衍　庄子通》,第 89—90 页。

物的自然与自在;第四节突出自我与他者都是玄珠自得的自在性存在,不为任何个体的认知外在地加以把握;第五节再次以尧之欲让天下的方式,以许由的居间性彰显了流俗仁义-政治之域的治理对天地及其万物之本性的扭曲。由此而言,《庄子·天地》不同章节都是以不同的角度和方式对天地整体及其秩序与万物的自在性和他者差异性反复加以论辩。

第三节:道之自然与自觉、自在与自为及其统一

> 夫子曰:"夫道,渊乎其居也,漻乎其清也。金石不得,无以鸣。故金石有声,不考不鸣。万物孰能定之! 夫王德之人,素逝而耻通于事,立之本原而知通于神。故其德广,其心之出,有物采之。故形非道不生,生非德不明。存形穷生,立德明道,非王德者邪! 荡荡乎! 忽然出,勃然动,而万物从之乎! 此谓王德之人。视乎冥冥,听乎无声。冥冥之中,独见晓焉;无声之中,独闻和焉。故深之又深而能物焉,神之又神而能精焉;故其与万物接也,至无而供其求,时骋而要其宿,大小、长短、修远。"

理解这一段的基础就是物我感应而显:"体道者物感而后应也"[1];"道之渊乎、漻乎,天也;金石有声,亦天也。感之而动,人也;考之而鸣,亦人也。天人相因,寓物而见"[2]。在活生生的感应中绽放出来的存在及其领悟,有着非单纯认知可以囊括的深邃与广袤。

"渊乎其居也,漻乎其清也",此是"语其寂"[3]、"言寂处是道"[4],亦即意味着道的自在性与自然性,亦即人所不能测知的渊广与精深:"'渊乎其居',言天下之至深;'漻乎其清',言天下之至精。"[5]"金石不得,无以鸣。故金石

---

① 郭象注,成玄英疏:《南华真经注疏》,第 235 页。

② 褚伯秀:《庄子义海纂微》,第 378 页。

③ 陆西星:《南华真经副墨》,第 170 页。

④ 宣颖:《南华经解》,第 88 页。

⑤ 褚伯秀:《庄子义海纂微》,第 376 页。

有声,不考不鸣。万物孰能定之!"则是"语其感"①、"言感处是道"②,亦即意味着道的自为性与自觉性。金石有为之鸣,只能响彻在"渊海"③之域,因此,没有"渊海"之道,金石便无以得鸣。但是,金石有为之鸣乃至于一切物或任一物之所作所为,并不能弥漫道之"渊海",更不能僭越自身为"渊海"之道。"渊海"之道使每一物、所有物之在及作为得以可能,而每一物都不可能由自身之在与作为限定或凝定广袤清洁而渊深寂寥之道——此即"万物孰能定之!"④。简言之,广袤与渊深意味着道自身不可消解的自在性与自然性,它与一切有为者的绝对距离不可被消解为零。恰好如此,每一物与所有物的有为之鸣才得以可能。

　　道的自然与自在之寂与道的自为与自觉之感,二者的浑然一体,真正实现于修德而内在充实之人。如此之人,就是王德之人。王德之人,并非指向德配作王之人(这是所谓仁义之儒的虚构)⑤,以至于如此之人自身就僭越而为天的本质代表;而是德性充实洋溢之人,持守自身,而让渡天下成为天下自身,让与万物而为万物之自身,保持天下、道和他物对于自身的绝对差异性而不将它们"同一化"为自身的心境或概念。

　　对王德之人而言,生命是一个流淌不绝的行程。在其中,王德之人"虚心以游"⑥而让生命真实素朴⑦、"无所与杂"⑧地流逝,并不倾心于"以物为事"——以外物作为满足自身欲望的行动,如此以外物作为自身欲望满足的

---

① 陆西星:《南华真经副墨》,第 170 页。

② 宣颖:《南华经解》,第 88 页。

③ 郭象注,成玄英疏:《南华真经注疏》,第 235 页。值得注意的是,此处,道兼有普遍性法则与整体性境域两重意义。

④ 钟泰解释为"不得道,即万物莫能定之",意思是以道定万物,这个意思理解反了。(钟泰:《庄子发微》,第 251 页)

⑤ 钟泰就作如此解释:"'工德之人',即有于天下之德之人。"(钟泰:《庄子发微》,第 251 页)罗勉道也说:"王德,其德足以王天下也。"(罗勉道:《南华真经循本》,李波点校,中华书局,2016 年,第 154 页)这个解释的错误在于以儒释庄,自不待言。

⑥ 王夫之:《庄子解》,第 102 页。

⑦ 成玄英疏:"素,真也。"(郭象注,成玄英疏:《南华真经注疏》,第 236 页)

⑧ 吕惠卿:《庄子义集校》,第 231 页。

有用物,也就意味着外物丧失自身差异性,被归属于主体的概念性规定。①尽管生命总是以闷然纯然之混沌为本,但在生命展开的进程中,主体领悟于生命自身的神明与神妙——"神者,不测之用也"②,所谓"知通于神",其真实的意涵在于,有本的生命存在,展开于自身之知所不可测知之域,也即有本的生命存在在自身展开中,不以自身之知同一化其在生命历程中遭遇的他物,而是让他物保持相对于"我"之生命的陌异性。生命主体内在德性充实洋溢而广袤延展,并不为自身设定一个僵死的封界,能自明之心逸出自身,如此逸出与心相异之物乘心而显——心作为人之自觉,出离自身,与异己之物相遇,对异己之物的"采求"(人基于生存需要而求物,物反过来对人本身有束缚,这是采的两个方面;这里,庄子的意思是超越欲求对物我双方的扭曲,而让彼此各回归其自身,是超越而非单纯地否定人与物之间的生存论联系),"非先物而唱"③,而是物我感应而出④,即不是主体性概念对外物之本质的先行把握逼显出外物之合于概念,而是心内蕴着对于逸出自身的冲动,使得外物以完全的陌异性透显出来。或者换句话说,心之灵明逸出自身,此逸出恰好就在于心之灵明内在地包含着异己之物,使他物之差异性能如其"异而不一"地显示自身。

心只有在动的行进之中,才能有所明;而行程的展开是身体履物而进。在生命自身的行程中,心依随于身体之履物而行,其明内在地就涵容着身之为物与事之为物,即明就是对基于行的心物一体之觉悟。但是,生命的觉悟

---

① 在理解庄子哲学时,很多人以后面《刻意》篇对山谷之士的批评,反过来证明庄子并不绝事,从而认为这里"耻通于事"的"耻"字有误(王先谦:《庄子集解》,沈啸寰点校,中华书局,2012 年,第 126 页),钟泰认为"耻"应该是"聏"字(钟泰:《庄子发微》,第 252 页)。这个理解是只知其一,不知其二。王叔岷就以《逍遥游》"孰弊弊焉以天下为事""孰肯以物为事"来说明"耻字亦非误"(王叔岷:《庄子校诠》上册,第 420 页)。

② 郭象注,成玄英疏:《南华真经注疏》,第 236 页。

③ 同上。

④ 林希逸说:"其心之出,有物采之,采犹感也,出犹应也。"(林希逸:《庄子鬳斋口义校注》,第 187 页)陆西星说:"所谓通者,又皆感之而后应,迫之而后起,故曰:心之出,有物采之。"(陆西星:《南华真经副墨》,第 171 页)胡文英说:"采之,感知也。"(胡文英:《庄子独见》,华东师范大学出版社,2011 年,第 80 页)

并不就是将生命和所遇之物同一化为某种概念规定性。觉悟既是对自身生命之所是的觉,也是对生命之所非的悟——领悟于生命不能透知之物构成这个世界的实情,这是生命的更高之悟。

如此生命自身的道理,渗透于身体与外物的有形互动,没有此道,身体与外物的有形互动便不能如其自身而展开,此即"形非道不生"①。生命的实质就是身与物彼此形动,行动而有成,生成内在的德性;只有生成如此内在德性,生命之属己才得以彰明,此即"生非德不明"。身与物的有形互动,也就是道与德的谐和。

如此,生命存在的展开,就不是单纯的否定形体而彰显精神,而是基于形体的存养才能充分实现生命自身,即"存其形,尽其生"②;也不是消解个体性而皈依于普遍性,而是两者共同的挺立,即"立其德,明其道"③。进而,生命真正的完成,并不穷尽于形之存,生命自身逸出了存形;道作为深邃与广袤之源,亦不穷尽于德之立,道自身逸出了立德。存形作为生命的展开,内在地追求着逸出自身当下束缚的生命真朴;立德作为存在的延展,内在地追求着越出自身束缚的道之渊深与广袤。存形构成生命展开的一个必要环节,但并不囿限于存形;立德构成世界展示自身的一个必要环节,但世界的整体及其法则并不囿限于立德。生命对于形体的越出,道对于德的逸出,昭示出存在的真正欲求——让异己之物成为自身生命存在的牵引者,使自身跃入自身的崭新之境而并不消解牵引者的异己性。这也就是本质的"王德之人"。

如此"王德之人",是动与寂的统一,是心与物的一体,是道与德的谐和;他立基于有形的身与物之互动,渗透道而成德,自明自觉而又悟透深玄,如此"荡然涌出""勃然涌动",无尽无数之差异性事物绽放在此"荡然之动而出"中。如此荡然涌出,并非主体性自觉用心使然,"动出无心,故万物从之,斯荡荡矣"④。万物之所以能以其"万"(差异性万殊)之状而涌来,恰好是不

---

① 成玄英疏:"形者,七尺之身。"(郭象注,成玄英疏:《南华真经注疏》,第236页)

② 王夫之:《庄子解》,第102页。

③ 同上。

④ 郭象注,成玄英疏:《南华真经注疏》,第236页。

以一己之心局限天地万物才得以可能。

从活的显现与静的寂灭二者统一来说道，基于身与物的有形互动或人的能动性生存活动，所谓"王德之人"，就是具有能动性生存活动之人的象征。如此之人，在对道的领悟与体会之中，一方面要领悟"道不在形声"①，另一方面又要体会"道又非寂灭"②。二者合一，也就是"王德之人，一味止是任道"③。任道，不是个体在充分、彻底主观化道的意义上据道而为，而是个体自知其有限性不足以主观化道而任道处于自在与自然。

在道的超越性与自我的生命迈出之间，一个相即而又相距的生存论领悟跃然而显："道之为物，视之不见，故视乎冥冥；听之不闻，故听乎无声。虽不见也，而见之所自而见也，故冥冥之中独见晓焉；虽不闻也，而闻之所自而闻也，故无声之中，独闻和焉。夫唯如此，故深之又深，而能物焉，则有所谓恍兮惚，其中有物；惚兮恍，其中有象是也；神之又神，而能精焉，则所谓窈兮冥兮，其中有精是也。"④见闻作为生命存在的感性欲求，欲有所得而不得，虽不得而若有所得；如此领悟于有所求而不得，不得而自知求之所自。所谓独见晓，意味着自知对于异己物的无知；所谓独闻和，则意指自身与他物之异己性相遇而不瓦解彼此的差异而能共存：这就是对异己性他者（无论是他物还是道本身）与自身融于一体的相即而又相距的生存论领悟。如此相即而又相距的领悟之人，就是"王德之人"。

如此"王德之人"，实质上即是道德相通一体之人。如此之人，迈向生命的深邃之渊，而能同相与之物互为"他者"："闻人和我。"⑤相容而融异质性他者于自身之中，并使自身作为异质性他者融而容于他者。如此生命，不断迈向神奇之妙，而能同相与之他者相互"理解"：既能理解异质性他者不能为"我"所照明的绝对异己性，也能持守自身不能为他者所照明的绝对异己性。

如此异己性的相容与自持，便构成万物之为万物，在逸出自身领悟的一

---

① 宣颖：《南华经解》，第 88 页。

② 同上。

③ 同上。

④ 吕惠卿：《庄子义集校》，第 232—233 页。

⑤ 胡文英：《庄子独见》，第 80 页。

无所有之处,却有某物迎面而来,顺时而驰骋,自身与他物相遇而各返归自身;返归自身而不湮灭自身之外的他物,经由领悟超出自身之大而知晓自身之小,经由领悟逸出自身之长久而知晓自身短暂,经由理解越出自身的遥远而知晓自身的局限于咫尺之近。①简言之,在自身的生命展开中,总是有异质物突破自身有限认知与行动形成的那个"总体性"界域——只有经由一个不由自己囿限的绝对开放性,自己之为自己,他物之为他物,才能作为万物而显现。

第四节:玄珠的两重维度与绝对性认知的摈弃

　　黄帝游乎赤水之北,登乎昆仑之丘而南望,还归,遗其玄珠。使知索之而不得,使离朱索之而不得,使喫诟索之而不得也。乃使象罔,象罔得之。黄帝曰:"异哉!象罔乃可以得之乎?"

　　黄帝之游赤水之北、登昆仑之丘而南望还归,却丢失了玄珠,其游、登、望、还之举,初心也许只是"以王天下为己处显":"游乎冥默,登乎高旷,几与天地通矣。然因此以通乎事而明民,则抑有阴阳以遂群生之情也,而玄同圆运之德丧矣。盖终忘其独而撄人之心也。"②所谓玄同,就是前面"同于玄"③之意,玄是知的界限或者说知不可抵达的彼岸:"玄者,幽深莫测,不可色象之名。"④同于玄即以他者之不可知与自身之不为他者所知的方式而"同在而玄",可谓玄在之同,或玄同之在。所谓玄珠,则是"道也"⑤,"渊深圆润,天德之在人心者。"⑥"玄珠二字妙绝。夫道非有物也,然而实有。道也,非有实有,实有非有,何以喻之?珠者,圆妙光明,加之以玄,则实有非

---

① 刘凤苞:"修远,当作'远近'。"(刘凤苞:《南华雪心编》,第 277 页)
② 王夫之:《庄子解》,第 103 页。
③ 同上书,第 102 页。
④ 林云铭:《庄子因》,第 123 页。
⑤ 林希逸:《庄子鬳斋口义校注》,第 189 页。
⑥ 王夫之:《庄子解》,第 103 页。

有,非有实有矣。"①玄珠之在人,是一种渊深的悖谬之在,其实有而非有、非有而实有,指示着玄珠的非认知性实存或"天真"之在②,但玄珠之显现又须经认知的曲径:"伏北望南,向明本冥也。"③南北之间,以望牵连,有其意蕴:"'黄',中央之色,犹之《应帝王》言中央之帝也"④,而"北盖幽冥之地"⑤,"南是显明之方,望是观见之义,玄则疏远之目,珠乃珍贵之宝"⑥。黄帝本存身于中央之地,而游于北以处幽冥,意味着先行显示的自身乃是不可知的自在之物。可是,如此不可知的自我逸出自身,南望而求明照他物。幽冥之自我领悟于自身之幽冥,即是自得其玄珠。但是,黄帝在逸出自身而求明照他物之际,却以不可自知之珠,去叩问他物之玄。如此,在其对他物之玄的叩问而求明照之中,自身之珠反而丧失了:"南者,明察之方,已游玄境,不能久守,而复望明处,则玄亡也。"⑦因为,他者之不可知而自处其玄而自有其珠,即如自身之自处其玄而自有其珠。简言之,每一物之各有其玄珠,即是一种玄同之在。自有玄珠者却逸出自我,追求对他物加以"外在观照之明",这意味着双重的迷失:一是不自知自身之绝对的内在性为他者之不可知,乃至也不自知自身之不可知,而自以为可自知;二是不知他者自有其玄珠而与自己之观照分离,他者自处幽冥而持有其绝对差异性。玄珠丧失于对他物加以外在观照之企图中,而玄珠的失而复得,则在领悟于他者之自有玄珠而不为我之观照所明,从而反观自照领悟于自身之玄珠在握——此即将自我视为他者而自我领悟自身之不可知,既不自知也不为他者知。

　　知是心知,离朱是耳目之明,喫诟是文言(言辨⑧)之属,三者通常是人用以把捉外物的理智力量。但对玄珠而言,"心知也,聪明也,文言也,皆强索

①　宣颖:《南华经解》,第 88 页。
②　陆树芝:《庄子雪》,第 134 页。
③　方以智:《药地炮庄》,张永义、邢益海校点,华夏出版社,2011 年,第 278 页。
④　钟泰:《庄子发微》,第 254 页。
⑤　郭象注,成玄英疏:《南华真经注疏》,第 2 页。
⑥　同上书,第 237 页。
⑦　宣颖:《南华经解》,第 88 页。
⑧　郭象注,成玄英疏:《南华真经注疏》,第 237 页。

而不能遇者也"①;"三者皆足以蔽真性,故愈求愈远"②;"玄珠之为物,不可以知知,不可以识识,不可以言求者也"③。从一般顺序来看,理智认识能力是从感知(离朱之聪明)到心识(知)再到概念(喫诟之文言)的过程。《天地》这里的顺序,则是从心意发动(知)到感官捕捉(离朱之聪明)再到语言之把握(喫诟之文言)。黄帝派使知、离朱、喫诟去寻索玄珠而不得:"言用知不足以得真,聪明喫诟,失真愈远"④;"为其愈用而愈远也"⑤。欲以照明他物的方式求得世界与生命之真,起始之处便已滑失;进而坠退为感官之形的时空确知与抽象概念的凝固,那就更是离真越远了。⑥

象罔,其象征意义是非有非无之间的存在:"象则非无,罔则非有。"⑦"非有则不皦,非无则不昧;不皦不昧,此玄珠之所以得也。"⑧也可以说是恍惚之象:"'象罔',恍惚之貌。"⑨如此非有非无的恍惚之境,首先不是对外物的显现,而是对自身的领会。此境,即是内在性玄珠的彰显,它如此呈现自身,而不能用心加以彼此对待的显露:"明得真者,非用心也,罔象即真也"⑩,"知觉、聪明、言辩皆不可以得道,必无心而后得之"⑪,"象罔者,若有形,若无形,

---

① 王夫之:《庄子解》,第 103 页。

② 林云铭:《庄子因》,第 123 页。

③ 吕惠卿:《庄子义集校》,第 233—234 页。吕惠卿以识理解离朱,这是受佛教六识说影响,以眼观耳听为眼识耳识。

④ 郭象注,成玄英疏:《南华真经注疏》,第 237 页。

⑤ 钟泰:《庄子发微》,第 254 页。

⑥ 郭庆藩有一个另外的解释,他以喫诟为声闻:"知者以神索之,离朱索之形影矣,喫诟索之声闻矣,是以愈索而愈远也。"(郭庆藩:《庄子集释》,中华书局,2004 年,第 415 页)这个顺序,则是从心神到目视再到耳听的倒退,内含视觉高于听觉的意思。陆树芝则说:"赤水,极南。昆仑,至高。既至极南,登至高,乃不回首而更南望还归,则好高骛远而忘所返之喻也。"(陆树芝:《庄子雪》,第 134 页)尽管他把"还"理解为"旋",但"归"还是"返回"之意;倘若赤水在极南,而昆仑在西北,也是必须"返回"而才可能。陆树芝的解释,不切。

⑦ 方以智:《药地炮庄》,第 278 页。

⑧ 吕惠卿:《庄子义集校》,第 234 页。

⑨ 钟泰:《庄子发微》,第 254 页。

⑩ 郭象注,成玄英疏:《南华真经注疏》,第 238 页。

⑪ 林希逸:《庄子鬳斋口义校注》,第 189 页。

故曰眹而得之。即形求之不得，去形求之亦不得也"①。玄珠以玄而不知的
方式自行领悟，这就是万物并处之道，即一切物乃至每一物皆各处其玄。一
个内在地领悟于自身之不可知的存在者，并在同他者相与之际捍卫自身的
独立与意义，且领悟于他者同样的玄而不可知以让渡他者的独立与意义。
以自身和他者皆不可被认知的"罔象恍惚"，天地世界与自身及其他万物皆
各得其真："象罔，则无象，以玄遇玄也。"②以玄相遇，也就是玄同而在，或同
玄而在——以自身独立于他者认知观念化之域的方式自存，也让他者独立
于自身认知观念化之域而自在。

　　由此而言，那种以为否定一般性的心知、感识与言辩方式，而追求无知
之知、不见之见、不言之言的至高智慧，以为前者是有所局限之知，而后者则
是无限之知的，神秘主义、与道合一的绝对直觉论主张，便是不相应的。比
如有注疏说："世之求道者，往往以知识、聪明、言辩为务，而丧失其本真，弗
悟有所谓无知之知、无见之见、不言之言，乃所以无不知、无不见、无不言
也。"③如此，以为"象罔"就是无心，无心而人与道合二为一："人无心而合道，
道无心而合人"④；"道之真境当以神遇，不当以迹求也……以玄遇玄，无心于
得，而适然得之，所以为神"⑤。《天地》本意是反对以知的方式来理解天地与
人及万物的存在之真，以玄让渡每一物之各得其珠而自在其身；后世的某些
诠释，却在拒斥有限性认知的同时，走向神秘主义的无限认知，将天地及其
道完全神秘化、独断化为某些神人的观念化私有物，这是庄子哲学的反面。
所以，陈碧虚有一个补充说明："人无心而合道，道无心而合人，亦强云'得
之'耳。黄帝叹曰'乃可以得之乎'，言实无所得也。"⑥在根本上，特定个体无
论以任何能力、任何方式，都不能将真实或道（作为整体）个体化或观念化为
一己之物，在此意义上，特定个体之"知"绝对地不能获得"道"。当然，如果

---

① 郭庆藩：《庄子集释》，第415页。

② 宣颖：《南华经解》，第88页。

③ 褚伯秀：《庄子义海纂微》，第380页。

④ 同上。

⑤ 刘凤苞：《南华雪心编》，第278页。

⑥ 褚伯秀：《庄子义海纂微》，第380页。

以"知的机巧"而说"以不得为得",那么,这就需要一种更为深入的理解:一方面,在个体自身内在的观念之内,以无限观念的方式领悟一个自身不能领悟的东西;另一方面,无限观念昭示出他者以及世界整体不能为任何个体之观念所观念化的距离与他异性。①因此,基于无限性观念,领悟道之不可得,不能以一己之心而求之以囿限于己,止之于此,反倒是道之在其自身而保持着其对于任何个体的距离与差异:"无心得道,止矣。"②如果反转来说,无心于得道而道自然为所得,这就是庄子哲学的反面。

第五节:流俗仁义-政治之域对天地及其万物自在性的扭曲

> 尧之师曰许由,许由之师曰啮缺,啮缺之师曰王倪,王倪之师曰被衣。
>
> 尧问于许由曰:"啮缺可以配天乎? 吾藉王倪以要之。"
>
> 许由曰:"殆哉圾乎天下! 啮缺之为人也,聪明睿知,给数以敏,其性过人,而又乃以人受天。彼审乎禁过。而不知过之所由生。与之配天乎? 彼且乘人而无天,方且本身而异形,方且尊知而火驰,方且为绪使,方且为物絯,方且四顾而物应,方且应众宜,方且与物化而未始有恒。夫何足以配天乎? 虽然,有族,有祖,可以为众父,而不可以为众父父。治,乱之率也,北面之祸也,南面之贼也。"

尧是"天子"或世间"帝王",许由是其师,许由又有师啮缺,啮缺有师王倪,王倪有师被衣,这实质上是一个"师的无穷追溯":"庄生示有承禀,故具列其师资也。"③如此铺陈,也许只是一个语文学的强化。不过,如果我们联想到"唯一的万世师表"而不再追溯其根源更深的"师"时,如此铺陈则显露了另外一番意蕴。在一个亘古不绝的传承之中,某一个人被标举为"不可超

---

① 参见[法]伊曼纽尔·列维纳斯《总体与无限:论外在性》,朱刚译,北京大学出版社,2016年,第20—25页。

② 陆西星:《南华真经副墨》,第172页。

③ 郭象注,成玄英疏:《南华真经注疏》,第238页。

越且代表文明之精神本质的独一无二者"，这是对那个传统的贬低。更何况，文明的亘古相续，还必须回置于一个绵延不绝的黑暗渊深的流变——由不知其源的过去与不知其终的将来牵连一体的"无穷无限"之流动不息。面对如此无穷无尽之流行不息，将世界文明化、将文明唯一圣人化，显得过于逼仄而用心叵测。由此而言，《天地》对于"师"的追溯，是将仁义-政治之域的逼仄与浅浮引归至其深渊之处："取天下必以无事，许由则无事者也，故尧之师曰许由；欲无事者必始于日损，啮而缺之则所以损之也，损则德之修而非道之全也，故许由之师曰啮缺；损之又损，以至于无为，则王之至于天者也，故啮缺之师曰王倪；王乃天，天乃道，王之倪则天而已，未足以为道也，道则衣被万物，无为而无不为也，故王倪之师曰被衣。"①

　　尧将历史流变的本质以易简的方式加以追问，即在文明的师承追溯中，追问当下的"权力、德性与智慧合一的圣人"是否本质上可以与"天"（作为无限者）合一。"配天"，尧的意思是"谓为天子"②，"配天，言为君也。尧盖欲让天下"③，"尧盖欲让天下而问啮缺于许由"④。《逍遥游》讲述尧让天下于许由，许由不接受。这里，尧要将天下让给许由的老师啮缺，并且想通过许由的师祖、啮缺的老师王倪来促使啮缺接受自己所让之"天下"。

　　许由对啮缺的评述，实质上反倒是尧欲让天下给啮缺的理由。在许由看来，让天下于啮缺，基本的后果就是天下之危殆。问题在于：尧让天下于啮缺，天下是否比尧居于帝位更加危殆？这个问题其实并不容易回答。就流俗仁义-政治之域期待着更高德性者的莅临而言，因为啮缺有着高于尧的修为，似乎啮缺做帝王较尧之为帝王就有着更可期待的前景。但是，流俗仁义-政治之域的丛林法则之无自在性，作为普遍超越性之序，可以碾压扭曲一切德性。因为啮缺较之尧更脱离于流俗仁义-政治的法则，啮缺之为帝王便会引发更多的冲突和纷争，对其自身和天下乃至于万物，反而造成更大的

①　吕惠卿：《庄子义集校》，第 234—235 页。
②　郭象注，成玄英疏：《南华真经注疏》，第 238 页。
③　宣颖：《南华经解》，第 89 页。
④　陆西星：《南华真经副墨》，第 173 页。

戕害。一方面,啮缺与世俗之人相比,在知识上的聪明睿智、行动上的反应迅捷,都超过一般人之人,并且"修人事以应天理"①而"以人受天";另一方面,如此依凭才智而行,较之流俗一般人,更能自制其过,但是,如同一般人一样,啮缺也不知道过错产生的根源:"夫过生于聪知,而又役知以禁之,其过弥甚矣"②;"彼审乎用知以禁过,而不知过之所生即在于用知也"③。因为啮缺有过于人处(尤其超过于尧本身之处),就体现出尧让天下给他的理由;但是因啮缺与一般人一样并未识透流俗的无本质之本质,则其受天下反为天下更大之害。值得注意的是,就其本质而言,陷入流俗之域,本身就是一种丧失本质的过错性人生。当然,让天下于啮缺只是尧对啮缺之智慧与德性的理解,而对啮缺才智之两重性的判定,则是许由针对尧之问题的一个分析,并不一定切中啮缺本人的实情;啮缺本身是否有意于受天下,根本未曾显露。其实,这里面还存在着一个分歧,即尧之所问的"配天"与许由回答之中的"配天",两个天并非一个天。根底上说,在许由的视界里,无人可以配天;而在尧的视界里,自以为有德的人不单是配天下,而且是可以配得天下——配拥有并宰制天下。因此,在这个意义上,许由回应尧的话语,与其说是对啮缺之真实的评述,不如说是对处身流俗政治之域治理之位的帝王的评述。

不明于这个区分,就容易陷入如此误解:"曰'师'云云,并寓言,非事实。不然,许由明揭啮缺之过,而乃从而师之,非自相矛盾乎?"④也许是寓言而非事实,但这与师-生关系无干——在庄子的思想世界里,并无惺惺作态、悖于自然之道的所谓师道尊严,有的只是对自然天性与自在之序的让与。更为关键的是,许由自己不受尧之让天下,其回应尧之所问,指向的恰好就是啮缺不能受天下的更为基础性的理由,即,个体之天性与世界之自然在政治之域将丧失自身。在此意义上,褚伯秀的一个解释倒是给出了真意:"夫啮缺为许由之师,而由不许其配天,何邪? 盖配天乃外王之学,而四子所传者内

---

① 林希逸:《庄子鬳斋口义校注》,第 190 页。
② 郭象注,成玄英疏:《南华真经注疏》,第 238 页。
③ 林云铭:《庄子因》,第 123 页。
④ 钟泰:《庄子发微》,第 255 页。

圣之道，出则为帝王师，入则为众父父，彼何以天下为哉？故由不颂啮缺之所长而示其所短，使不为蚁慕而得以全其高，是为尊师之至、卫道之切也。"①这是对啮缺之修行与政治治理二者一致性的明确否定和拒斥，将区别于仁义-政治之域的自在生存之境加以彰显。

甚至，有解释更进一步认为，尧之所问，依旧落于"治天下"的窠臼，而许由之意，不但不让尧让天下于啮缺，而且是警醒尧放弃治天下的恶念而进于大道之行："此段正文，托于许由论啮缺，以见道外无治之意，非诋啮缺也。许由为尧之师，至人也。啮缺为许由之师，其为至人，不待言也，何以谓之为不足以配天？盖欲进尧为众父父，故以众父为不足为也……《南华经》，言性与天道之书，游于方外者也，无所谓治天下也。"②对不以仁义-政治之域为生命本质内容的隐者而言，治天下本身的必然性与必要性及其意义，当然受到消解。

帝王必"乘人而无天"，即"将天推在一边"③，从根底上就悖于天然之真朴："若与之天下，彼且遂使后世任知而失真"，"若与天位，令御群生，必运乎心智，伐乎天理，则物皆丧己，无复自然之性也"④。尽管成玄英因其历史局限性，把帝王之位视为"天位"，但认为帝王之位将使天下万物与帝王自身丧失自身之真实，则为确然之论。身处帝王之位，违背自然真朴，逞意妄为："尽其有为而不知无为也。"⑤无为并不是说处在帝王之位不肆意而为，而是说帝王之位本身就是无尽无休的肆意之为，而不复无为的自然之真（郭象以顺情而为来解释庄子自然无为，这是对庄子本意极端悖谬的扭曲）。在政治之域没有人的自然真性，这是一个洞见，也是一个常识。

"本身而异形"，就是"分己分人"⑥，"显分人己"⑦，"啮缺以己身为本，引

①　褚伯秀：《庄子义海纂微》，第384页。

②　藏云山房主人：《南华大义解悬参注》，见方勇《庄子纂要》叁，第280页。

③　陶崇道：《拜环堂庄子印》，见方勇《庄子纂要》叁，第279页。

④　郭象注，成玄英疏：《南华真经注疏》，第238页。

⑤　林希逸：《庄子鬳斋口义校注》，第190页。

⑥　宣颖：《南华经解》，第89页。

⑦　王先谦：《庄子集解》，第128页。

物使归,令天下异形从我之化。物之失性,实此之由。后世之患,自斯而始也"①。此亦即将无数差异性的他者,以一己之个性或一己之私加以消解,将差异性他者"我化"(化而为属我之物)而消灭他者之在其自身:"身,我也,以我对物,故曰本身而异形。"②一切权力统治的本质,就在于以唯一之我而使一切他物从属于我,并使他物丧失自在性与独立性:"本身而异形,以身对物,物我异形也。"③权力统治的恶性,其最为惨绝之处,不是对他者形体的直接性灭绝,而是存其形而役其神;而在明知神不可役之际,强使他者形伤神坏而苟活,只为玩弄他者于股掌之间以享受享有权力的邪恶快感。

　　将差异性他者化而属我,其基本的途径就是尊知,即以个体之知的方式,将万物个体经验化,将他者主观观念化,将世界私人化。如此个体经验化、观念化与私人化,实质上是欲望驰逐的实现。此即"尊知而火驰",欲望炙热狂奔,役知以行,并以知瓦解无尽天地及无限他物:"尊知以御世,遂将徇迹,舍己效人,驰骤奔逐,其速如火矣。"④

　　如此,世界从自身隐匿的开端处滑落,转而以人的欲望驰逐与主观知解为源起。在此意义上,人所主观化的世界,确乎始于"无明"。其无明缘起,造就一个丧失本然根基的世界,在人类自身如此造作的虚妄境界里,尧以及啮缺之为天子,"将兴后世事役之端","绪,端也。使,役也"⑤。以人类政治之域为表征,圣人或帝王从事政治,开启了异于、悖于世界之自在与万物之自然之旅,此即"方且为绪使"。仁义-知识-权力一体之域,开启了一个人类扭曲自身生存之域,而非绽现了人类自然真朴生存之基。就此而言,如此之端,也就是存在之末:"绪,末也,为末事所役而不知其本,故曰绪使,<u>丛脞</u>之意也。"⑥

　　政治之域作为一种尊知驰欲而扭曲开启之"端绪"及其展开,并不将人

---

① 　郭象注,成玄英疏:《南华真经注疏》,第239页。
② 　林希逸:《庄子鬳斋口义校注》,第190页。
③ 　陈深:《庄子品节》,见方勇《庄子纂要》叁,第279页。
④ 　郭象注,成玄英疏:《南华真经注疏》,第239页。
⑤ 　同上。
⑥ 　林希逸:《庄子鬳斋口义校注》,第190页。

和天地及其万物引向深刻与高贵的存在,而是结网以蔽碍天地及其万物的本然。仁义-政治之域,就其历史与现实而言,总是"方且为物絯";"絯,碍也。不能用道以通人,方复任智以碍物也"①,"任知以碍物"②,将天地及其万物之在自身而实现的可能性通道加以阻碍和遏断,是仁义-知识-权力沆瀣一气的政治之域的必然。"絯",或者"当为该","该,备也,兼也","物絯者,其机缄足以包罗万物"③。认为仁义-政治之域的知识和权力可以囊括天地及其万物,这不但是一种对天地及其万物的阻碍与遏断,而且是对天地及其万物的囚禁:"絯,缠束也。"④

在仁义-知识-权力沆瀣一气的政治之域,少数个体表面上以其个体之自我,陵越天地及其万物与他者并将三者"个体观念化""一己私人化",似乎是一己的最大最高之实现。但是,被阻碍、遏断与囚禁的天地及其万物的自在之流,在无底的深渊里不歇地冲击着仁义-知识-权力的政治之域。作为被观念化和私人化了的虚幻世界之主,自以为配天的"天子",不断地绞尽脑汁应对从无底深渊冒出来的冲击,"四顾而物应"。

观念化、私人化了的仁义-知识-权力之域,阻碍、遏断、囚禁了天地及其万物的本然,也就遮蔽了自身看到真实的窗口。只有冲破屏障,让天地及其万物自由自在地通达自身,天地及其万物才各得其宜。如果固执地坚守观念与欲望的屏障,在一己私人视域里,尽管左顾右盼,眼睛看无所看,耳朵听无所听,四肢也触无所触:"用一己之知,应众物之宜,既非无心,未免危殆矣。"⑤宜于天地及其万物者,乃是释放天地及其万物返回自身;在个体主观观念与私人欲望之域,天地及其万物被囚禁,不可能得其宜——以"一"应"众"(万)而欲得"万众"之"宜",无异于缘木求鱼。

在个体观念与私人欲望囚禁天地及其万物之域,天地及其万物丧失自身,个体却欲在主观之域里给出天地及其万物之"宜"。如此悖谬之举,在天

---

① 郭象注,成玄英疏:《南华真经注疏》,第 239 页。
② 褚伯秀:《庄子义海纂微》,第 382 页。
③ 郭庆藩:《庄子集释》,第 418 页。
④ 宣颖:《南华经解》,第 89 页。
⑤ 郭象注,成玄英疏:《南华真经注疏》,第 239 页。

地及其万物丧失自身之后，必然引致自我之丧失其自身而"与物化"："将遂使后世与物相逐，而不能自得于内"，"将我已知，施与物众，令庶物从化。物既失之，我亦未得也"①。那力图囚禁天地及其万物的治理者，因为天地及其万物不为阻碍与囚禁地在其自身，如此，那囚禁天地及其万物者反过来便是囚禁了自身。仁义-政治之域作为囚笼，最终当然会被天地及其万物自在之化淘尽。但在一定历史阶段，仁义-政治之囚笼总是造成对无数有限个体的扼杀，也扼杀了治理者本身，使他们得不到自身："屡为物变，而不能定"②；"与物化，言逐物而应其宜，则丧其本然之我"③；"与物俱化而失其真常之性"④，"未始有恒则失其本然之我也"⑤。

基于自身的欲望驰逐与任知妄为，政治治理使物与我皆丧失其自身。政治治理即便于人不可或缺，也必须在自身之域开启天地及其万物安居于自身的可能。物与我之各在其自身，一方面需要物、我各自保持自身的差异性，既是在我之内使他物保持差异性，也是让我保持对于他物的差异性；另一方面是给出使各自持守自身得以可能的担保，既限制他物逸出自身对我的侵凌，也限制自我越出自身对他物的侵凌，如此限制就是一种自在性的秩序。对自在性秩序的敬重与对差异性的宽容，构成有人的世界中一切存在物有其"恒常性"的基础。以尧及其让天下之心为表征的流俗政治之域，天地、万物、自我的丧失自身，自在秩序的阙如，使恒常性未曾一日豁显——"未始有恒"，即"非不化而能化化"⑥。自身不化则自有其恒；让物化化，则物皆自有其恒。与物化而未始有恒，则是丧己于物而无自有之恒；同时，也是丧物于己，而物也无其自有之恒。

许由之不受尧之让天下，并否定啮缺"配天"的可能，如此而言，啮缺究竟处于一个什么样的境界呢？在尧的观念里，"配天"是"配得天下之主的位

① 郭象注，成玄英疏：《南华真经注疏》，第 239 页。
② 宣颖：《南华经解》，第 89 页。
③ 陆树芝：《庄子雪》，第 135 页。
④ 陆西星：《南华真经副墨》，第 173 页。
⑤ 林云铭：《庄子因》，第 124 页。
⑥ 吕惠卿：《庄子义集校》，第 236 页。

置"，即配做占有、拥有天下的帝王（天子）；但在许由，"配天"的意思，则是让人自得、配得处身于其天——既是自在其自身之自然真朴，也是让天地及其万物在其自身之自然自在。不厘清尧和许由在"配天"意涵上的不同，就不能恰切理解《天地》尧与许由对话的真意。

饶有趣味的是许由在此的居间性。尧最初（《逍遥游》中）想让天下给许由，许由不受；于此，尧询问许由是否可以让天下给许由的老师啮缺（啮缺是否配得上接受尧之让而为天子），并表示可以通过啮缺的老师王倪来促成啮缺的接受。（在此，王倪似乎参与了尧的让天下事件，但只是间接地被"提及"而参与，至于被衣则仅是一个遥远的背景。）许由直接参与让天下事件，他自己不受让，同时断定自己的老师啮缺也不适合于受让。表面上，从尧的追问来看，许由的意思是啮缺"不配"受让而为天子；但实际上，许由的意思是啮缺根本不适合受让而做天子。许由尚且不受，何况啮缺？这里面，许由之所论，指向的是对尧之为帝的批判与对真实的显示："为尧师之师者，尚不足以配天，故许由自谓爝火而不敢代庖，况尧之圣知而薪以治天下乎？万物之大小长短，相与为族，而所祖者唯天。合天道者之无为，乃与天配。否则治之适以乱之，福之适以祸之，育之适以贼之。"①尧自以为让天下是"仁义高尚之举"，却在根本处昧于天地及其万物因治而丧其真的事实。尧根本不知道天之所以为天恰好构成人自身主观作为的界限，而以为一个人的仁义之德性，可以破除这一界限，由人之理想的作为达成天地及其万物之合于理想。人领悟于自身作为的界限，则须自我限制自身不越界而为，乃至无所为于界限之外自在的天地整体以及差异性的万物，让天地及其万物在自身之自然与自在。尧要领悟的真理，本应该是"从自身帝王之所为而自行限制以至于无为于天地之自然与万物之自在"；但是，尧以为天地及其万物没有抵达"仁义理想之境"，是因为自己的智慧不足、德性不笃、德行不实，从而认为如果找到一个智慧充足、德性夯实之人，让其治理天下，则天下可以臻于完美之境。尧之让天下的情怀，就是如此一个奠基于扭曲与虚妄之上的乌托邦。如此扭曲与虚妄的乌托邦，贯穿人类的历史。陷于乌托

①　王夫之：《庄子解》，第104页。

邦的空想与自欺,以为治理天下及其万物是天下及其万物之幸福,而历史不断地绽露出"治世即是乱世""赐福于物即是贼害万物"这一实情。(还不必论"夫桀纣非能杀贤臣,乃赖圣知之迹以祸之;田桓非能杀君,乃资仁义以贼之"①。)

因此,许由"夫何足以配天乎"之论,实质上不是在尧所问问题的意义上说"啮缺不适合做天下之帝王",而是说"天下根本就不应该有帝王与之相配"——天下不可能被任何个体占有或代表。如此,许由所言就构成对尧的深层次批判,即尧依然汲汲以求天下为某个大智大德者所占有和支配,而错置了天下万物。进而,在许由看来,尧之企图让天下于啮缺,也表明尧根本不知道啮缺之不以治天下为事、反对治天下的生存取向。许由之意,不是啮缺去受天下之让,而是尧必须去效法啮缺这样的存在样式:"啮缺隐居山薮,高尚其志……而流俗之中,罕其辈类。故志尚清遐,良可效耳!"②尧因为其扭曲了的仁义乌托邦理想而寻求大智大德以治理天下,根本昧于治理天下本身就是一种对于天下及其万物的恶。许由乃至啮缺、王倪与被衣式的生存取向,"厌秽风尘,怀道抱德,清廉絜己,不同人世"③,就是远离扭曲与贼害,而持守自身的自然真性。这就足以为尧之所当效法。不但如此,流俗仁义-政治之域的帝王,不但不能配于天地及其万物之自然,而且在扭曲与戕害天地及其万物之自然之际,也丧失自身之自然。在此意义上,也可以说"位为流俗世界的帝王者不配得其自身之自然"。

每一物存在的曲折有其内在的必然性,但曲折之指向则是每一物之自得其真性;因而,曲折不等同于不可返回自身的扭曲。每一物都作为类之个别物而存在,总有其相与之物作为根源,即所谓每一物都是"有族、有祖者"。共同体或群居性存在,有着"治理"的要求。然而,治理往往被治理者扭曲,治理者以自身私利私欲僭越为普遍之法则,湮没共同体及每一个体自身的自在性。实质上,治理的真正本质与辩护,是让天地整体及其间的每一存在

---

① 郭象注,成玄英疏:《南华真经注疏》,第 240 页。

② 同上书,第 239 页。

③ 同上书,第 238 页。

者能够自得其自身并持守自身的自然之朴。而持守自身的自然真性，就是内在有恒而实现自我之内在性。那就意味着"我"作为自身生存的主体，在自身保持着独一无二性，沉浸于自身之所居住与劳作，造就属己性的生存境界。每一个体都是自身生存境界中诸多意义与行事的主宰，此即"可以为众父"。但是，任何自为其生存境界主体的个体，不可能越出自身，成为所有差异性他者之境界的主体或主宰，每一个他者的生存境界相对于我来说，都具有不可入性或其他异性而不能为特定之我所私人化，此即"不可以为众父父"。可以自为其主，而不可为众物之主，这表明啮缺生存的一种"居间"，即他超越流俗仁义-政治之域的不可自主，但又不能至于天地自然之各为其主（在自身之中让相与之物能如其自身）。

　　郭象注庄，在此就有一个下滑的逆转，即以为许由和啮缺等人，以天下为累是境界不高，而尧可以有天下，也可以让天下，反倒是更高之洒脱或心无所缚的境界。成玄英在此采用了郭象"众父父者，所以迹也"的意思，并发挥说："啮缺隐居山薮，高尚其志，不能混迹，未足配天"，"父，君也。言啮缺高尚无为，不夷乎俗，虽其道可述，适可为众人之父，而未可为父父也。父父者，尧也。夫尧寄坐万物之上，而心驰乎姑射之山，往见四子之时，即在汾阳之地，是以即寂而动，即动而寂，无为有为，有为无为，有无一时，动寂相即。故可为君中之君，父中之父"。①这就完全走到《天地》乃至整个《庄子》的反面去了。对仁义-政治之域的拒斥，是《庄子》尤其是外篇的一个基本宗旨。如果颠倒过来，以对流俗之恶的肯定来庸俗化庄子，也就是后世认为庄子是犬儒主义的渊薮。相比之下，林希逸的解释更为切近庄子本意："众父者，出于众人，而可以为其父也，谓其高一世也。众父之父，则高又高矣，众父之父，天也，自然者也。"②宣颖也说："啮缺亦可以为众人之父，但不能为众父之父耳。"③陈祥道说："'众父'，治天下也；'众父父'，在宥天下者也。"④其意以为啮缺作为世俗意义上的帝王远远高于尧以及其他所谓圣王，但就啮缺真正

<hr />

①　郭象注，成玄英疏：《南华真经注疏》，第239页。

②　林希逸：《庄子鬳斋口义校注》，第191页。

③　宣颖：《南华经解》，第89页。

④　褚伯秀：《庄子义海纂微》，第382—383页。

的德性而言,还未臻于天道之自然,也就是说,即使如啮缺之修为以作帝王,仍然对天道自然有害。以自然天道高于世间政治权力法则,并以自然秩序消解、克服仁义-政治之规则,这是庄子的一个基本旨趣。实际上,许由乃至啮缺在仁义-政治之域和天道自然之间具有"居间性",由之敞现出一个多维重叠而深邃褶皱的生存世界。传统注疏以为:如此居间性高于世俗之帝王,但低于天道自然本身;因为这个"高于",所以啮缺足以"胜任"作为"流俗仁义-政治之域的帝王"。不过,从庄子的本意来看,没有一个超越而普遍的自在秩序,一切所谓的"更高德性与更高智慧"都是不可靠的。因此,庄子借许由之口,表达的是对有德有智者治理世界的完全拒斥和彻底否定。在某种意义上,庄子的见解暗合于现代政治哲学的理解。

以欲望与知识和权力的沆瀣,伪装成仁义及其乌托邦理想以治天下,这就是天下大乱的根本所在。对北面之臣而言,运智以治,"圣智是北面之祸也"①——用智而为更高的智所祸害:"就其才力之所至以推其政教之所成,不可以北面而为臣,有奇功者必有奇祸。"②对南面之君而言,伪举仁义以治群臣和天下,"仁义南面之贼"③——用仁义以欺惑天下,反过来也为仁义所欺惑:"不可以南面而为君,善治民者适以贼民。"④

尧以让天下为仁义之壮举而自圣,主观以为啮缺有德性、有智慧,可以受让天下而为君,这都基于一个根深蒂固的偏见,即尧在仁义-政治之域的囿限中,以为天地及其万物需要外在地加以"治理",给予天地及其万物情感、意义、秩序等生命内容。许由的回答,揭示的则是一个淳朴,但在人类历史中逐渐被湮没的真理和洞见:仁义-政治之域的治理,恰好是造成天地及其万物与治理者丧失本真的根源。以治理造成的祸害为人类的本质,并在祸害的不断蔓延中,层出不穷地杜撰渺茫的梦境,以为政治治理可以拯救其自身,这是政治之域对人类整体旷日弥久的欺骗。

简言之,《天地》第三到第五节不断深化着《天地》乃至整个庄子哲学持

---

① 郭象注,成玄英疏:《南华真经注疏》,第240页。

② 刘凤苞:《南华雪心编》,第280页。

③ 郭象注,成玄英疏:《南华真经注疏》,第240页。

④ 刘凤苞:《南华雪心编》,第280页。

守天地整体及其秩序的自在、葆有他者之差异性的主题。

三、从政治之域到有无浑成之境
——《庄子·天地》第六至八节解读

第六节:君子之政与圣人之政的分野
——君子任个体之德而圣人遵循自在之序

> 尧观乎华。华封人曰:"嘻,圣人! 请祝圣人。"
>
> "使圣人寿。"尧曰:"辞。""使圣人富。"尧曰:"辞。""使圣人多男子。"尧曰:"辞。"
>
> 封人曰:"寿,富,多男子,人之所欲也。女独不欲,何邪?"
>
> 尧曰:"多男子则多惧,富则多事,寿则多辱。是三者,非所以养德也,故辞。"
>
> 封人曰:"始也我以女为圣人邪,今然君子也。天生万民,必授之职。多男子而授之职,则何惧之有! 富而使人分之,则何事之有! 夫圣人,鹑居而鷇食,鸟行而无彰;天下有道,则与物皆昌;天下无道,则修德就闲;千岁厌世,去而上仙;乘彼白云,至于帝乡;三患莫至,身常无殃;则何辱之有!"
>
> 封人去之。尧随之,曰:"请问。"
>
> 封人曰:"退已!"

表面上,就庄子黜仁义-政治的旨向而言,华封人之问,反倒是一个歧出之问:在超越仁义-政治之域,仁义-政治之域的流俗价值(寿、富、多男子等)究竟如何安顿?

华封人"嘻"的语气词透露出,其口中的圣人和祝福具有相当强的反讽意味。在华封人心底的圣人——如果有这样一个圣人的话——与尧这个所谓的"圣人"具有相当大的"间距",因此才有"嘻"与"圣人"相连缀之用。由此而言,华封人请祝之真意并非"见尧有圣人之德,光临天下,请祝愿寿富,多其男子"①,而是预设了一个揭露尧之非圣人的反讽与归谬。其中包括圣人内涵的诸多层次,最为初级的层次就是流俗意义上的圣人之表象,也就是华封人以"嘻"待之的"圣人"。流俗世界认定的"圣人",以流俗的价值加以追究,在其彻底的自我回溯中,反而彰显出"圣人"自身的虚伪性。简言之,以流俗价值自我崩塌或自我悖谬的方式来显现流俗"圣人"的非圣人性,这是华封人之问内在理路的蕴涵:"夫富、寿、多男子,实为繁挠,而能体之者,不废无为。故寄彼二人,明兹三患。"②如此脉络展现为三个层次:首先是流俗意义上的寿、富、多男子等价值的追求,其次是尧对一般流俗价值的拒斥,最后是华封人对流俗价值的扬弃(超越而安顿)。

寿,是特定个体当下存活及继续存活之无限定的展开;富,是存活及其继续的物质性支撑;多男子,则是特定个体的某种间断性转为连续性,即将自身存活的继续经由儿女而实现。华封人相继而言寿、富、多男子,呈现出内在的义理脉络。如果以孟子"不孝有三,无后为大"来看,如此寿、富、多男子的祝愿与祈求就显现出浓烈的儒家色彩。就流俗而言,存活并继续存活具有根本性的意义,否则流俗的一切价值、意义都没有根基:"前之三事,人之大欲存焉。"③

尧也是一个人,尽管有圣人之名。作为一个人,尧有一般人的欲望;尧的圣人之名,使其不能耽于一般人的欲望。不求寿,不求富,不求多男子,流俗生活就无以展开;耽于自求寿,自求富,自求多男子,流俗生活也不能普遍地展开。尧对寿、富、多男子的直接拒绝,湮没了更为深入一些的道理。尧作为帝王,就其帝王之位而言,远远超越甚至凌驾于流俗大众之上,而易于获得寿、富、多男子的实现。

华封人对尧的祝愿顺序是"寿→富→多男子",而尧的拒斥回应顺序则

---

① 郭象注,成玄英疏:《南华真经注疏》,第 240 页。

② 同上。

③ 同上。

是"多男子→富→寿"。如此顺序的颠倒,可能只是对话情境使然——最后的问题印象最为强烈,但从中也可以看出某种义理上的歧义可能:"上言寿、富、多男子,下却倒说,寿既在后,其辞又多,此亦文之机轴也。"① 如上所说,华封人的问题逻辑是递进的;相应地,尧的回应逻辑则是回溯的。华封人的逻辑意图揭示的是权力的堕落进程——血缘与权力的结盟成为仁义-政治之域的必然结果,尧的回应逻辑则是显明德性自守的回退进程——权力和利益的占有无关于自身德性的持守,从而走向解构自身物理性与生物性存在之延续的必然结论。

民间有多子多福之义,尧作为掌有权柄者为何以为"多男子则多惧"? 明末农民起义对朱氏王朝子孙的屠戮,也许是一种极端的例证,但其不同程度的表现,历史在不断地重复。掌有权力者经由权力的运用,将天下划分为不同大小的范围,作为私有物分配给子孙占有。如此占有,一方面是权力内部的分配不均,引起矛盾冲突而扼绝权贵者内部的血缘纽带与素朴人情;另一方面权贵者集团贪得无厌地继续分割天下,使得一般平民大众永远被排斥在权力和利益之外,必然产生矛盾。其实,多男子惧,少男子也一样惧,因为这是权力贪婪无度的本质所决定的。多男子是为了在广义生命延续中,经由血缘与权力的扭合,长时间乃至永久地独占天下及其利益;但是,占有者不断地被新兴力量推翻和屠杀,上演着一幕又一幕的血腥喜剧——真有德者,当然于此生惧(不管尧是否真有其德,至少也得伪装有德)。

所谓"富则多事",如上所述,血缘子孙与权力结盟而实现的占有不可期待,自身对财富的占有就丧失了其必要性。因为,在流俗意义上,财富的过度占有,就是"为了子孙"。由此,对个体修德而言,财富之占有,是多此一举之事——获取财富是在生命之外多事,保有财富是在天性之外多为,使用财富是在德性之外多行。

物质性财富的占有丧失"为了子孙"的未来意义,也就相应地丧失了"为了自身存活"的当下意义——个体生物性、物理性生命的自然延展,在其自

---

① 　林希逸:《庄子鬳斋口义校注》,第 192 页。

然而足的状态里,其当下实现是淳朴而单纯的。为自身生物性、物理性的长久而蝇营苟且,那是生命的窘困与耻辱。

简言之:"多男则为属累所役而多惧,富则为财所役而多事,寿则为生所役而多辱。"①寿、富、多男子作为世俗的追求,有着走向人自我成就其德之反面的必然性:"教养不易,恐为门祚之忧;封殖计较,保守多方;未能遗形,必为形役。"②"多男子而多惧者,惧其生乱也。多富而多事者,胜心不已也。多寿而多辱者,嫌其易侮也。"③就此而言,尧将寿、富、多男子与养德彼此对立起来,对寿、富、多男子加以拒斥,体现出某种自我克制与自我警醒的"圣人"之德的气象。但是,"封人所祝,世俗所贵,尧不惑而辞之"④——在何种意义上,对处于仁义-政治社会帝王之位的人而言,人类普遍欲望在其自身的实现成了否定性的东西?

尧之辞寿、富、多男子,当然并非简单地去除主观意必之心而求自然:"此不欲之心,便有意必,非自然也。"⑤如此之辞,需进一步在政治哲学上作一分析。在孟子,食色之欲在每个人和所有人身上的普遍实现,意味着圣人之政或"王道仁政"。但是,孟子所谓"王道仁政"的实现,从现代政治哲学的角度看,因为仅仅系于王者自身之仁义品格(或狭义的道德修养),所以没有任何现实性。就此而言,孟子式儒家的圣人,就是空想或虚假的圣人。也许有某种对应:孟子思想中最典型的圣人是舜,舜具有许多无法合理理解的个人、家庭与历史偶然性(比如他的父亲和兄弟给予的家庭困境、尧禅让帝位给他的特殊背景等);《庄子》中则尧更为凸显,这在某种程度上也表明庄子较孟子更为关注"本源"的旨向。在庄子这里,这种本源性质,就在于经由尧而显现了德性与政治的某种歧义性,即尧作为帝王,以自身之德与流俗欲求相对峙:"夫子胤扶疏,忧惧斯重;财货殷盛,则事业实繁;命寿延长,则贻困

① 褚伯秀:《庄子义海纂微》,第386页。
② 刘凤苞:《南华雪心编》,第281页。
③ 陆西星:《南华真经副墨》,第174页。
④ 褚伯秀:《庄子义海纂微》,第387页。
⑤ 陆西星:《南华真经副墨》,第174页。

辱。三者未足养无为之德，适可以益有为之累。"①有为之累的表现是：一方面，帝王自身与民争利而损民自肥；另一方面，求利损害自身德性修养。德性的修养与对利的追求，对所有人而言都具有冲突；而对帝王或治国者而言，冲突则更为剧烈而深刻。无为之德，作为个体境界而言，是一个自我约束与自我完善的修炼；但是，作为治国者之德而言，则不能作为自我约束与自我完善的修炼，而必须是一种超越秩序的让与和遵从。

在华封人看来，尧所秉持的有为之累与无为之德的对立，恰好剥除了尧身上的圣人幻象："今乃如此，但可为君子也。"②简言之，一般世俗之人的个体无为之德，进入仁义-政治之域，如果能坚持自制与自善，则是一个君子，但并不足以作为一个圣人。如果以在政治之域的掌有权柄者之自制与自善，来为德允诺一个不真实的虚假可能性，这就是伪圣人或假圣人。尧在手握权柄之际，能坚持一般意义上的自制与自善，不是圣人而是君子。但君子之自持自善，并不足以使其在仁义-政治之域掌有治国之权柄。在某种意义上，能在权力政治之域坚持君子之德，就是趋近于圣人之行了。但是，在权力政治之域，特定个体的君子之德的现实实现，一方面是极其偶然的现象，另一方面反而湮没了权力政治之域最为迫切需要的东西（即对于权力加以制约的非仁义规定或非德性规定的超越秩序）。尤其是，如果没有超越而普遍的秩序制约与担保（制约掌有权柄者并担保平凡个体），在仁义-政治之域的君子之行，必然异化为以个体德性普遍化为对整个社会中所有人的要求，从而扼杀流俗每一个人的合理利欲追求，并转而自占利益而渎自身之德，最后使所谓君子之德成为掩盖权贵占有全部财富的遮羞布。圣人不是将个体德性从常人上升到君子，从个体上升到政治与社会，而是经由自身彰显一种超越仁义、利欲的普遍秩序，如此秩序将德性修养还归于个体，并普遍化地保证利欲追求。简言之，圣人不是将一己之德僭越为普遍化秩序，而是将自身委诸一个自在的普遍秩序。如此，才是无为之德的真正要义。尧那种君子式的拒斥利欲之求，恰好是有为之举而有害于所有人之自求其利与自修

① 郭象注，成玄英疏：《南华真经注疏》，第 240 页。
② 宣颖：《南华经解》，第 89 页。

其德。

华封人对尧非圣人而为君子的判定,揭示的就是如此之意:没有对自在之序的遵从与守护,君子之德适足以戕害人世而非有益于人世。从君子个体之德直接跨越而为政治-社会之律令,其危害不单是对君子之德的损害,而且是对天下及其秩序的湮灭,更是对天下万物之自性(无论是各求其利还是各修其德)的扼杀。

此处所谓"职",宽泛而言,就是每个人应有之职分,而不是指官职:"职非官职,负来横经、牵车服贾,无非职也。"①天下所有人乃至每个人,就其本然而言都自然在其自身,都自寻其利而自遂其生。即便有着彼此求生逐利的冲突,也会经由历史经验与现实磨砺,自发地生成一种自然之序。就此而言,每个人都有其自身天然应有的生存位置与职分,并不需要一个超越的圣人或神灵来为之安排。掌有权柄者忧惧其子孙未来的惨剧,恰好是因为其特权而剥夺了大众及其子孙的天然之位与分。假如权贵者之子孙与大众之子孙,受到超越权贵者自身的普遍秩序的担保,享有同等的求利遂生之可能,"物皆得所"②,则何忧惧之有? 流俗世界所有的残忍与悖谬,就是有些人以剥夺他人生存机会的方式,来实现自身的野蛮生存。

天下万物富足,如果掌有权柄者"不拘一世之利以为己私分",使天下每个人各得其应得,从而"寄之天下,故无事也"③。之所以多事,则是一己占有天下之利而使天下之人无利可得,并竭力维持此一无道的状态。

真正的圣人,并非在仁义-政治之域坚持个体德性自修与自善,而是让政治之域委身于超越而自在之序的制约,从而让渡出天下所有人与每个人回到其自身的通道。君子在政治之域恪守其德,并以权力强行普遍化其德,这是遮蔽自在之道与湮灭所有人自性的根源。没有自在、普遍而超越之序的制约,掌有权柄者的利欲之求必然膨胀而至于无度。在自在而普遍之序的制约下,所有人的利欲自给自足,治国者恰如其分地实现其利欲——"鹪

① 刘凤苞:《南华雪心编》,第 281 页。
② 郭象注,成玄英疏:《南华真经注疏》,第 240 页。
③ 同上。

居而鷇食"，素朴天成，"无意而期安"，"仰物而足"①。在流俗世界，作为政治
治理之担当的国家及其政权，因为权力的行使，在历史与现实中烙下深刻的
印记，扭曲而为每个人和所有人的最高本质。实质上，政治治理作为无数不
同利欲趋求的协理，并不在人类生活之上增添某种多余的实体或累赘的负
担，不能僭越为人的本质和生命内容；它经由协理所有人的利欲趋求，隐匿
自身、消解自身，让天地及其万物回到自身而不是将他们拘禁在自身之中，
如"鸟行而无彰"。政治治理的非人格化，就是治理者超越君子之德，而成为
圣人之德。圣人之德或有德之圣人，就是治理而无影无迹的掌权者，他自有
其德，但将自身之德置于政治之域之外，政治治理并不依从其德，而是依从
一个自在而普遍的超越秩序。如此圣人，"率性而动"，"犹如鸟之飞行，无踪
迹而可见也"②，"鸟行乎人不见之境"③，"行于虚寂，不自显露"④。在政治治
理之中，无踪迹可寻而不自显露，指向两个不同的方面。一方面是让自身与
天地及其万物一样，顺乎同一个普遍而超越之道，让自身与天地及其万物自
在而自然地循道以充分实现自身（万物皆昌）："与物皆昌者，物与我各得其
生也。"⑤如此，基于同一个自在而普遍的超越之道（秩序）的制约与引导，天
地及其万物之存活与继续存活，并非出自一个治理者的主观之为，天地处身
其自在，万物处身其自然，治理者及其治理行为毫无主观自私之迹象（太上
不知有之）。另一方面，当整个仁义-政治之域丧失了自在而普遍的超越之
道（其实自在之道恒在其自身，所谓丧失就是仁义-政治之域之掌有权柄者
以主观人为之则拒斥、湮没了自在之道），作为圣人的治理者，并不将自身的
个体之德僭越为治理之则，与流俗一同沉沦坠退，而是返回自身自修其德，
在流俗世界觅得一个间隙而悠闲自守（修德就闲）。如此，圣人恒久地远离

---

　　① 　郭象注，成玄英疏：《南华真经注疏》，第 240 页。"无意而期安"，刘凤苞引作"无意而自安"。
（刘凤苞：《南华雪心编》，第 281 页）

　　② 　郭象注，成玄英疏：《南华真经注疏》，第 240—241 页。

　　③ 　罗勉道：《南华真经循本》，第 158 页。

　　④ 　宣颖：《南华经解》，第 89 页。

　　⑤ 　林希逸：《庄子鬳斋口义校注》，第 192 页。

嚣嚣流俗之群魔乱舞,自在清静,"其生也天行,其死也物化"①,"达生死之不二,通变化之为一"②,回归天地整体一气之流行,其生命之展开如"气之散而无不之"③,不在流俗世界滞留自身存在之迹,自然任运而以仙妙方式存在于一个纯净的世界之中:"神则人心与天地通者也,仙则人之去而之天者也"④;"生顺死安,气还太虚"⑤。两方面的统一,就是一个圣人的自然而真朴之在,它超越了时间之久暂,是无时间性地恒在其自身,而无关于流俗之中存在的忧患灾殃、得失荣辱。

　　后一方面(即天下无道则修德就闲)尤其值得注意,因为这关系到伪儒家之君子所谓的"世道人心的担当责任"问题。钟泰就认为此处庄子与孟子具有一致性:"'与物偕昌',即孟子之'兼善天下'。'修德就闲',即孟子之'独善其身'。"⑥钟氏的看法当然是表面而不确实的。实质上,天下有道与天下无道的区分问题,凸显着老庄与孔孟的深层分歧。隐者对孔子仁智的矛盾批评就蕴涵着如此之意:如果世道紊乱,一个有智慧的人应当领会到,世道是不能由之加以拯救的。如果有此领悟而依然栖栖遑遑而拯救世界,那么就是伪作的无德之不仁;假如其拯救世道之心与行具有内在情感真实性而显得有仁,那么,那就是智慧上严重欠缺而不能领会到世道不堪个体之英雄主义来拯救。孔子面对如此两难困境,体现出对隐者的尊重与向往,但依然辩护说"鸟兽不可与同群,吾非斯人之徒与而谁与?"(每个人只能生存在群体之中),并自诩无论"天下无道"还是"天下有道","丘不与易也"(《论语·微子》)。孔子如此紧张,在孟子那里,就获得了某种"转进"。一方面,孟子说:"天下有道,以道殉身;天下无道,以身殉道。未闻以道殉乎人者也。"(《孟子·尽心上》)这似乎是区分了天下有道与天下无道两种情形:"天下有道,得行王政,道从身施功实也。天下无道,道不得行,以身从道,守道

---

① 郭象注,成玄英疏:《南华真经注疏》,第241页。

② 同上。

③ 同上。

④ 吕惠卿:《庄子义集校》,第237页。

⑤ 朱文熊:《庄子新义》,华东师范大学出版社,2011年,第118页。

⑥ 钟泰:《庄子发微》,第258页。

而隐。不闻以正道从俗人也。"①但是，尽管孟子否定了道与世俗一般人合一的可能性，但其中依然蕴涵着两个区别于庄子之旨的"合一"预设：其一，孟子预设了政治上的王者与道合一的可能性；其二，孟子预设了自身（作为儒者）与道完全合一的可能性。由此，孟子所谓天下无道，并非真正的隐身而在。所以，另一方面，孟子明确说："古之人，得志，泽加于民；不得志，修身见于世。穷则独善其身，达则兼善天下。"（《孟子·尽心上》）孟子突出的是个体之志的实现与否，天下和众人，在孟子式的仁义-政治理想中，只有"中介"或"工具"性意义。孔子那里还具有的自在而超越意义的道，就完全内在化为个体之志，从而仁与智之间的两难困境就转化为个体之志与社会境域之间的顺逆关系（即穷达关系）。

与孔孟之思不同，庄子这里借助华封人之口，强调的恰恰是，无论天地是有序状态还是无序状态，政治治理者都必须隐身于自在而超越的普遍之道之下。天地及其万物的有序状态，只有在政治治理者隐身于自在而超越的普遍之道之下时才是本真的；假如本真的有序状态得以自在显现，根本就不可能有天地及其万物的无序状态。出现此无序状态，恰好是由于政治治理者的主观任意之为，从而需要政治治理者返回本源而委身于自在而超越的普遍之道。以自身的恣意妄为导致的天地及其万物的无序状态作为自身进一步恣意妄为的借口，是所谓仁义-政治之域的"君子"或"圣人"最无耻的欺骗。

就其实质而言，华封人所言之意就是，政治治理必须以自在而超越的普遍之道为基。只有让治理者及其治理循道而行而非主观之为者，才是圣人；否则，真正的圣人就远离仁义-政治之域（流俗世界），避世而清静自在。将自身之德僭越为自在之道，以为道在一己之身而施为治理天下及其万物，这是法家之权术与儒家之伪道德（或虚妄仁义）的合谋之为。

华封人之言彰显了治理的终极道理——循道而无迹，无道而自隐。尧并未臻于此境，但华封人已然不复赘言——这昭示出，尧所开启的以仁义之德治天下，尽管尚处于"治天下"的初始阶段，但已经自陷而积重难返，肆

----

① 焦循:《孟子正义》，沈文倬点校，中华书局，2004 年，第 946 页。

意妄为、周而复始地将天地及其万物之在引向万劫不复之境。就此而言，郭象式"无为而无不为"以及以之为基础的"无心而自然"①、"无心无为"②的诠释，一方面讲"寄之天下，故无事也"，"率性而动，非常迹也"③，另一方面讲"猖狂妄行，而自蹈大方也"，"虽汤武之事，苟顺天应人，未为不闲也。故无为而无不为者，非不闲也"④，因其湮没掌有权柄者的肆意之为与自在而超越之道之间的界限，将庄子与孟子的差异以世俗的狡狯加以融合，就具有极大的毒性。

第七节：尧、舜、禹相禅让的政治治理必然导致道德的衰退

　　尧治天下，伯成子高立为诸侯。尧授舜，舜授禹，伯成子高辞为诸侯而耕。禹往见之，则耕在野。禹趋就下风，立而问焉，曰："昔尧治天下，吾子立为诸侯。尧授舜，舜授予，而吾子辞为诸侯而耕，敢问，其故何也？"

　　子高曰："昔尧治天下，不赏而民劝，不罚而民畏。今子赏罚而民且不仁，德自此衰，刑自此立⑤，后世之乱自此始矣。夫子阖行邪？无落吾事！"俋俋乎耕而不顾。

　　这一段描述，有注疏认为并非庄子文字："庄子所以称者，以其奇岩之气、隽永之理，千古常新，愈熟愈妙也。如此浅率直遂，其何以为庄子？噫！好事者为之也。"⑥后世注疏，见庄子直率否定尧、舜、禹三个所谓儒家圣人，有些受不了，故为此类说法。其实，这一段文字中还是有值得挖掘的深意。

---

①　林云铭：《庄子因》，第 124 页。
②　宣颖：《南华经解》，第 89 页。
③　郭象注，成玄英疏：《南华真经注疏》，第 240—241 页。
④　同上书，第 241 页。
⑤　钟泰认为"刑自此立"当为"刑自此作"，"作"即"行"的意思。（钟泰：《庄子发微》，第 260 页）
⑥　林云铭：《庄子因》，第 125 页。

伯成子高是一个不为世俗所知的有道之人——"不知何许人也，盖有道之士也"①，这意味着，其存在及意义逸出了流俗政治之域。这是理解本段文字的一个基本点，并且回应了孟子所谓"天命"之论。

《孟子·万章》讨论过尧、舜、禹禅让而禹传启的事情。针对学生认为"尧将天下让给舜"的说法，孟子明确表示反对，认为天子不能将天下与人，而是"天与之"。所谓"天与之"，则是通过长时期的"行事"获得民意认可——"天视自我民视，天听自我民听"，从而获得天下。这当然是孟子虚构的一个政治理想故事。即使是如此虚构的政治理想，也面临一个困境，正如孟子的学生所问："至于禹而德衰，不传于贤而传于子。"孟子曲为之说，一方面指出"举贤不避亲"，认为天传贤则传贤，天传子则传子，另一方面又说尧、舜、禹及其选择的继承人行事时间、能力等不同（舜伺候尧、禹伺候舜的时间都很长，而且行事都很成功，益伺候时间短，行事也未能彰显能力；而尧、舜的儿子都不贤，禹的儿子启却很贤）。但是，孟子这个说辞之中，有两个未曾解决的疑问：一是禹为什么那么晚才选择自己的继承人？二是禹传之启，自此而后，难道一直都是启的子孙贤于天下所有人（不再禅让给贤者而私相授受天下）？孟子在此引入孔子有德而不能有位的天命之论："莫之为而为者，天也；莫之致而至者，命也。"（《孟子·万章上》）按其本意而言，天命作为政治哲学的概念，应该指向如此意义，即孔子开创的事业，是有别于政治之域的文教-德教之域。但是，孟子本人及其后学并未将政治之域与文-教-德之域分别开来，而是以孔子为无冕之王，继续着仁义与政治统一的乌托邦建构。

《天地》在此则直接以"不间断的德衰"——"世变愈下，一节不如一节，在禹时便不如尧舜矣"②——来诊断从尧到舜再到禹的政治治理，从而在根本上瓦解了禹之后的政治与文德之教具有本质一致性的可能性。

---

① 郭象注，成玄英疏：《南华真经注疏》，第 241 页。王夫之有一个说法："《通变经》云：老子从天开辟以来，身一千三百变，后世得道，伯成子高是也。"（王夫之：《庄子解》，第 105 页）王叔岷引《列子》说伯成子高就是伯成子："伯成子不以一毫利物，舍国而隐耕。"（王叔岷：《庄子校诠》上册，第 430 页）

② 林希逸：《庄子鬳斋口义校注》，第 194 页。

　　也许对此困境有所领悟,郭象在注释这一段文字的时候,有一个很有意思的阐述:"夫禹时三圣相承,治成德备。功美渐去,故史籍无所载,仲尼不能问,是以虽有天下而不与焉,斯乃有而无之也。故考其时,而禹为最优,计其人,则虽三圣固一尧耳。时无圣人,故天下之心俄然归启,夫至公而居当者,付天下于百姓,取与之非己。故失之不求,得之不辞,忽然而往,侗然而来。是以受非毁于廉节之士而已,其名列于三王,未足怪也。庄子因斯以明尧之弊。弊起于尧而衅成于禹,况后世之无圣乎! 寄远迹于子高使弃而不治,将以绝圣而反一,遗知而宁极耳,其实则未闻也。夫庄子之言不可以一涂诘,或以黄帝之迹秃尧舜之胫,岂独贵尧而贱禹哉! 故当遗其所寄,而录其绝圣弃智之意焉。"①成玄英疏认为郭象之意"欲明有圣不如无圣,有为不及无为,故高远寄迹,以明绝圣弃智者耳"②。成玄英的理解显然是不准确的。郭象一方面绝对肯定尧、舜、禹作为圣人的政治治理意义(不但是三圣相承治成德备,而且是禹为最优);另一方面认为庄子之意是故意借伯成子高否定儒家的圣人,以彰显"绝圣弃智"之旨。为此,郭象忽略《庄子·天地》文本中所蕴涵的尧—舜—禹不断德衰之意,认为"三圣一尧",并特别说禹之德治于三圣最为全备,认为庄子这里是以禹为借口而指出尧之弊。郭象对儒家式圣人的肯定,在《胠箧》注中以"有圣之害虽多,犹愈于亡圣之无治也"③的曲折来表达,于此,则是直接肯定了儒家式圣人。郭象注中,另外两个关节点则是孔子的"有而无之"与启的"至公居当",如此阐述,就是丧失了政治批判性的伪儒之渊薮。郭象对启"至公居当"的道德肯定,较之孟子以天命论来说明,无疑更为露骨地表达出了伪儒式仁义观与权力观的沉滓。相对于此,所谓孔子"有天下而不与焉,斯乃有而无之"之论,显得轻浮无实,反倒暴露了借孔子之名以行污鄙之实。

　　为辩护尧、舜、禹是儒家圣人的伪造观念,很多注疏不顾《天地》文本之旨,顾左右而言他:"古之称禹者以为神禹,德至于神则其于尧舜宜无间然

①　郭象注,成玄英疏:《南华真经注疏》,第242页。
②　同上。
③　同上书,第202页。

也。则不赏而民劝，不罚而民畏，与赏罚而民且不仁，亦时而已矣。而言此者，以明君天下者以德而已矣，其于赏罚固非得已也。"①按照这种说法，尧、舜、禹之不同，只是时势不同，而非有一个不断德衰的进程；赏罚也并非圣人治国的根本，治国根本是德，赏罚只是不得已。

　　实际上，尧不用赏罚，并非不想用赏罚，而是当时时势使然——尧有着早期部落首领的源初威望和民众的素朴信任（这在后来历史上的每一次开国之期不断重复），所以"不赏而民劝，不罚而民畏"。因为，赏罚之势已具成，民之由于政治治理而有的劝畏已成："尧虽不赏不罚而民劝畏，方之不知所劝畏者固已薄矣，又况赏之而使劝，罚之而使畏哉？此所以德衰而刑立也。夫尧非不赏不罚也，盖赏一人而天下悦，善赏也；罚一人而天下服，善罚也。赏罚少而悦服多，谓之不赏不罚可也。"②尧依赖赏罚之势而未曾具体地采用赏罚之举，这在某种意义上可以视为尚有回返于道的可能，这也就是伯成子高尚能立为诸侯的理由之一。但是，源初威望与素朴民信皆是不可持久的东西，帝权的运行必然要走向赏同罚异，而造成天下更大更深的乱局："君人者之通于事，所资者赏罚而已。赏其所当赏，罚其所当罚，可谓于事皆通矣，是乘人而无天也，为绪使、为物絯也，求宜于四应而无恒也；治由此成，而乱亦由此生，是曰治乱之率。盖为政教，为礼乐，为仁义，多为之名以撄人心，则必同乎我者赏，异乎我者罚；以此火驰于天下而禁其过，乃天下之过即由此而深。"③以天下作为可被占有之物，而权力及其掌有者被视为"逐鹿而胜"者，天下之乱就成为必然的了。君人者作为权力掌有者，"乘人而无天"——以自身作为治理天下的依据，而非天作为自身行为的依据，实质上就是以私利（私利捆缚就是为绪使、为物絯）奖赏那些有利于自身私利扩张之人，并惩罚那些有损于自身私利的人；但为了掩盖这一实质，君人者治理天下，又假政教、礼乐、仁义等之名，越多为之而天下越陷于乱而不得返。就原文的叙述而言，尧不用赏而民劝，不用罚而民畏，到禹则是"赏罚而民且不

---

① 吕惠卿：《庄子义集校》，第 239 页。

② 褚伯秀：《庄子义海纂微》，第 389 页。

③ 王夫之：《庄子解》，第 105 页。

仁",中间的过渡状态应该是舜赏而民劝,罚而民畏。其间显现出从尧到舜、从舜到禹的政治治理之"德衰"历程。看出不得返之端倪,即是伯成子高辞为诸侯而耕的理由。伯成子高在尧授舜之际既已辞为诸侯而耕,并非舜授禹时才辞而耕。或许,禹觉得伯成子高在尧授舜时辞诸侯而耕,现在舜授自己了,可以请伯成子高再为诸侯。但在伯成子高看来,禹实际上已构成从尧到舜到禹之"德衰"的最为严重的程度了。在此意义上,宣颖所说就是不准确的:"观此,则尧舜尚是无为之世。据《在宥》篇,则黄帝已撄人心矣。可见庄子引文,止要明得言下之意,故或抑之,或扬之,全不会以此衡定古人。"①庄子当然并不一定要确切无疑地衡定一切古人,但对仁义-政治治理之域的否定,则是一定而无疑的。就这一段的解释而言,宣颖以为尧舜乃无为之世,这显然过于浅了一些,没有领会其中的否定旨向。

尧授舜,舜授禹而伯成子高辞为诸侯而耕,对其间的"意蕴",钟泰引入孔子与孟子言舜,给出了一个有意思的解释:"子高辞为诸侯而耕在野,且对禹曰'无落吾事'。此隐意,不独读者,即注家亦鲜注意及之。孔子称舜无为而治,而孟子曰:'舜自耕稼陶渔以至为帝,无非取于人者。'故无为、有为,一皆视乎其位。天下有能有为而不能无为者矣,未有能无为而不能有为者也。今子高去诸侯之君道,就耕夫之末业,岂徒见穷通贵贱之等观,亦以表有为、无为之同迹,故曰'无落吾事'者。其在诸侯之位,则垂拱吾事,及耕而在野,则劳力吾事,无非事也,亦无非吾也,是真王德之人而配天之道也。"②这一段解释,钟泰"慧眼"独具,拎出伯成子高来说事,以为伯成子高是将有为与无为统一起来的典范,而完全抹杀了伯成子高之举是对从尧到舜到禹的"德衰"的否定,实质上也就是将庄子意义上的有为与无为同儒家所谓有为与无为,混淆起来了。而且,伯成子高之位为诸侯,因为有一个尧作为君的制约,本来就不具备讨论其有为无为的意义。况且,以孔子和孟子之言,来作悖于庄子之旨的解释,这是粗糙的。

有注疏认为,墨家特别重视大禹,誉之为神禹,《天地》贬低大禹是刺墨

---

① 宣颖:《南华经解》,第 90 页。

② 钟泰:《庄子发微》,第 259—260 页。

家："墨氏托于神禹,以形劳天下为道,故特为贬禹之辞以刺之。"①这也许是其中一个可能,但将尧、舜、禹三者作为整体,以三者逐渐"德衰"之进程而加以瓦解和否定,则更多是针对儒家的,尤其是针对其仁义与政治一统性的否定。伯成子高之"言讫而耕,俋俋不顾,有务农崇本、还淳反朴之意"②。耕是崇本返朴的形式之一,其实,经由对君人者之政治治理的拒斥,人返回自身淳朴之真实的路径便开放为无数可能性。

第八节:有无浑成的源初整体及其展开与返回

> 泰初有无,无有无名;一之所起,有一而未形,未形者有分;且然无间,谓之命;留动而生物,[物得以生,谓之德;]③物成生理,谓之形;形体保神,各有仪则,谓之性。性修反德,德至同于初。同乃虚,虚乃大。合喙鸣;喙鸣合,与天地为合。其合缗缗,若愚若昏,是谓玄德,同乎大顺。

这一段文字值得仔细注意:"此一节文字虽简而义蕴深微,乃一书中最紧要处。"④泰初,即是始:"泰初,始也。"⑤在此,"泰初之始"的开启,与"有无"的追问相连一体。在某种意义上,对《庄子》而言,"始"的涌出与"有无"的彰显,是一体绽露的。在《齐物论》中,对"始"与"有无"的追问和反思是一

---

①　陆树芝:《庄子雪》,第 137 页。

②　褚伯秀:《庄子义海纂微》,第 389 页。

③　"物得以生,谓之德"原在"有一而未形"之下,但根据下文"未形者有分"以"未形"开始,应当接在"有一而未形"之下。并且,物之生成或显现,是因为浑全整体内在的分化及其变化而成,因此"未形有分"之下,再接"物得以生谓之德"才在义理上更为条畅,比如郭庆藩引其父之说就是这个意思:"一阴一阳之谓道,继之者善也,成之者性也。物得其生,所谓继之者善也,未有德之名也。"(郭庆藩:《庄子集释》,第 425 页)陈祥道说"有德而后有性,故始以'物得以生',继以'各有仪则'"(褚伯秀:《庄子义海纂微》,第 392 页),也看到了"物得以生"与下文之间的知解义理关联。不过,下文"物成生理谓之形"之上,似乎有阙文,或者当为"德成生理谓之形"(《道德经》第五十一章:"道生之,德畜之,物形之,势成之")。

④　钟泰:《庄子发微》,第 263 页。

⑤　郭象注,成玄英疏:《南华真经注疏》,第 242 页。

体被给出的:"有始也者,有未始有始也者,有未始有夫未始有始也者。有有也者,有无也者,有未始有无也者,有未始有夫未始有无也者。俄而有无矣,而未知有无之果孰有孰无也。"如此玄秘的言说,关联着哲意之思的深邃之处。

如此深邃之处在于,经由人而显现的这个世界,一个引人注目的问题是:"为什么总是有所有而非一无所有?这并非一个随随便便的问题。'为什么总是有所有而非一无所有?'——这显然是一切问题中第一位的问题。当然,这不是时间先后意义上的第一问题。在经由时间的历史性行进过程中,每个人和所有人一样,追问许多问题。他们在进入'为什么总是有所有而非一无所有?'这个问题前,探究、调查、勘探许多各种各样的事物。如果进入这个问题意味着不仅仅是其作为被言说者而被倾听和阅读,而且是追问问题,亦即,立于此一问题上,展示这一问题,彻底地把自己置于这一问题追问状态之中。"①绽露在"追问"之中,这是一切得以显现的"源初之始"——追问的源初显露使一切显现得以可能,而一切显现之物的何以可能之根源,回溯于追问的富于内容而非单纯形式的绚烂绽放。

如此问题,作为原始性追问之"始",并不能翻转回去做浅薄的宇宙论构造之思。比如成玄英对"泰初之始"的解释便具有浓厚的宇宙论虚构色彩:"元气始萌,谓之太初,言其气广大,能为万物之始本,故名太初。太初之时,惟有此无,未有于有有。既未有有,名将安寄,故无有无名。"②如此宇宙论色彩的诠释成为传统注疏的一个主流理解,它用虚构的物质性本体"元气"作为自在世界的根基③,对于除了承诺其自在性之外无可言说之物,加以独断而虚构之论,就远离了世界的真正开启。

泰初作为原始绽放本身,就是作为开始的有无之浑成——它有所有而未定其所有:"有之为有并非固定之物,也非至极之物,而是有辩证法性质,

---

① Martin Heidegger, *Introduction to Metaphysics*, translated by Gregory Fried and Richard Polt, New Haven & London: Yale University Press, 2000, p.1.

② 郭象注,成玄英疏:《南华真经注疏》,第 242 页。

③ 《经典释文》就说:"泰初,《易说》云:气之始也。"(见郭庆藩《庄子集释》,第 425 页)

要过渡到它的对方的。'有'的对方,直接地说来,也就是无。"①作为开始,无论就世界整体而言,还是就某一具体之物而言,都并非单纯之有或单纯之无,而是包括着内在之无的有:"当一种事情在其开始时,尚没有实现,但也并不是单纯的无,而是已经包含它的有或存在了。"②因此,任何存在之物的开始,无论"泰初有无无有无名"如何句读,其基本的意蕴都在于显露出开始的一个实情,即开始本身是有无的浑成:"'有'中有'无','无'中有'有'。"③

原文的"泰初有无无有无名"通常的句读——比如《南华真经注疏》——为"泰初有无,无有无名"④,宣颖《南华经解》、王先谦《庄子集解》、马其昶《定本庄子故》等句读为"泰初有无无,有无名"⑤。王叔岷说:"惟据下文'一之所起,有一而未形',未形,即承无而言,不能承'无无'。由无乃能上推至'无无'也。仍从旧读断句为是。"⑥传统句读,一般理解就是将"无"视为一个"先在的存在状态"(比如王叔岷以无为道,"无,喻道"⑦),即最初的存在状态是"无";此"无"的状态在最初并无一个"无"的名称(或者也可以说泰初的"无"有其作为"无"的"无"之名称)。而后面的这种句读,马其昶引姚鼐解释"泰初有无无"说:"言其始非特不可言,并无亦不可言。"⑧以为泰初既不能说有也不能说无。宣颖解"泰初有无无"说"并无字下不得",也是以为泰初不能说有也不能说无,但又说"有无名"的意思是"这方是无"⑨,其意似乎以为"有"之"无名"或"无名之有"即是"无"。王先谦解"泰初有无无"也认为"并

---

① [德]黑格尔:《小逻辑》,贺麟译,商务印书馆,1980年,第192页。

② 同上书,第197页。

③ 同上书,第198—199页。

④ 郭象注,成玄英疏:《南华真经注疏》,第242页。

⑤ 宣颖:《南华经解》,第90页。王先谦:《庄子集解》,第129页。马其昶:《定本庄子故》,黄山书社,2014年,第84页。

⑥ 王叔岷:《庄子校诠》上册,第433页。

⑦ 同上。

⑧ 马其昶:《定本庄子故》,第84页。

⑨ 宣颖:《南华经解》,第90页。

不得谓之无",即源初之始不得说有说无,但解"有无名"为"可谓之无而不能名"①,则有些迂曲不通。不管哪种句读,如果不从有无的源初浑成来理解,就会一方面陷入混杂不通之中,另一方面陷入宇宙生成论之元气与思辨本体论之道的二元对峙之中,比如成玄英一方面认为"元气始萌,谓之泰初",另一方面又说"一谓道也"②。

如此开始之有无浑成,就是一个无形的整体。泰初之有无浑成,即"一之所起,有一而未形":"一者数之始。一之所起,则太始也。"③如此整体性世界的绽放,不同于宇宙生成论的以"泰初元气"构造世界及其万物,也不同于思辨本体论的以无为道来诠释世界及其万物。

在一定意义上,郭象注触及了有无浑成作为源初绽放整体的神妙之处:"一者,有之初,至妙者也。至妙,故未有物理之形耳。夫一之所起,起于至一,非起于无也。然庄子之所以屡称无于初者,何哉?初者,未生而得生,得生之难,而犹上不资于无,下不待于知,突然而自得此生矣,又何营生于已生,以失其自生哉!"④尽管郭象注的旨向是境界本体论而非一般的生存论,从而偏向于以有消解无,但其所谓"不待于知"的"至妙生成论"值得注意。所谓"不待于知",也就是《德充符》所说"知不能规乎其始者也"——不能以理智思辨的方式来规定性地理解存在的开始(泰始)。有无浑成的整体之"一",其源初展露尚未显现为以形相别,便不能以名来加以规定、限制。不能以名而规制的源初浑成之"一",就是至妙之有,而非无;但之所以称之为无,恰好就是其至妙之有而未形——整体性的自身生成与显现,其绽放就是浑一无形。排除知的思辨构造,而指向存在的源初绽放自身,这是一个起点。但是,郭象过于强调有之自生而抹灭了任何事物存在的展开过程具有内在的矛盾张力。

有无浑成而未形之整体的"一",蕴涵有与无两个相区别的方面——"未

---

① 王先谦:《庄子集解》,第 129 页。

② 郭象注,成玄英疏:《南华真经注疏》,第 242 页。

③ 王夫之:《庄子解》,第 105 页。

④ 郭象注,成玄英疏:《南华真经注疏》,第 242 页。

形而有分"："一未形，则浑沦而已；可名'浑沦'，固已有分矣。"①就浑成整体的真实绽放而言，就是有与无的统一。而作为有无的统一，就是"变易"②，"变易这个表象，包含有有的规定，同时也包含与有相反的无的规定；而且这两种规定在变易这一表象里又是不可分离的。所以，变易就是有与无的统一……当一种事情在其开始时，尚没有实现，但也并不是单纯的无，而是已经包含它的有或存在了。开始本身也就是变易，不过'开始'还包含有向前进展之意。"③有无浑成之整体，其内在变易必然之进展就是"且然无间，谓之命"。一方面，它不会长久停留在源初绽放的初始状态里，而要变易而展开，"且，非久安意"④；另一方面，它有一个往前而进的指向，"且读为徂，往也……'且然无间'，犹'往而无间'也"⑤。这一变化过程毫无间断地绵延，也就是流行不息之意："'无间'谓无间断也。宋儒好言'天命流行'，于'天命'下加'流行'二字，最说得好。此云'无间'，正即流行意也。"⑥只此流行不息就是命之所以为命，预示着一切有形物之有形的不可究诘的根源，即有无浑成整体之必然变易不息。传统注疏有时候以阴阳之分来说有无之别："分阴分阳，虽分阴阳，犹且阳变阴合，流行无间，乃天之所以为分也。"⑦有无之变易或阳变阴合之流行，流行不息而又有留驻之显现，即所谓"留动而生物"——"动即是造化之流行也"⑧，"留，静也"⑨，不息之动留驻而凝现为物，即"少停于此，变生一物"⑩，"留者少停于此，便为生物根底。造化本无

---

① 褚伯秀：《庄子义海纂微》，第 393 页。

② 黑格尔：《小逻辑》，第 195 页。

③ 同上书，第 197 页。

④ 褚伯秀：《庄子义海纂微》，第 393 页。王叔岷：《庄子校诠》上册，第 433 页。对钱穆之引此说表示反对，但这个理解，与王叔岷自己的理解结合起来，反倒可以得到深一步的领会。

⑤ 王叔岷：《庄子校诠》上册，第 434 页。

⑥ 钟泰：《庄子发微》，第 261 页。

⑦ 宣颖：《南华经解》，第 90 页。

⑧ 同上。

⑨ 郭象注，成玄英疏：《南华真经注疏》，第 243 页。也有注疏认为"留为流之假字"（朱文熊：《庄子新义》，第 119 页），但与"动"的意思重复，不采用。

⑩ 宣颖：《南华经解》，第 90 页。

间断，'留'字特生机之注会，动而偶留，留而旋动，动则鼓万物之出机"①。由此，有无浑成整体之流行不息停驻而凝成之物，由流行本身获得其内在的规定性，即德——"物得以生，谓之德"。换言之，变易不息之停驻，意味着有无之分被扬弃而获得其统一于某一确定之物："物者，动之留，寓而成质者也"②；"物者，动之留寓而成形质者也"③。换言之，即是"在变易中，与无为一的有及与有为一的无，都只是消失着的东西。变易由于自身的矛盾而过渡到有与无皆被扬弃于其中的统一。由此所得的结果就是定在[或限有]"④。

　　一定意义上，老庄之道蕴涵着"有无浑成之源初整体"之义。在此意义上，《天地》这一段，也就是《道德经》第五十一章之"道生之，德畜之，物形之，势成之"的展开。有无浑成之整体变易停驻而成物，物由此而承继得此变易之为变易，即蓄德于自身："化育万物谓之德"，"德者道之舍"⑤。蓄德于自身而有其生理，则是物之形或有形之物："物受之成此生理，则为形矣。"⑥这也就是定在或限有作为具有规定性的东西，"定在返回到它自己本身的这种规定性里就是在那里存在着的东西，或某物"⑦。成为某物，就是在有无浑成之整体变易中，留驻成形而存在于特定时空之中。

　　承继浑然整体之变易而蓄德成形为物，其最为醒目者，则是对于此"继—蓄—形"之生成有着自觉的存在物，亦即人因其内蕴之神而以霍然异于万物的样式而显露自身："'物成生理谓之形'，尚就一切物言，未说到人上，至'形体保神，各有仪则，谓之性'，乃专就人说。盖形体留滞者也，而神则非留滞者也。故以形体言，人与物未始有异；而以神言，则人与物迥然不同。"⑧"万

---

① 刘凤苞：《南华雪心编》，第 283 页。
② 林云铭：《庄子因》，第 126 页。
③ 陆西星：《南华真经副墨》，第 176 页。
④ 黑格尔：《小逻辑》，第 200 页。
⑤ 王叔岷：《庄子校诠》上册，第 433 页。引自《管子·心术》。
⑥ 宣颖：《南华经解》，第 90 页。
⑦ 黑格尔：《小逻辑》，第 202 页。
⑧ 钟泰：《庄子发微》，第 262 页。

物得一以生,各具自然之德。造化分灵降秀,实肇于斯,而为人物之本……人得之而为人,物得之而为物是也。"①只有人有其神内蕴于形体而不为形体所拘,能自身觉悟于其承继大化流行而蓄德成形,并领悟于自身及相与之万物共处之则,如此才能绽露出人作为保神而在者的本质。只有能将自身绽放于自身有形拘限之中而又突破此拘限的存在者,才有作为本质的性:"形体,气也,气中有神,所谓仪则,皆此神为之,便是性中自有仁义礼智之意。"②

性作为有形拘束及其觉悟,意味着性能经由神之觉悟突破形的拘限而返回于其所得,即作为德之根源的"浑然变易之整体",此即"性修反德";就其真实的意义而言,也就是精神的觉悟突破形体的凝滞而融入不停息之浑然变易,不让凝滞的形体拘束精神之灵动而自觉地跃入大化流行或天命流行之整体,有所有而又有所无,如此恒久之持德就抵达其源初之始,亦即"德至则同乎泰初,是又反流归源,以人合天者也"③。

有形的个体之人修性返德以至于再次跃入泰初之始,并非单纯地"以自我消解的方式回到起点",而是一种存在论意义上的"自我贞定而与源初相同",即让个体性存在展开为与源初之始同样的渊深广袤。因为这是有形个体"恒以不为而自得之"④,"不为"仅仅是一种自觉的自我限制,以免自身的存在脱离了渊深之始及其绵延,如此自觉的自我限制,恰好就是跃入有无浑成之整体变易流行而自得之——跃入渊深之流的绵延之中,自我并未消弭,而是更深邃的自我实现。如此深邃而渊深的自我实现,同于源初泰始之有无浑沦而无尽涌现,即是虚以让往让来:只有虚旷才能让暂驻之形可以流而往-出,才能让不息之变易可以流而来-入;只有如此往-来与出-入之无阻碍地实现,才是存在之虚旷。本质而言,如此虚旷,意味着有形个体的自我界限值持守与自我界限值开放的统一。如此持守与开放的统一,

---

① 褚伯秀:《庄子义海纂微》,第394页。
② 林希逸:《庄子鬳斋口义校注》,第195页。
③ 褚伯秀:《庄子义海纂微》,第394页。
④ 郭象注,成玄英疏:《南华真经注疏》,第243页。

就是本真意义上的"大"。这就是工夫-生存论意义上的"同乃虚,虚乃大":"性修二句,从工夫上,又复转到泰初。则造化之根在我。"①

　　工夫-生存论意义上的虚旷或虚大,其存在样态合于鸟嘴所发之音("合喙鸣"):"天下惟喙能鸣,喙之所以能鸣者,以能虚也"②,"无心于言而自言者,合于喙鸣"③。"'喙鸣'即'彀音'之义。"④喙鸣是一种动的自然绽放,而不是一种静的袒露——那意味着鸟喙之张合与鸣音之绵缈自然浑融,而非理智之知自我造作而脱离了动的流行的静观知见:"'其合',非蕲合而合,非有所知见而合也,是谓'玄德'。"⑤从而,工夫-生存论意义上的虚旷之大,就没有认知意义上的是非彼我:"同乃虚,虚则无是非彼我。"⑥因为是非彼我之分别,恰好成为往-来与出-入之通畅的阻碍。由此而言,鸟喙之张合与鸣音之绵缈的自然相融——"喙鸣合",彰显着一种超越外在认知的整体性生存之境——"与天地为合"之境。非认知的"合喙鸣"意味着自然地跃入渊深广袤的虚旷之在,是个体性自我的更为深邃的自我实现,如此深邃而自然,近乎无主体的涌荡-绽放;但由此并不能说有一种神秘或主宰的超越力量牵拽个体趋向着它,因为"天地亦无心而自动"⑦。恰好在个体性自我之非认知的自然跃入,与天地之无心自动的绵密相合之浑融一体中("其合缗缗"),天地无心,人亦无意("若愚若昏"),有形个体葆有自身神明之悟,但没有出自理智主体性的外在认知:"坐忘而自合耳,非照察以合之。"⑧非认知之知解,却是真正的大彻大悟:"'若愚'者一无所知,'若昏'者一无所觉,正是大彻大悟工夫。"⑨

　　如此,有形个体在对自身界限的持守而不僭越与自身界限的开放之中

---

① 宣颖:《南华经解》,第90页。
② 陶崇道:《拜环堂庄子印》,见方勇《庄子纂要》叁,第299页。
③ 郭象注,成玄英疏:《南华真经注疏》,第243页。
④ 褚伯秀:《庄子义海纂微》,第394页。
⑤ 同上书,第391页。
⑥ 罗勉道:《南华真经循本》,第159页。
⑦ 郭象注,成玄英疏:《南华真经注疏》,第243页。
⑧ 同上。
⑨ 刘凤苞:《南华雪心编》,第285页。

获得谐和之在,显现自身为"玄德之人"或"玄德之在"。所谓"玄德之在",就是自身出身于与无数他物共存的浑沦整体之中,而无基于形体之间的间隔之阻:"其德玄同,无天人物我之间。"①如此"玄德",与差异性万物或他物共同存身于浑沦整体之中,他不但让自身通畅地往-来与出-入于整体和他人,也让整体和他人能通畅地往-来与出-入于自身,如此就是源初泰始之不息变易如其自身地迁流不止之"大顺"。就此而言,在工夫-生存论上,"玄德"与"大顺"之统一,这一段就是在"形容大之境"②;如此"大境",是形之有限性与神之觉悟性的统一,使有无之往-来、出-入畅然而绵延。

四、克服政治、圣人与知识-技术以成就真实的个体
——《庄子·天地》第九至十一节解读

第九节:仁义-政治对人性的悖逆与人之返回自身的可能

夫子问于老聃曰:"有人治道若相放,可不可,然不然。辩者有言曰,'离坚白若县宇。'若是则可谓圣人乎?"

老聃曰:"是胥易技系,劳形怵心者也。执狸之狗成思,猿狙之便自山林来。③丘,予告若,而所不能闻与而所不能言。凡有首有趾无心无耳者众,有形者与无形无状而皆存者尽无。其动止也,其死生也,其废起也,此又非其所以也。有治在人,忘乎物,忘乎天,其名为忘己。忘己之人,是之谓入于天。"

从后文有"丘"这个称呼来看,本段对话也是《庄子》中孔子受教于老子

---

① 褚伯秀:《庄子义海纂微》,第394页。

② 宣颖:《南华经解》,第90页。

③ 陈鼓应校为:"执狸之狗来田,猿狙之便来藉。"见《庄子今注今译》,第313页。

的故事。就其主题而言，孔子以"治道"（政治治理之道）相问，老子回之以"忘己而入于天"，从政治-圣人对生存的扭曲与遮蔽转向生存的真实和自然。就这段对话的逻辑来看，孔子对政治治理有着执着而深隐的辩护：首先，他领悟于老子对流俗政治治理的批驳与拒斥，但在根底里认为政治治理是某种价值的应当与必需，把政治治理与人性相悖反的观点视为一种浅薄而需要克服的意见；其次，孔子认为贯穿政治治理的原则或理念（尤其是仁义伦理）为政治治理进行的辩护，如同天地之间的触觉之坚硬与视觉之白色一样清晰明白；最后，孔子认为能够扭转百姓的本性而使百姓归顺于政治治理的理念与原则的治理者，就是圣人。①

在本然而真朴的眼光看来，政治治理之道的醒目之处就在于"政治治理之道与人性的悖逆相反"——"有人治道若相背逆也"②，即对被治理者"强以不可为可，不然为然，斯矫其性情也"③。治理者以自身之所可、所然，强加于被治理者；而强加于被治理者的所可、所然，原本是悖于被治理者的不可、不然者。从而，政治治理者依据其强力，戕害了被治理者之本性，使其不可能在其自身而生存。即如将"相放"理解为"仿效"，那也意味着政治治理深潜的悖逆扭曲："布行政化，使人效放，以己制物，物失其性。故己之可者，物或不可；己之然者，物或不然。物之可然于己亦尔也。"④但是，就孔子的仁义-政治一体观而言，如此悖逆人性之政治，在孔子对仁义教化的辩护中，被视为与人之本性的符合；在扭曲与伪饰下，如此悖逆自然人性的政治治理被转化为对人之本性的完善。在孔子看来，能彰显如此政治治理之道如同坚白相分与日月悬挂于天那么自然而清晰明白——"破其坚白，若高天在上，无不昭晰"⑤。孔子所谓圣人，就是那些能将政治治理对"人性的悖逆"转化为

---

① 　就其大意而言，这一段与《应帝王》第四节基本一致，其中"胥易技系，劳形怵心者也。执狸之狗成思，猿狙之便自山林来"，语句两处差不多。《应帝王》是阳子居问老聃，将圣人与明王区别开来，并用任民自然的明王否定了自负使命的圣人。这里孔子问老聃，直接否定了圣人，但并未引出明王。

② 　王叔岷：《庄子校诠》上册，第 435 页。

③ 　郭象注，成玄英疏：《南华真经注疏》，第 243 页。

④ 　同上书，第 243—244 页。

⑤ 　王夫之：《庄子解》，第 106 页。

"人性的完善"的人。能以对人的扭曲和戕害为人之本质,基础在于:基于权力和利益争夺的政治与基于为之辩护而展开的仁义说教,二者的纠合沆瀣,藏着极为幽深曲折的重重扭曲与悖逆。但是,将如此重重扭曲与悖逆视为历史与现实的必然,是身心之丧失自身而毫无真正之见。在此,老子对于孔子之教益,就是要给出其耳无所闻、心无所思而真实者。只有闭目不见天下百姓者,才能残忍而悖民众之本性;只有心塞不思者,才能野蛮而逆民众之自然。实际上,就思者而言,之所以为权力做辩护,实质上是其思并未依据思之在其自身而展开:思者借口为天下和百姓担当责任,欲将自身的所思强加于他人乃至于天下,就必然丧失思的本质而离开自身,并与权力沆瀣一气;因为,只有与权力沆瀣,思想才能以悖于思想之本质的方式,强加于作为他者的思者。在某种意义上,孔子及其后所谓儒者,动辄以天下为己任,深蕴着悖于思想本质的权力本能:一方面,如果为权力所用,则费尽心思依靠权力实现自身的抱负和野心;另一方面,如果为权力所凌压,则绞尽脑汁对权力阿谀逢迎。两方面结合起来,透露出更为幽隐的本质:仁义说教与政治治理以及二者的沆瀣之所以可能,即是二者都以"利欲熏心"作为自身的本源。如此,就将孔子所谓仁义体现为一种"机灵的德性",即向作为政治治理者的王侯祷告"我服役,你服役,我们服役"①——在相役而异化的扭曲中,人和世界都丧失了自身。如此扭曲与虚妄的世界,经由仁义谎言的矫饰,走向恶与脏的极致:"自私和权欲把谎言推至登峰造极的地步了。"②

　　孔子式具有政治抱负的仁义(伦理)观念,其所思所想,就是为权力所拘执并自为囚禁的思与想,而并非思之在自身如其本质而有的思想——"成思,谓被絷而思逸也"③。正如"执捉狐狸之狗,多遭系颈而猎,既不自在,故成愁思。猿猴本居山林,逶迤放旷,为跳攫便捷,故失其常处"④,猎狗在剥夺狐狸之真性的同时,也丧失了自身的自然,猿猴在以矫捷取便于世之际,也丧失了自身恒常的居所。孔子设想或杜撰的圣人,他或他们强行给予天下

---

① ［德］尼采:《查拉图斯特拉如是说》,孙周兴译,商务印书馆,2012年,第280页。

② 同上书,第299页。

③ 王夫之:《庄子解》,第106页。

④ 郭象注,成玄英疏:《南华真经注疏》,第244页。

之人一个悖于其自然真实的本质,不但扭曲与戕害了天下人,实质上也遮蔽、扭曲了自身的本性,"以是非更相易夺,用此技艺,系缚其身,所以疲劳形体,怵惕心虑也"①;"以其技鸣,为天下之所系,则有心而适以迷其心,有耳而适以惑于听"②。由此,在仁义-权力沉瀣下扭曲了本性的自身之思,与同样被扭曲、戕害了本性的他者乃至于天地万物,二者在历史与现实的层层系缚中,湮灭自身,以伪为真,以曲为直。这使得历史与现实中的人离自然和真实越来越远,乃至耳目不能见闻之,心口不能思语之,因此,老聃直接教示孔子眼之所不能见、耳之所不能闻、心之所不能思与口之所不能言。经由漫长的扭曲历史,现实中大多数所谓"人",只是在生物-物理意义上有头有脚,但没有能听之耳与能思之心;在仁义-权力沉瀣交织的历史与现实中,根本没有能让有形的身体与无形的心思浑然一体而共存者。③因此,在孔子及其设想的仁义-权力之域,"人皆知动止、死生、废起之为动止、死生、废起,而不知其所以为动止、死生、废起者也"④。换言之,在仁义-权力沉瀣之域,人只有生物-物理意义上的觉知,而没有抵达生存论意义的觉悟。前者就是失其自身而异在,后者则在其自身而自在。

　　每一物乃至所有物的存在,都依其自身而在其自身。每一物乃至所有物都能普遍地实现依其自身而在其自身,此即有序性的共在,也就是"相与于无相与,相为于无相为"(《庄子·大宗师》)之治。如此之治,"因人事而治之,则我无容心,故曰有治在人"⑤。让每一物在其自身而在,即是"忘物"——不将物拘限在"我"之中;普遍秩序超越每一物乃至所有物而自在,即是"忘天"——不将自在秩序主观化与私人化。忘物、忘天也就是消解了自身主观的自私与片面,拒斥了对他物、天地及其秩序的僭越,即"忘己"——不将自身凌驾于他物、天地之上而自同于普遍秩序。从而,如此忘己而入于天,也就让自身实现了双重意义的"返回":一方面返回自身的自

---

① 郭象注,成玄英疏:《南华真经注疏》,第 244 页。

② 王夫之:《庄子解》,第 106 页。

③ 成玄英说:"有形者,身也;无形者,心也。"(郭象注,成玄英疏:《南华真经注疏》,第 244 页)

④ 林希逸:《庄子鬳斋口义校注》,第 196—197 页。

⑤ 同上书,第 197 页。

在,另一方面返回天地及其秩序的自在。简言之,自身与他物以及天地都回到了自然。忘己而无我,则有他物与天地及其秩序的在其自身之自然,从而在更深邃的意义上回到自身之自然:"忘物忘天而独见己,则己亦不立而浑乎天矣。"①

第十节:摈弃自高自圣的贼心以开启同德而心居的独志

将闾葂见季彻曰:"鲁君谓葂也曰:'请受教。'辞不获命,既已告矣,未知中否,请尝荐之。吾谓鲁君曰:'必服恭俭,拔出公忠之属而无阿私,民孰敢不辑!'"

季彻局局然笑曰:"若夫子之言,于帝王之德,犹螳螂之怒臂以当车轶,则必不胜任矣。且若是,则其自为处危,其观台多物,将往投迹者众。"

将闾葂觑觑然惊曰:"葂也汒若于夫子之所言矣。虽然,愿先生之言其风也。"

季彻曰:"大圣之治天下也,摇荡民心,使之成教易俗,举灭其贼心而皆进其独志,若性之自为,而民不知其所由然。若然者,岂兄尧舜之教民,溟涬然弟之哉?欲同乎德而心居矣!"

将闾葂与季彻,"二子亦寓为之名。葂取勉强,彻取通达之义"②。就文本意旨的基本倾向而言,将闾葂之"勉强"的所思所为,有某种强恕而行的意味,凸显主观性而成阻碍;季彻之"通达"的所思所为,则有某种自制而无为的气息,凸显差异性而成通达。将闾葂向作为权力掌有者的鲁君宣扬的"必服恭俭,拔出公忠之属而无阿私",实质上是某种自圣化的高标道德,即那种基于主观性的自以为善之物,并视之为可普遍化实现的东西。其所谓普遍之善,并非基于每个人乃至所有人的共性,而是某种主观任性的个人意图;

---

① 王夫之:《庄子解》,第106页。

② 同上书,第107页。

因此,其普遍化实现,也就不是基于自由与自然的原则,而是基于权力的胁迫以至于"民孰敢不辑"①。季彻的回应,揭露了将闾菣言论中如螳臂当车般的自相悖谬:一方面,将闾菣所谓恭俭公忠无私的"德性",因有赖权力背书,所以对手握权柄之帝王的"权力德性"来说,显然根本不足以产生制约;另一方面,将闾菣所谓的"德性",本就是主观性的自为高标之举,恰好契合于手握权柄者基于其权力的"自危其观台"、"自处高显"②、"高居自命"③,"将使物不止于本性之分,而矫跂自多以附之"④,"亢足投迹,不安其本步也"⑤。简言之,主观性的自为高标之德,较之于权力的自以为高,犹有不及,观念性德性之自高适足以为虎作伥,反而使得权力更加凸显其自高。只要主观自高之德欲图普遍化,它就必然与权力之自高相一致,并附属于权力之下:"德性以何种手段获得权力? ……尽可能换取奉若神明的权力的庇护。"⑥如此,权力与德性的沆瀣,使掌有权柄者和被治理者双双被扭曲了本性,阻碍了各自走向自身真实与自然的通道。

在季彻看来,将闾菣所谓"民孰敢不辑"的天下治理秩序,并非"大圣治理之序",根本上就是一种悖于秩序之本质的无序。真正的秩序有两个基本维度:一是天地整体及其秩序非主观性的、自在的普遍性(尤其不是自以为圣的自私主观性),二是天地之间每一个存在者的在其自身的自然性。在真正的秩序下,权力被限制而湮灭其作为的痕迹,使每个人得以抵达自身的自然。此即"大圣之治天下也,摇荡民心,使之成教易俗,举灭其贼心而皆进其独志,若性之自为,而民不知其所由然"。因为,在天地之间,每个人"志各有趣,不可相效也。故因其自摇而摇之,则虽摇而非为也;因其自荡而荡之,则虽荡而非动也。故其贼心自灭,独志自进,教成俗易,泛然无迹,履性自为而

---

① 成玄英疏:"辑,和也。"即百姓的应和与顺从。(郭象注,成玄英疏:《南华真经注疏》,第 245 页)

② 郭象注,成玄英疏:《南华真经注疏》,第 245 页。

③ 王夫之:《庄子解》,第 107 页。

④ 郭象注,成玄英疏:《南华真经注疏》,第 245—246 页。

⑤ 同上书,第 246 页。

⑥ [德]尼采:《权力意志》,第 482 页。

不知所由,皆云'我自然矣'!"①。所谓"贼心"即丧失自身,"独志"则是抵达自身:"人无不有其意欲,抑无不有其德性,故咸知自爱其身,愚者与有焉。人知自爱其身,则不善之心自消沮矣。独志者,自爱自贵也。贼心者,窃人之名言,而忘其身之爱贵者也。上既危其观台,以自标异于公忠恭俭之名,而使之投迹,则假窃其名,以并一其志于好知尚贤之途,而适以日长其贼心而已。"②"贼心,有为之心也;独志,独得之志,朝彻见独之独也。"③在权力自高的政治社会中,因为"善可居也,不可出以示人也"④,所有自为标举的所谓德性普遍性,经由权力的扭曲,都只是虚而不实的表面之名与妄而不真的表象之迹,"恭俭公忠皆迹也,投迹则徒具恭俭公忠之名矣"⑤,导向贼心而丧失独志。尽管在权力自高的政治社会中,个别个体在其自身的自成其善尚有可能,但是,每一个体以及所有个体普遍地在其自身而各成其善,则有赖权力被限制而泯灭其迹的风教社会:"圣人藏其利器,而民反其独志,秉天德以摇荡之于独见独闻之中,使之自动,意欲得而性亦顺;夫然后可以与民同德而入乎天。"⑥

所谓风教社会,也就是孔子意义上以教化为基础的无为而治的社会:"无为而治者其舜也与! 夫何为哉? 恭己正南面而已矣。"(《论语·卫灵公》)不过,在孔子看来,尽管无为而治的风教社会以礼让而非刑杀治国,但整个社会的风教秩序是君子(在上者)内在德性外化而使民影从:"子为政,焉用杀? 子欲善,而民善矣。君子之德风,小人之德草。草上之风,必偃。"(《论语·颜渊》)风本来寓意天地整体及其间的无数多样性个体各在其自身,但是,孔子的风教社会对君子如风、小人如草的规定,一味凸显了君子作为在上者的单向度主宰意义,使天地作为整体与万民作为无数个体都丧失自身。在此意义上,孔子的风教社会与庄子的风教社会的一个根本区别就

---

① 郭象注,成玄英疏:《南华真经注疏》,第 246 页。
② 王夫之:《庄子解》,第 107 页。
③ 林希逸:《庄子鬳斋口义校注》,第 198 页。
④ 王夫之:《庄子解》,第 107 页。
⑤ 王叔岷:《庄子校诠》上册,第 440 页。
⑥ 王夫之:《庄子解》,第 107—108 页。

在于:孔子强调圣贤君子对无数他者的道德支配性,而庄子否定圣人对他者的道德支配性,并强调风教社会的根底在于每一个体乃至所有个体(包括圣人君子等)都返回自身之自然。因此,庄子拒斥"兄尧舜而弟之":"以尧舜为高,而以我次之,故曰兄尧舜之教,而弟之,谓尧舜岂能胜我?我不在尧舜之下,却下句如此也,是好奇。溟涬,有低头甘心之意。民字即是人字,言凡人能如此,则岂肯兄尧舜之教,而自处其下也?"①只有在价值等级厘然划分的情境下,才有圣人对他者的自圣化高傲或才有自身面对圣人的自贬式谦卑。庄子哲学的基本旨向之一,是让每一个体以及所有个体回到自身的自然,必然拒斥自圣化的仁义圣人。

真正的风教社会,让每一个体以及所有个体"同德而心居"地在其自身——所谓圣人作为个体,与圣人之外的无数他者都是各居其德而在其自身:"与民同德而入乎天"②,"居者不逐于外也,心不居则德不同也"③,"心居则无为而万物化也"④。如果圣人以自身主观性作为来治理天下,则兴起"贼心"而泯灭了"独志"。贼心作为有为之心是双重的,既是在上者意图支配、控制天下与无数在下者,也是在下者意图有所迎合于在上者而矫饰;而无论是在上者之控制、支配,还是在下者之迎合、矫饰,二者都丧失了其自身。所谓德,作为得自道者,尽管源于道,但作为个体化生存的根基,并不与道具有本质一如的关联,而只是保持着一种生存论上的畅然而通之往来;因此,正因为道不为任何德所据为己有,无数差异性的德才能保持与道的畅然而通。如此,这就意味着,每一个体都与别的个体一样,各具自身之德,并自居其德而心所有安——心作为自身存在的觉悟力量,觉悟自身之德的有限性(一方面是自身与道的差异及鸿沟,另一方面是自身与他者的差异及界限)而安于此有限性。此觉于自身之德的有限性,内蕴着保持自身的开放性及与道和他者的畅然而通性。

----

① 林希逸:《庄子鬳斋口义校注》,第 198 页。

② 王夫之:《庄子解》,第 108 页。

③ 郭象注,成玄英疏:《南华真经注疏》,第 246 页。

④ 吕惠卿:《庄子义集校》,第 244 页。

第十一节：克服知识-技术-功利性而迈入本真素朴之在

子贡南游于楚，反于晋，过汉阴，见一丈人方将为圃畦，凿隧而入井，抱瓮而出灌，搰搰然用力甚多而见功寡。子贡曰："有械于此，一日浸百畦，用力甚寡而见功多，夫子不欲乎？"

为圃者卬而视之曰："奈何？"曰："凿木为机，后重前轻，挈水若抽，数如泆汤，其名为槔。"为圃者忿然作色而笑曰："吾闻之吾师，有机械者必有机事，有机事者必有机心。机心存于胸中，则纯白不备；纯白不备，则神生不定；神生不定者，道之所不载也。吾非不知，羞而不为也。"

子贡瞒然惭，俯而不对。

有间，为圃者曰："子奚为者邪？"

曰："孔丘之徒也。"

为圃者曰："子非夫博学以拟圣，於于以盖众，独弦哀歌以卖名声于天下者乎？汝方将忘汝神气，堕汝形骸，而庶几乎！汝身之不能治，而何暇治天下乎！子往矣，无乏吾事！"

子贡卑陬失色，顼顼然不自得，行三十里而后愈。

其弟子曰："向之人何为者邪？夫子何故见之变容失色，终日不自反邪？"

曰："始吾以为天下一人耳，不知复有夫人也。吾闻之夫子，事求可，功求成。用力少，见功多者，圣人之道。今徒不然。执道者德全，德全者形全，形全者神全。神全者，圣人之道也。托生与民并行而不知其所之，汒乎淳备哉！功利机巧必忘夫人之心。若夫人者，非其志不之，非其心不为。虽以天下誉之，得其所谓，謷然不顾；以天下非之，失其所谓，傥然不受。天下之非誉，无益损焉，是谓全德之人哉！我之谓风波之民。"

反于鲁，以告孔子。孔子曰："彼假修浑沌氏之术者也；识其一，不知其二；治其内，而不治其外。夫明白入素，无为复朴，体性抱神，以游世俗之间者，汝将固惊邪？且浑沌氏之术，予与汝何足以识之哉！"

《庄子》这里借子贡之口来讨论"机械-机事-机心",与《论语》中的子贡形象具有一致性。在孔子门下,子贡其实有着很高的知识水平,比如子贡善于用《诗经》来发挥、理解孔子的一些教导,孔子对他有肯定的鼓励:

> 子贡曰:"贫而无谄,富而无骄,何如?"子曰:"可也。未若贫而乐,富而好礼者也。"子贡曰:"《诗》云:'如切如磋,如琢如磨。'其斯之谓与?"子曰:"赐也,始可与言《诗》已矣!告诸往而知来者。"(《论语·学而》)

在政治能力与经商能力上,子贡的才能也是突出的:

> 季康子问:"仲由可使从政也与?"子曰:"由也果,于从政乎何有?"曰:"赐也,可使从政也与?"曰:"赐也达,于从政乎何有?"曰:"求也,可使从政也与?"曰:"求也艺,于从政乎何有?"(《论语·雍也》)
>
> 子曰:"回也其庶乎,屡空。赐不受命,而货殖焉,亿则屡中。"(《论语·先进》)

但是,子贡离以人自身为目的的智慧之境尚有很大距离。一者,与孔门智慧最高的颜回相比,他的智慧就相距悬殊:

> 子谓子贡曰:"女与回也孰愈?"对曰:"赐也何敢望回。回也闻一以知十,赐也闻一以知二。"子曰:"弗如也!吾与女弗如也。"(《论语·公冶长》)

二者,子贡无法领会深刻的生存智慧,所以他没有听到过孔子教导的"性与天道":

> 子贡曰:"夫子之文章,可得而闻也;夫子之言性与天道,不可得而闻也。"(《论语·公冶长》)

　　三者，孔子明确说，对智慧的德行实践"恕"①而言，子贡还做不到；他还陷在流俗对人的评价中，受到孔子的批评：

　　　　子贡曰："我不欲人之加诸我也，吾亦欲无加诸人。"子曰："赐也，非尔所及也。"（《论语·公冶长》）
　　　　子贡方人。子曰："赐也贤乎哉？夫我则不暇。"（《论语·宪问》）

　　在真正的通达智慧与实践智慧上，子贡的欠缺，意味着其生存陷入了某种知识-工具窠臼。所以，孔子一方面批评子贡陷于知识性眼光来理解其智慧，而未领会其中基于行事而有的生存论意蕴：

　　　　子曰："赐也，女以予为多学而识之者与？"对曰："然，非与？"曰："非也，予一以贯之。"（《论语·卫灵公》）

"多学而识"的知识性眼光，完全悖于孔子智慧的行动指向。所谓"一以贯之"的"贯"，其意义即在于行："孔子呼曾子告之曰：'吾道一以贯之。'此言孔子之道皆于行事见之，非徒以文学为教也"②，而"时习之习，即一贯之贯，贯主行事，习亦主行事"③。阮元将"贯"和"习"解释为"行事"，并认为"行事"是孔子智慧的主旨。这显然看到了孔子智慧之学对"切己之行"的突出。
　　另一方面，鉴于子贡未能切中孔子切己而行的生存智慧，孔子对子贡说"为仁要先利其器"：

　　　　子贡问为仁。子曰："工欲善其事，必先利其器。居是邦也，事其大夫之贤者，友其士之仁者。"（《论语·卫灵公》）

---

　　①　《论语·卫灵公》载："子贡问曰：'有一言而可以终身行之者乎？'子曰：'其恕乎！己所不欲，勿施于人。'"
　　②　阮元：《揅经室集》，邓经元点校，中华书局，2006 年，第 54 页。
　　③　同上书，第 49 页。

孔子说"工欲善其事，必先利其器"以回答子贡"问仁"，即基于子贡本人的实践智慧欠缺及知识-工具性取向。孔子教人，本有"君子不器"（《论语·为政》）之论，对人的工具化有自觉的拒斥。子贡却将孔子视为待价而沽的美玉，根本没有看到孔子教化与德性的内在价值：

> 子贡曰："有美玉于斯，韫匵而藏诸？求善贾而沽诸？"子曰："沽之哉！沽之哉！我待贾者也。"（《论语·子罕》）

尽管子贡在孔子死后对孔子形象多有维护①，但是，在孔子看来，子贡根本就没有领悟孔子的生存论智慧及其在生存论上的意义：

> 子曰："莫我知也夫！"子贡曰："何为其莫知子也？"子曰："不怨天，不尤人。下学而上达。知我者，其天乎！"（《论语·宪问》）
>
> 子曰："予欲无言。"子贡曰："子如不言，则小子何述焉？"子曰："天何言哉？四时行焉，百物生焉，天何言哉？"（《论语·阳货》）

子贡也知道自己根本没有领悟孔子的真正智慧，他自己说："夫子之墙数仞，不得其门而入，不见宗庙之美，百官之富。得其门者或寡矣。夫子之云，不亦宜乎！"（《论语·子张》）切己而行的生存智慧完全是个体性的，在其一般意义上，对其他个体具有属于其自身的不可入性；但是，每一个体在其自身的切己生存具有可理解性——他者个体经由领悟其不可入性而返回自身切己生存的可能性。孔子感叹"予欲无言"而"四时行，百物生"，领悟的是真正的生存论智慧，即真实存在或生存并非展开在知识概念之中，而是在语言概念之外的个体性切己生存。子贡从语言性知识着眼，以为没有聆听权

---

① 《论语·子张》中，子贡以孔子为日月（"仲尼，日月也，无得而逾焉"）和不可及的天（"夫子之不可及也，犹天之不可阶而升也"），如此将孔子圣化，实质上就是对孔子真正生存论智慧的埋没，而引向了信仰主义。

威或师长的语言性知识，自身便不能有所传述，这显然昧于孔子智慧的真正指向，即每一个人切己的道德生存。

孔门四科，子贡属于言语科。"德行：颜渊，闵子骞，冉伯牛，仲弓。言语：宰我，子贡。政事：冉有，季路。文学：子游，子夏。"（《论语·先进》）滑失迈入切己而在的智慧领悟，子贡就成为"瑚琏之器"（《论语·公冶长》），尽管贵重，却是工具性的存在。在《庄子》文本中，子贡的形象虽然具有多样性，但基本与此具有一致性。《大宗师》中，子贡对子桑户等隐者悖礼的诘问，孔子回以隐者在方外而子贡与孔子却在方内，表明子贡是以知识性取向诘问隐逸生存。《天运》中，孔子表述老聃"龙"（浑然不可执定）的生存状态不可以以知识方式加以规定（"予又何规老聃哉"），子贡却以认知方式来追问"龙"的生存状态（"赐亦可得而观乎"）；老聃回应强调，基于认知的政治治理悖于性命之情。《至乐》中，子贡问孔子何以对颜回去齐国见齐侯面有忧色，孔子以鲁侯以己养养鸟而非以鸟养养鸟而鸟死，来说明个体主观性仁义观念与他者之间可能具有的距离，显露的也是子贡知识性追问的局限。《让王》有关于子贡的两个记载：一个是子贡去看望原宪，问原宪"何病"，原宪回答说是"贫而非病"，并对子贡的奢华生存表示讽刺，这显示了子贡的功利性取向；另一个是子贡认为孔子厄于陈蔡之间是穷，孔子认为子贡、子路是"细人"，区别了"通于道之谓通，穷于道之谓穷"，子贡自承"不知天之高也，地之下也"——其知识性理解不能领悟高远博厚的生存。《渔父》中，子贡回答渔父"孔子何治"之问，说"蒋毅利天下"，从功利角度诠释孔子学说。因此，可以宽泛地说，子贡视野的基本倾向是知识-功利性的。

子贡见为圃老者（汉阴丈人）"捂捂然用力甚多而见功寡"，却未能领悟老者"凿隧而入井，抱瓮而出灌"之劳作中的素朴与纯粹——这是一种沉潜而在其自身的自然自在。子贡所谓用机械"用力寡而见功多"，如此功利主义的考量，"就是要尽可能地去利用人，并且尽可能地使得人接近于准确无误的机器：为此目的，人就必须用机器之德性装备起来（——人必须学会把他机器般有用地劳作的状态感受为最高价值状态：为此亟需尽可能地使他对其他人失去兴趣，尽可能使他变得危险和臭名昭著……）所有机械活动造成的无聊、单调"①。这也就是机械以行机事,机事必有机心,机心必然使人之生存的纯粹性与净洁性丧失自身("纯白不备,言不纯一虚明也"②);生存丧失自身的纯粹性与净洁性,则人之精神不能在其自身("神生不定");而精神不在其自身(即精神为机心机事牵拽在外),则人自行画地为牢而不能入于无边广袤之境以展开自身("道之所不载也")。

　　郭象在此没有领悟到"纯白"内涵对技术的反思,反过来批评为圃老者:"夫用时之所用者,乃纯备也。斯人欲修纯备而抱一守古,失其旨也。"③郭象注庄子的一个倾向就在于,将庄子的深沉坚持(纯粹性与净洁性)转而为轻飘灵活(驳杂性与鸡汤性)。这一点尤其体现在郭象注陷入了世俗化虚妄不实的主观境界窠臼:"子贡闻其假修之说而服之,未知纯白者之同乎世也"④;"此真浑沌也,故与世同波而不自失,则虽游于世俗,而泯然无迹"⑤;"在彼为彼,在此为此,浑沌玄同,孰识之哉!彼世俗所识者,特识其迹耳!"⑥郭象注在根本上有与庄子文本的意思相悖之处,在其注庄子的根底处,有一种对世俗价值观的回护乃至拥抱,比如在《胠箧》中,庄子原文说:"天下之善人少而不善人多,则圣人之利天下也少而害天下也多。"郭象注却说:"信哉斯言!斯言虽信,而犹不可亡圣者,犹天下之知未能都亡,故须圣道以镇之也。群知不亡而独亡圣知,则天下之害又多于有圣矣。然则有圣之害虽多,犹愈于亡圣之无治也。虽愈于亡圣,故未若都亡之无害也。甚矣!天下莫不求利,而不能一亡其知,何其迷而失致哉!"⑦郭象将圣人之治天下视为克服天下之害的必然环节,这与庄子拒斥圣人之治的本意完全相反,抹灭了庄子以自然真性批判政治扭曲的旨向。在《逍遥游》注中,郭象扭转

---

①　[德]尼采:《权力意志》,第 524—525 页。

②　林希逸:《庄子鬳斋口义校注》,第 199 页。

③　郭象注,成玄英疏:《南华真经注疏》,第 247 页。成玄英也说:"此未体真修,故抱一守白者也。"(郭象注,成玄英疏:《南华真经注疏》,第 247 页)这大概是为了"疏不破注"的勉强。

④　同上书,第 248 页。

⑤　同上书,第 249 页。

⑥　同上。

⑦　同上书,第 202 页。

庄子之许由高于尧的本意,而认为尧不以世俗为累的境界高于许由:"夫能令天下治,不治天下者也。故尧以不治治之,非治之而治者也……而或者遂云:治之而治者,尧也;不治而尧得以治者,许由也。斯失之远矣。夫治之由乎不治,为之出乎无为也。取于尧而足,岂借之许由哉! 若谓拱默乎山林之中而后得称无为者,此庄老之谈所以见弃于当涂,当涂者自必于有为之域而不反者,斯之由也。"①"夫自任者,对物而顺物者,与物无对。故尧无对于天下,而许由与稷、契为匹矣。何以言其然邪? 夫与物冥者,故群物之所不能离也。是以无心玄应,唯感之从,泛乎若不系之舟,东西之非己也。故无行而不与百姓共者,亦无往而不为天下之君矣。以此为君,若天之自高,实君之德也。"②对郭象这种说法,钱穆都看不下去了:"向、郭如此曲学阿世,奖励政治人物放旷不务责任,而尊之曰尧、舜无为,此乃一种伪学。"③汉阴丈人所谓纯白-神定-道载一体,实际上内蕴着坚持真实的个体性独志,而摈弃扭曲自身的贼心:"机者,贼心也。忘机、忘非誉、以复朴者,独志也。进独志以灭贼心,圣人以之治天下。"④郭象式的诠释,以政治权力对天地及其万物的宰制作为必然而绝对的东西,这就湮灭了真正的秩序并堵绝了个体在其自身的自然而自由的生存,只能拈出抽象而虚假的主观性心性洒脱境界来标榜。

在汉阴丈人的进一步追问中,子贡倡导机械之所失的更深层根源得以敞露。在汉阴丈人看来,子贡从学于孔子,有知识-功利性特征:一方面注重知识性声名,"博学以拟圣,於于以盖众,独弦哀歌以卖名声于天下";另一方面注重技术性功效,"事求可,功求成,用力少,见功多"。"博学"是一种知识-技术-功利性取向,"拟圣"则是内无实在而伪装为圣。"博学拟圣"与基于智慧而真正在其自身的圣人具有本质的不同。"博学拟圣",就会装腔作势

---

① 郭象注,成玄英疏:《南华真经注疏》,第 10 页。

② 同上书,第 11 页。

③ 钱穆:《中国思想史》,《钱宾四先生全集》卷二十四,联经出版公司,1998 年,第 138 页。

④ 王夫之:《庄子解》,第 109 页。不过,王夫之也认为,圣人治天下让天下人各顺其性,"抱瓮者自抱,桔者自桔,又何机巧之必羞邪?"(王夫之:《庄子解》,第 109 页),似乎也没有领会到技术批判的意义。

以自高压人，"於于或作於吁，恃声气以压人也"①，其间有"夸诞"②、"自大"③
的样貌和心意。陷于知识性声名与技术性功利追求，人的生存必然丧失自
身，并且戕害天下。这是对子贡及孔子之学的基本断定。实际上，汉阴丈人
的劳作，有着自然而真实的生长意义。"耕作还意味着：关心和照料。农民
的所作所为并不是促逼耕地。在播种时，它把种子交给生长之力，并且守护
着种子的发育。"④

　　子贡对其弟子关于汉阴丈人的描述中，基本上是不相应的话："子贡未
悟，妄致斯谈。"⑤一方面，在道-德-形-神-圣的关系上，子贡所谓"执道者德
全，德全者形全，形全者神全。神全者，圣人之道也"，是与庄子本意不一致
的。庄子哲学并不认可个体德全而至于与道合一，只是让个体性之德与整
全性之道保持畅然相通；庄子也不认可德全与形全的一致性，而认为形体的
残缺可以反衬德的充实性。另一方面，子贡认为超越世俗的是非毁誉就是
全德之人，这也与庄子哲学不合，因为"宋荣子之徒，未足以为全德"⑥。但
是，子贡的描述中，有三点是值得肯定的：一是在这个天地之间，孔子并非作
为人之本质典型实现的"天下一人"，而是有着迥异于以仁义自负以囚禁天
下的另外一种生存样式。二是汉阴丈人的本真素朴生存，拒斥流俗的功力
机巧之心。三是尽管子贡对全德之人的理解失之偏颇，但是全德之人与风
波之民的差异对彰则是具有意义的。全德之人是在其自身并与道畅然而通
的存在样式，风波之民则是失其自身而自为封闭不畅的存在样式："风波，言
为世故所役而不自定也。"⑦"夫水性虽澄，逢风波起。我心不定，类彼波澜，
故谓之风波之民也。"⑧

---

① 王夫之：《庄子解》，第 108 页。
② 宣颖：《南华经解》，第 91 页。
③ 林希逸：《庄子鬳斋口义校注》，第 199 页。
④ 马丁·海德格尔：《技术的追问》，见［德］马丁·海德格尔《存在的天命》，孙周兴编译，中国
美术学院出版社，2018 年，第 141 页。
⑤ 郭象注，成玄英疏：《南华真经注疏》，第 248 页。
⑥ 同上书，第 249 页。
⑦ 林希逸：《庄子鬳斋口义校注》，第 200 页。
⑧ 郭象注，成玄英疏：《南华真经注疏》，第 249 页。

在子贡与孔子的对话中，孔子最后所述，尽管具有一些歧义，但基本意思还是清楚的，即子贡与他自己不足以知"浑沌氏之术"："浑沌氏之术，予与汝何足以识之哉！"但郭象等的注疏出现了一些曲意之解，掩盖了庄子文本的真意。比如，郭象将"假修浑沌氏之术"直接解释为"虚假的浑沌氏之术"："以其背今向古，羞为世事，故知其非真浑沌也。"将"识其一，不知其二"解释为只知古朴而不知因任流俗："徒识修古抱灌之朴，而不知因时任物之易也。"将"治其内，而不治其外"解释为浑沌即是对质朴与流俗的不加区分："夫真浑沌，都不治也，岂以其外内为异而偏有所治哉！"将"明白入素，无为复朴，体性抱神，以游世俗之间者"解释为真混沌："此真浑沌也，故与世同波而不自失，则虽游于世俗，而泯然无迹。"在郭象看来，子贡之所以惊异于汉阴丈人的生存状态，就是被其虚假的浑沌氏生存术迷惑，如果是浑世俗与真朴为一的真浑沌，则子贡根本无从认识，所以就不会惊异："岂必使汝惊哉"。①于是，最后，郭象将庄子文本中孔子自承与子贡所不能认识的浑沌氏之术（"浑沌氏之术，予与汝何足以识之哉！"），归于世俗之人不能识："在彼为彼，在此为此，浑沌玄同，孰识之哉！彼世俗所识者，特识其迹耳！"②在郭象式的曲意转换中，本来是作为拒斥流俗的隐逸者的生存样态，转而为宰制流俗者的高超治理之术："此篇方论天德之无为，恐不知者以为无为如汉阴丈人然者，则不可与经世矣。故论真浑沌氏之术，乃游乎世俗之间而不为累也。"③就本段文字而言，郭象式《庄子》注的基本错失在于两点：其一，将庄子自然真朴之在对流俗（权力政治-仁义-知识-技术-功利等）的拒斥扭曲为对流俗的迎合。其二，将《庄子》文本中的孔子视为绝对性真理或圣人的表征，从而曲为之说以拔高孔子，实质上，孔子在《庄子》文本中更多地是一种否定性而非肯定性形象。孔子并不认知真浑沌氏之术，这是文本的基本断定，因此，"识其一，不知其二"，"治其内，而不治其外"不是说汉阴丈人，而是对子

---

①　皆见郭象注，成玄英疏《南华真经注疏》，第249页。林希逸解释说，子贡不知浑沌之道所以惊异："汝将固惊邪，固，宜也，言汝未知此道，宜乎惊异也。"（林希逸：《庄子鬳斋口义校注》，第201页）

②　郭象注，成玄英疏：《南华真经注疏》，第249页。

③　吕惠卿：《庄子义集校》，第246页。

贡认知领悟的揭示；而孔子所谓"明白入素，无为复朴，体性抱神，以游世俗之间"，则更非庄子本意，而是孔子因为根本不能领悟更不能切己展开浑沌生存，而在理智认知上给出的主观性虚假境界。真正切己的自然而真朴之在，不是说其在流俗中不能被认识其心境之高洁，而是其生存的活动及其内容超越流俗而迈向深邃与高远，不为流俗认知所能认识："托其生于世，虽所行亦与人同，而不自知其所往，即浮游而不知所求，猖狂不知所往也。"①

　　在此，子贡将技术牵引出来，"技术之本质现身，就在自身中蕴含着救渡的可能升起"，"一切皆取决于我们对此升起的思索，并且在追思中守护这种升起"②。

五、从神人的混冥与自然而自由之在到绝望的希望与清白之在
——《庄子·天地》第十二至十五节解读

　　《天地》最后四节的内容有所深化。第十二节中，苑风具有儒家式圣人倾向，以为一般民众需要给予他们以价值、秩序的"圣治"，其基础在于圣人具有不容已的"德性"与高超的"神光"；而谆芒则以每个人在其自身的无治为圣治，以每个人以及所有人的自得其德为"德人"，以不可认知的命运与生命的未知绽放之混冥一体为"神人"。第十三节通过门无鬼与赤张满稽对周武王之血腥杀伐与舜之禅让的讨论，拒斥了暴力血腥与仁义伪饰，凸显了自然、自在而自由的人类生存之境。第十四节中，庄子以自陈式论调揭示了流俗世界欲求独得之见而陷于道谀的悖谬，在举世大愚大惑的境域中，觉解者只能隐逸而生，持一分绝望的希望。第十五节以百年之木破断失性为喻，说明五色、五声、五臭、五味、五趣以及仁义对人的残生伤性，吁求走出生命的自囚而迈向自由与清白之在。

---

　　① 　林希逸：《庄子鬳斋口义校注》，第200页。
　　② 　[德]马丁·海德格尔：《存在的天命》，第153页。

第十二节：从圣治、德人到神人

谆芒将东之大壑，适遇苑风于东海之滨。苑风曰："子将奚之？"

曰："将之大壑。"

曰："奚为焉？"

曰："夫大壑之为物也，注焉而不满，酌焉而不竭；吾将游焉。"

苑风曰："夫子无意于横目之民乎？愿闻圣治。"

谆芒曰："圣治乎？官施而不失其宜，拔举而不失其能，毕见其情事而行其所为，行言自为而天下化，手挠顾指，四方之民莫不俱至，此之谓圣治。"

"愿闻德人。"

曰："德人者，居无思，行无虑，不藏是非美恶。四海之内共利之之谓悦，共给之之为安；怊乎若婴儿之失其母也，傥乎若行而失其道也。财用有余而不知其所自来，饮食取足而不知其所从，此谓德人之容。"

"愿闻神人。"

曰："上神乘光，与形灭亡，此谓照旷。致命尽情，天地乐而万事销亡，万物复情，此之谓混冥。"

"谆芒"，"谆，淳也"[1]，即不为理智所剖分的淳朴浑一。所谓"苑风"，"取生物之风，与云将同意"[2]，"云将，云也"[3]，"有形而无迹，有为而无情，轻微飘忽而能蕴轮以泽万物者，莫云若也"[4]。《在宥》中，与云将对话的是鸿蒙，"鸿蒙，太虚一气之未分也"[5]。比较一致的是，此处谆芒较之云将，与《在宥》中鸿蒙较之云将，似乎都更接近反对政治治理的理想生存状态。在此意义

---

[1]　郭象注，成玄英疏：《南华真经注疏》，第249页。

[2]　王夫之：《庄子解》，第109页。

[3]　同上书，第96页。

[4]　同上书，第97页。

[5]　同上书，第96页。

上,谆芒与鸿蒙都是未加剖裂的浑然整全之在。在流俗仁义-政治之域,浑然整全难以存身,所以,谆芒迈向让每一物以及万物都能自由畅然出入的大壑:"大壑者,任万物之出入而无与者也。"①大壑之为大,就是无限的容纳性与包容性,即"注焉而不满,酌焉而不竭",亦即大壑超越一切权力与荣誉的占有而自身清虚畅通,"虚中而涵万化"②。

谆芒注目于自身的自然与自由,但并非仅仅一己的自然与自由。每一物自身的自然与自由,基于所有物的自然与自由。每一物与所有物之自然与自由的畅然而通,必然以不可主观观念化和权力私有化的无边"大壑"为根基。在一定意义上,自由的生存就是"行在宽阔之地"③。

在苑风看来,并非每个人都能自然而自由,因为有太多的"横目之民"——"形容世人"④,需要圣人治理天下以及万民,只有圣治才能经由"先知觉后知""先觉觉后觉"(《孟子·万章上》),引导、教化民众走向"自由之境",为天下与世间建立"秩序"。但是,谆芒的回应将圣人对天下与万民的治理转换为圣人对自身的治理,亦即有权势的治理者对自身的自为限制是天下及其万物通达自然与自由的前提。社会中的事务治理都有其合宜的规则可寻——"官施而不失其宜",并非出自治理者自身的个人好恶与主观意见;每个处于社会治理之位的人,都基于其能力胜任该治理职位——"拔举而不失其能",并非世袭与裙带关系所致。所谓"毕见其情事而行其所为","毕见"就是每一物以及一切物无一湮灭地显现,"情事,实事也"⑤,这是切实而真的存在丰富性与多样性,而非宏大抽象的虚妄观念对现实之在的替代与遮蔽。就社会治理者而言,"所行所言皆是自为,不为人而为也","自为者,为己非为人也"⑥,即治理者以超越自身的普遍秩序制约自身而言行;而

---

① 王夫之:《庄子解》,第 110 页。

② 同上书,第 109 页。

③ 《圣经·诗篇》119:45。

④ 林希逸:《庄子鬳斋口义校注》,第 201 页。

⑤ 同上。

⑥ 同上。

就天下万民而言,则是"自然化之"①,即每个人乃至所有人都在其自身而在,而非随风俯仰的草木之不在其自身而在。治理者之自缚其手足而不任其私意以宰制天下及其万物,"手挠顾指,指麾拱揖之意"②;如此,天下每个人以及所有人都能为其所当为,如其所是而展露在天地之间——"四方之民莫不俱至"。谆芒的圣治,是每个人乃至于所有人在无限天地之间的自然与自由,而区别于苑风以圣人的主观性价值、信念普遍实现在社会中的那种圣治。

对苑风而言,圣人的自为限制和超越圣人的普遍秩序是不可理解的。在他看来,圣人有某种天生而有的德性,如此德性充沛而不容已——"盖其天地万物一体之仁,疾痛迫切,虽欲已之而自有所不容已,故其言曰'吾非斯人之徒与而谁与?'"③,必须从自己个人身上推扩而实现于天下:"《诗》云:'刑于寡妻,至于兄弟,以御于家邦。'言举斯心加诸彼而已。故推恩足以保四海,不推恩无以保妻子。古之人所以大过人者无他焉,善推其所为而已矣。"(《孟子·梁惠王上》)圣人或治理者把一己主观之心强加于他者,并在天下实现出来,就是"善推其所为"。天下每个人以及所有人都是同一个本质的实现,"人皆可以为尧舜"(《孟子·告子下》)。而这个所谓的"同一个普遍本质",究其实,不过就是个别人(即使是圣人)的个体私人性观念或信仰。《大学》那种认为个体的知识与德性,可以逐渐经由家庭、诸侯而实现于天下的"格物、致知、诚意、正心、修身、齐家、治国、平天下"之理想与秩序,其实掩盖着无数的血腥与暴力,因为其缺乏自然与他者的维度,并非真正的良好社会的实现。④自任其德,以为"天将降大任于是人也"(《孟子·告子下》),这在社会治理者,如果被绝对化或极端化,就会忽略天地及其万物以及所有社会成员的自在性与差异性,从而产生一些弊端。自任其德而自圣化的社

---

①　林希逸:《庄子鬳斋口义校注》,第 201 页。

②　同上。

③　《传习录中·答聂文蔚》,见王守仁《王阳明全集》,吴光等编校,上海古籍出版社,2014 年,第91 页。

④　参见郭美华、陈昱哲《个体道德与普遍政治秩序的一体化及其缺失——〈大学〉的政治哲学解读》,《周易研究》2021 年第 1 期。

会治理者对天地及其万物的戕害,在中国传统皇权专制的历史中产生的恶果,我们必须警惕。就此而言,庄子的言说有对仁义-政治之癔症的治疗意义。

对苑风圣人之德不容已而不得不对社会"强加治理"之论,谆芒进一步以天地整体之自在与万物之自然加以消解——重要的不是某个圣人的实现,重要的是天地必须在其自身,每一物以及所有物都必须在其自身。苑风以为"德人"之圣天赋异禀而不得不施展抱负于天下,谆芒则将"德人"转化为"无主观是非美恶"之思于天下、"无是非美恶"之行于他者的人,即"居无思,行无虑,不藏是非美恶"的人。换言之,"德人"就是不以自己的主观之见作为天地及其万物的根据,不以个人之私作为他者的前提:"若婴儿失母,若行失道,皆言其无意人世,有不得已之意。财用饮食皆致之不问,言无心也。"①如此"德人"就不是某个特定之人的存在样式,而是每个人与所有人共在的存在样式:"共利共给,与人同乐之意"②;"神人则忘乎德矣,德人则忘乎治矣。德者自得也,自得而天下无不得,抱德不以撄其心,而天下固不撄也,奚待于治?"③

从圣治的克服到"德人"的消解,苑风最后追问什么是"神人",即从政治之能、德性之品转而问精神之知,其意在于敞明一个流俗的常见情形,即个别人具有远远超出大多数人的精神认知能力,即所谓"神人"。苑风或流俗所谓"神人",意味着对人世、天地、万物的高超认知,可以看穿人世、天地、万物的过去、现在与未来,使一切都处在"明明白白"之中。同样地,谆芒将"神人"从理智的清晰明白转为在其自身的混冥之在。真正的领悟,不是无所不知地看到自身以及天地万物的过去、现在、未来,而是知道自身在日月之外的有限光芒,最后与形体一样消亡得一无所知——"上神乘光,与形灭亡,此谓照旷"。"上神,言其神腾跃而上也,出乎天地之外,日月之光反在其下,故曰乘光","照旷者,言大昭晰也"④,此真正的清晰明白,并非一切由理智之光

① 林希逸:《庄子鬳斋口义校注》,第202页。
② 同上。
③ 王夫之:《庄子解》,第109—110页。
④ 林希逸:《庄子鬳斋口义校注》,第202页。

照彻，相反，而是领悟于理智之光无以照彻天地及其万物的浑然-混冥。个体之人或者任一具体之物，其生之偶然与其死之必然都是命运。在生死之间，则有许多有待展开与体验之情实；但如此有待展开的情实，以一种未知的方式涌来，领悟生命的开端与终结都是命运，理解生命的情实是在两头命运之间的未知绽放，领会绽放的生命又不断偕同周遭天地（作为个体化境界）一起消亡、湮灭，这就是生命的实理："复情，复于实理也，万物皆复于实理。"①如此生命实理的领悟，也就是真正生存的实现为混冥-浑沌，"混冥，即浑沦也，即所谓浑沌氏也"②。

总结而言，苑风具有儒家式圣人倾向，以为一般民众需要给予他们以价值、秩序的"圣治"，其基础在于圣人具有不容已的"德性"与高超的"神光"；而谆芒则以每个人在其自身的无治为圣治，以每个人以及所有人的自得其德为"德人"，以不可认知的命运与生命的未知绽放之混冥一体为"神人"。

第十三节：从流血政治与仁义伪饰转向自然、自在而自由之在

　　　门无鬼与赤张满稽观于武王之师。赤张满稽曰："不及有虞氏乎！故离此患也。"

　　　门无鬼曰："天下均治而有虞氏治之邪？其乱而后治之与？"

　　　赤张满稽曰："天下均治之为愿，而何计以有虞氏为！有虞氏之药疡也，秃而施髢，病而求医。孝子操药以修慈父，其色燋然，圣人羞之。

　　　至德之世，不尚贤，不使能；上如标枝，民如野鹿；端正而不知以为义，相爱而不知以为仁，实而不知以为忠，当而不知以为信，蠢动而相使，不以为赐。是故行而无迹，事而无传。"

门无鬼，"《徐无鬼》篇之徐无鬼，亦以无鬼为名。《寓言》篇：'有以相应也，若之何其无鬼邪？无以相应也，若之何其有鬼邪？'由有鬼以遣有

---

① 林希逸：《庄子鬳斋口义校注》，第203页。
② 同上。

鬼之执也"①。之所以以门无鬼来发问,可能与周武王之残酷杀伐致血流漂杵有关。赤张满稽这个名字,也许也有着对仁义矫饰之下的血腥杀戮的揭露之意。

　　门无鬼与赤张满稽的对话,表面上是对周武王用兵与虞舜禅让之高低、是非的比较,实质上是在追问一个政治哲学的基点问题,即"推原有为无为之故"②——流俗政治治理究竟源自有为还是无为? 人类社会为什么必须有基于权力的政治治理(可以称为"有为政治说"),在很多人看来似乎是一个自明之理,亚里士多德直接说"人天生是政治动物"③。有人诘问孔子"子奚不为政",孔子回答说:"《书》云:'孝乎惟孝、友于兄弟,施于有政。'是亦为政,奚其为为政?"(《论语·为政》)荀子也明确说:"人生而有欲,欲而不得,则不能无求。求而无度量分界,则不能不争;争则乱,乱则穷。先王恶其乱也,故制礼义以分之,以养人之欲,给人之求。使欲必不穷乎物,物必不屈于欲。两者相持而长,是礼之所起也"(《荀子·礼论》);"今人之性,生而有好利焉,顺是,故争夺生而辞让亡焉;生而有疾恶焉,顺是,故残贼生而忠信亡焉;生而有耳目之欲,有好声色焉,顺是,故淫乱生而礼义文理亡焉。然则从人之性,顺人之情,必出于争夺,合于犯分乱理而归于暴。故必将有师法之化,礼义之道,然后出于辞让,合于文理,而归于治"(《荀子·性恶》)。当代学者也倾向于认为:"国家就不仅仅是一个领域而已,它是人性展现的过程中一个必不可少的步骤。"④这些说法有一个共识,即认为政治构成了人之本质或政治是人性实现的本质环节。但是,庄子给出的回答是:政治治理以及相应的仁义规定并非人之本性展开的必然环节,政治性更不是人的本性,毋宁说仁义-政治是人之本性的戕害与反面(非人性)。

　　周武王以武力夺取天下,举兵伐纣,牧野之战"血流漂杵":"既戊午,师

----

　　① 王叔岷:《庄子校诠》上册,第455页。

　　② 陶崇道:《拜环堂庄子印》,见方勇《庄子纂要》叁,第354页。

　　③ [古希腊]亚里士多德:《政治学》,第一卷第二章,1253a,见苗力田主编《亚里士多德全集》第九卷,中国人民大学出版社,1994年,第6页。

　　④ [德]维托利奥·赫斯勒:《道德与政治讲演录:欧中对话》,罗久、孙磊、韩潮译,生活·读书·新知三联书店,2018年,第60页。

逾孟津。癸亥,陈于商郊,俟天休命。甲子昧爽,受率其旅若林,会于牧野。罔有敌于我师,前徒倒戈,攻于后以北,血流漂杵。"(《尚书·武成》)尽管《尚书》已经将"血流漂杵"说成是商纣王自己的士兵倒戈所致,但是,不管真相如何,战争带来的祸害无疑是实实在在的,遭受此巨大而惨烈的流血祸乱,却是所谓"仁义之师"后面的实情。孟子对此有一个独断的辩诬式辩解:"尽信书,则不如无书。吾于《武成》,取二三策而已矣。仁人无敌于天下。以至仁伐至不仁,而何其血之流杵也。"(《孟子·尽心下》)孟子如此呓语,丝毫未能遮住血腥杀伐的底子,以为"道德(仁义)上的善"必然要征伐、杀戮"道德(仁义)上的恶"——"以至仁伐至不仁"。以某种伦理(仁义道德)的价值信念来为战争(作为权力政治的最高形式)作辩护,这是所谓"道德之善"的最为肮脏之处,是"道德之善"的自相悖谬。在赤张满稽看来,如此血腥之祸,是周武王的德性不如有虞氏(舜)导致的。门无鬼将问题推进了一步,即便是有虞氏的政治治理,究竟是天下本乱而无序,经由有虞氏之治理,才有了秩序,还是天下本有其秩序,有虞氏因循之而治之保持其秩序? 无论是前者(治理无序而致有序),还是后者(治理因循有序),政治治理都是面目可疑的:如果天下本有秩序,政治治理就是根本不需要的;如果认为政治治理才能带来有序,但历史与现实表明这世间的大多数祸乱是政治治理造成的,它不但不带来秩序,反而不断地带来无序。对于人类"本然状态"的假设,其深层的根据本身是一种价值信念,而且充满着歧异。比如:霍布斯假定人类源初状态是"狼对狼的战乱状态",而卢梭认为人类源初状态是"安宁和平的状态",但是,两人的理论最终都引向权力的血腥与政治的惨剧;孟子以为人性善,荀子以为人性恶,可是两人都一样地高举着仁义与圣人的大旗,为血腥杀戮背书。郭象似乎"看到了"政治治理本身的不可言喻的邪恶本质,认为周武王和有虞氏二者之间没有什么高低之分:"言二圣俱以乱,故治之。则揖让之与用师,直是时异耳,未有胜负于其间也!"[1]郭象这种扭曲之解,认为周武王和有虞氏都是对混乱无序的治理,以达到有序,但是没有认识到其中的荒谬:如果有虞氏治理已经有序了,后面还需要周武王再次治理干什么?

---

[1]　郭象注,成玄英疏:《南华真经注疏》,第251—252页。

难道这个世界就是伟大的圣人们导演的舞台,而舞台上的芸芸众生不过是道具而已?从有虞氏受禅让之治理到周武王经由血腥攻伐而行治理,表明政治治理的历史有着自身内在的限度,甚至有不断退化或倒退的可能,任何治理都不可能一劳永逸地获得终极性的完满状态。

基于仁义-圣人的政治治理是人世间的"可耻之事":"发不可假,医不可恃。徒为燋然之容以示孝慈,可羞孰甚!"①政治治理的无耻之处在于,有着政治治理抱负的仁义-圣人,因着流俗"天下均治之为愿"的吁求,不断在实质上使那种紊乱状态恶化并从中渔利,同时宣称自身对民间疾苦的忧患与担当责任——"思天下之民,匹夫匹妇有不被尧舜之泽者,若己推而内之沟中。其自任以天下之重如此"(《孟子·万章上》)。在很大程度上,政治治理的本质是以恶止恶,即国家用暴力制止、镇压对国家、社会、民众的破坏者与危害者。但是,如果专制权力自身作为恶没有受到限制,就可能在仁义之类价值的润饰下,成为极少数权贵谋取私利的力量,这是传统皇权专制的特点之一。所以,政治治理者(无论有虞氏还是周武王)的治理及其仁义掩饰,其无耻性就是以亲人的疾病来彰显自己的孝行:"言均治,那(哪——引者注)个不愿,惟不如愿,故要有虞氏出来以遂其所愿耳。则有虞氏亦疮后之良剂,而秃而施之以髢者也,总之谓有为不出无为。圣人治世,如孝子养亲,起居饮食无所不堤防,必使分毫无病而后谓之孝。若病而求医,擎药进父,其色燋然,似乎心力俱竭,而圣人羞之,谓其病而后药,不能慎之于无病之先耳。此有虞氏之切喻也。"②

就政治治理的历史来看,从有虞氏(舜)以至于周武王,有一个不断恶化堕落的进程:"有虞氏不能离患矣,而不能忘治也。天下已治,焉用治为?天下乱而治之,予之以所不受,则貌顺而心违,治乱相激,而乱乃滋甚。故有虞氏之治,则必有武王之师;有武王之师,则必有五伯七雄之祸矣。以为义而使之端正,以为仁而使之相爱。桀纣正君臣之分,亦义也;施爱于蜚廉、恶来,亦仁也。各贤其贤、各知其知、以不相下,皆有迹之可践,有事之可传者

① 　王夫之:《庄子解》,第110页。
② 　陶崇道:《拜环堂庄子印》,见方勇《庄子纂要》叁,第355页。

也。故仁义者，撄人之心，至德之世所不庸也。通于昭旷者，物各复其情，未尝不摇荡天下以自然之德，而不著其可传之事。然后争患永息，而民不知兵。"①就此而言，政治治理的展开，必然越来越走向人性与秩序的反面；政治治理的过程，就是一个戕害人性与破坏秩序的过程。所谓仁义，并不能成为对权力政治的限制，反而成为权力政治的伪饰之物，带来更大的错乱与倒置；只有克服政治治理，才能真正让每一物"通于昭旷"，返归其自然与自在。

　　人世的有序，理想的"至德之世"，就是每一物在其自身的自然而自在。在政治治理上，就是一种对主体性作为的限制与不断消解，从而使每一物在其自身的存在得以普遍地实现："不尚贤，使民不争。不贵难得之货，使民不为盗。不见可欲，使民心不乱。是以圣人之治，虚其心，实其腹，弱其志，强其骨；常使民无知无欲，使夫知者不敢为也。为无为，则无不治。"（《道德经》第三章）治理者对自身作为的限制（为无为），将政治治理拘禁的世界释放出来，重返整体性生存境域（无不治）。在整体性生存境域之中，栖息于树枝者就自觉领悟于"鹪鹩巢于深林不过一枝"（《庄子·逍遥游》），"如树枝无心而在上"②，并不以为整个森林与大地乃至天空都是"莫非王土"；从而奔竞于深林与旷野的生存者就"不言而人喻"③，"放之而自得"④。当在上者"一以己为马，一以己为牛"而非"藏仁义以要人"（《庄子·应帝王》），则天下每个人乃至所有人便迈向了通达其自身自然与自由的道路。

　　在无限性整体境域中在其自身的存在者，生而处于与差异性他者的相与关系之中，此关系蕴涵着超越关系者的规范，每一个相与关联者都以之端束自身，而并非由某一个关系中的存在者僭越在关系之外，强加一个"合宜的规范"给其他存在者，此即"端正而不知以为义"。相与共处的不同存在者之间，因为无限性整体境域的无穷容纳性，"鸡犬之声相闻"（《道德经》第八

----

①　王夫之：《庄子解》，第 110—111 页。"故有虞氏之治"，疑当为"故有有虞氏之治"；"予之以所不受"，疑当为"予之所以不受"。

②　王先谦：《庄子集解》，第 136 页。

③　王夫之：《庄子解》，第 110 页。

④　郭象注，成玄英疏：《南华真经注疏》，第 252 页。

十章)而生命彼此自然相融,各各"相忘于江湖"(《庄子·大宗师》)而各在其自身,而不能被极个别自圣化的存在者窄化了天地,将自己塑造为在狭隘天地里苦楚不堪的生活者的施爱者(实质上,将圣贤作为爱人者,就是因为这些圣贤将天地私有化之后的造作与欺骗),此即"相爱而不知以为仁"。每一个在其自身自然而自由的存在者,其生命展开的每一环节、每一瞬间都畅然任化而自为充盈、自在沉沦,生命自身面向未知的无尽幽深与无边广袤生成、绽放、涌动、开放,生命在其自身自为充实、自为目的,并不以自身之外的某种在上存在者(无论是信仰主义的神、理智主义的抽象实体,还是功利主义的权势者)为依归,此即"实而不知以为忠"。生命自身的法则内在于生命自身的展开过程中,生命存在的本然法则就是存在并继续存在,亦即不断地迈向深邃与广袤以跃入自然和自由,自然是每一物之在其自身,自由是所有物之在其自身,并非遵循自身之外的什么准则或教条,此即"当而不知以为信"。在流俗生活中,世人"天下熙熙,皆为利来;天下攘攘,皆为利往"(《史记·货殖列传·序》),但是真实而淳朴的生存,"民至老死不相往来"(《道德经》第八十章)而"昏闷愚沌鄙顽以守护生命本源":"众人熙熙,如享太牢、如春登台。我独泊兮其未兆,如婴儿之未孩。儽儽兮若无所归。众人皆有余,而我独若遗。我愚人之心也哉!沌沌兮!俗人昭昭,我独昏昏;俗人察察,我独闷闷。澹兮其若海,飂兮若无止。众人皆有以,而我独顽似鄙。我独异于人,而贵食母。"(《道德经》第二十章)流俗之人自以为聪明而陷于声名利欲之中,这是一种丧失自身而逼仄的生存样态;昏闷愚沌而处于生命本源之中,这是一种在其自身而深邃广袤的生存样态。生命的昏闷-愚沌-真朴展开于无边深邃与无限广袤之中,每一物与天地、自身、万物及他者都以"蠢然之状"而"彼此相与相动",在其自身而自身充实且自在充盈,如此之在并不需要他者的恩赐(即"蠢动而相使,不以为赐")。

　　有虞氏与周武王之治理天下,无论是杜撰的圣德禅让,还是掩饰的血腥杀伐,尽管有所谓大淳与小疵之分,但二者最后归结为一种实质上的"恶",因为真正的善行是"善行无辙迹"(《道德经》第二十七章)。所有用语言书写而流传之物,都内蕴着权力与价值的沉潜结构,而非那个在其自身而隐逸的切己生存本身:"语言中的'理性':一个多么富于欺诈的老妪啊!我担心我们摆脱不了上帝,因为我们还相信语法。"①权力与价值善相纠合而成为某种绝对,它炫露于流俗,刊布于方册,都是造作的痕迹,以博取声名利欲或者为肮脏作掩饰。经由伪造与矫饰的历史记载,作为携带权力与独断价值的陈迹,妄图给出一种永恒之物及其历史变化形式,将不同历史阶段和不同的历史个体视为如此普遍而永恒之物的工具性实现形式。其间有着层层的欺瞒、扭曲、转折、强迫与规训,等等,再经由历史的沉淀与遗忘,过去被涂抹为某种理想而神圣的东西,要将今天与明天都拢入其囚笼。我们要走出的就是这种被虚构、杜撰的圣人统绪,因为"世界并不谋求一种持续状态,这是已经得到了证明的唯一事情"②。虚构一种绝对善,归之于个别伟大的圣人,然后囚禁历史与每一个体及所有个体,这是"生病的结网蜘蛛所患的那种脑疾"③的伪造。

第十四节:从道谀到绝望的希望

孝子不谀其亲,忠臣不谄其君,臣子之盛也。亲之所言而然,所行而善,则世俗谓之不肖子;君之所言而然,所行而善,则世俗谓之不肖臣。而未知此其必然邪? 世俗之所谓然而然之,所谓善而善之,则不谓之道谀之人也。然则俗故严于亲而尊于君邪? 谓己道人,则勃然作色;谓己谀人,则怫然作色。而终身道人也,终身谀人也,合譬饰辞聚众也,是终始本末不相坐④。垂衣裳,设采色,动容貌,以媚一世,而不自谓道谀,与夫人之为徒,通是非,而不自谓众人,愚之至也。知其愚者,非大愚也;知其惑者,非大惑也。大惑者,终身不解;大愚者,终身不灵。三人行而一人惑,所适者犹可致也,惑者少也;二人惑则劳而不至,惑者胜也。而今也以天下惑,予虽有祈向,不可得也。不亦悲乎!

大声不入于里耳,折杨皇荂,则嗑然而笑。是故高言不止于众人之

① [德]尼采:《偶像的黄昏》,第 23 页。
② [德]尼采:《权力意志》,第 615 页。
③ [德]尼采:《偶像的黄昏》,第 21 页。
④ 陈鼓应校"坐"字之前脱"罪"字,见《庄子今注今译》,第 330 页。

心,至言不出,俗言胜也。以二缶钟惑①,而所适不得矣。而今也以天下惑,予虽有祈向,其庸可得邪！知其不可得也而强之,又一惑也,故莫若释之而不推。不推,谁其比忧！厉之人夜半生其子,遽取火而视之,汲汲然唯恐其似已也。

　　对庄子来说,"子之爱亲,命也,不可解于心;臣之事君,义也,无适而非君也,无所逃于天地之间"(《庄子·人间世》)。世间有君臣父子,而非世间限于君臣父子;人的生存整体中有君臣父子,但是人的完整生存内容不限于君臣父子,人的生命本质也并非君臣父子。换言之,伦常-政治并非整个世界乃至人之生存的本质,伦常-政治展开于天地之间,反倒是要合于天地万物以及人之自然与自在。因此,在天地整体与人之整全的展开中,父-子之伦常与君-臣之政治,作为其间一个维度,以合于自然而自在的方式展开,儿女对待父母真诚而无伪("孝子不谀其亲"),臣下对待君主率直而不欺("忠臣不谄其君"②)。自然而真诚,自在而率直,儿女与臣下便不为父-子的伦常关系与君-臣的政治关系所拘限,而能走向自身与道的畅然通达,从而充分地绽放自身("臣子之盛"③)。

　　基于天地整体之自在与自身浑全之自然,作为生存之一维的父-子伦常与君-臣政治,其相应的适当之则,既不在单向度的父或君作为具体个体的任性那里,也不在流俗的普遍趋同意见里。只要将父-子伦常和君-臣政治视为无限天地与整全自我的本质所在,对天地、人自身以及父-子伦常和君-臣政治的理解就会陷入两难之境——要么以为从亲之情、顺君之意为二者之间的合宜(孝、忠),要么以为从流俗的普遍之见为二者之间的合宜(孝、忠),二者是彼此对立的。流俗认为一个人以父母所言为是、以父母所行为善是不肖之子——"亲之所言而然,所行而善,则世俗谓之不孝子";流俗认为一

---

　　①　"二缶钟惑"别本作"二垂钟惑",也有校释认为"钟"作"踵"(方勇·《庄子纂要》叁,第359—363页),但具体理解可以不受影响。陈鼓应取"二垂",见《庄子今注今译》,第330—331页。

　　②　成玄英:"谀,伪也。谄,欺也。"(郭象注,成玄英疏:《南华真经注疏》,第253页)

　　③　盛即盛德,盛德,就是自然通达于道。成玄英:"此乃臣子之盛德也。"(郭象注,成玄英疏:《南华真经注疏》,第253页)

个人以国君所言为是、以国君所行为善是不肖之臣——"君之所言而然，所行而善，则世俗谓之不肖臣"。但是，以世俗之见否定从亲顺君就是必然之理吗？这并不见得，因为我们"未知至当正在何许"①。

　　在某种意义上，无论是君-父情意还是世俗之见，其后都是建基于利欲趋逐。所谓从亲顺君，表面上指向的是某种私人或小集团利欲；所谓世俗之见，表面上指向的是众多之人或大集团利欲。只要是基于利欲的意见，当然就会陷入彼-此-是-非的窠臼："是亦彼也，彼亦是也；彼亦一是非，此亦一是非。"（《庄子·齐物论》）所以，世俗会以普遍的原则与共同的利益来否定小集团的利欲趋求。如此否定，有着一种精致化的伪饰，比如诉诸礼而非基于私人利益与情感来讲孝、忠："孟懿子问孝。子曰：'无违。'樊迟御，子告之曰：'孟孙问孝于我，我对曰"无违"。'樊迟曰：'何谓也？'子曰：'生，事之以礼；死，葬之以礼，祭之以礼。'"（《论语·为政》）"定公问：'君使臣，臣事君，如之何？'孔子对曰：'君使臣以礼，臣事君以忠。'"（《论语·八佾》）"礼"作为世俗伦常-政治规范，进而上升为形而上的普遍原则："生事葬祭，事亲之始终具矣。礼，即理之节文也。人之事亲，自始至终，一于礼而不苟，其尊亲也至矣。"②礼与理，似乎是对利欲趋求的限制与超越，但是，实质上它们只是赤裸裸地给利欲戴上了一层掩饰的虚伪面纱而已："循天理，则不求利而自无不利"，"惟仁义则不求利而未尝不利也"③。但是，用如此所谓礼、理等普遍的原则来克制所谓私欲，不过是另一种私利的实现。其所谓理，不过是自私的意见："人莫患乎蔽而自智，任其意见，执之为理义。吾惧乎求理义者以意见当之，孰知民受其祸之所终极也哉！"④宋以来儒者所谓"天理如有物焉，得于天而具于心"，就是以意见当理："夫以理为'如有物焉，得于天而具于心'，未有不以意见当之者也"⑤；"自宋以来始相习成俗，则以理为'如有物焉，得

---

　　① 郭象注，成玄英疏：《南华真经注疏》，第 253 页。

　　② 朱熹：《四书章句集注》，第 55 页。

　　③ 同上书，第 202 页。

　　④ 戴震：《孟子字义疏证》，《戴震全书》第六册，杨应芹、诸伟奇之编，黄山书社，2010 年，第 151 页。

　　⑤ 同上。

于天而具于心'，因以心之意见当之也"①。以意见当理，也就是一部分存在者因其手中的权力或所处的社会优势地位，把自身的利益装成普遍的公利，强行剥夺其他存在者的利益，实质上就是与血腥的身体屠杀一致的"以理杀人"："圣人之道，使天下无不达之情，求遂其欲而天下治。后儒不知情之至于纤微无憾，是谓理。而其所谓理者，同于酷吏之所谓法。酷吏以法杀人，后儒以理杀人，浸浸乎舍法而论理。死矣！更无可救矣！"②戴震无疑揭示了传统儒学仁义-道德的虚伪及邪恶实质。流俗的实情就是，所有人都在遵循着私利私欲而行，但在言语中唱着公共利益、普遍天理的高调。所以如此，不过是因为权力和利益的冲突与纠葛，最终都以丛林法则加以裁断，没有人相信并谨守所谓的"公共利益"与"普遍原则"。由此，它导致的不过就是普遍的虚伪与自私。

　　就此而言，依循世俗之见与遵从君父之意，二者并没有实质性的区别，流俗之见并不具有较之君-父更高的价值："世俗之所谓然而然之，所谓善而善之，则不谓之道谀之人也。然则俗故严于亲而尊于君邪？"就形式而言，违俗从亲与违亲从俗并无本质之别："夫违俗从亲谓之道谀，而违亲从俗，其非谄佞邪？"③所谓道谀，"道，顺也；谀，谄也"④。如果并无独得于己之见，则顺从君父意见与遵从世俗之见，都是道谀之行；"今人之所谓道，皆世俗之所同是者，非独得于己而与造物为徒者也……我之所谓道，只与世俗同，则是我之所为亦道谀世俗而已矣"⑤。从强调独得之见来看，庄子本意就是要揭露顺君亲之意与从流俗之见二者都是谄谀之举，都是必须被否定的东西，而突出真正的道是超越流俗之见的："圣人以天下通行者为道，而庄子以为，道必出于一世之上，故以古之帝王与圣贤皆作下一等看"⑥，"庄子之意，盖以其所

<hr />

①　戴震：《孟子字义疏证》，《戴震全书》第六册，第 152 页。

②　戴震：《与某书》。同上书，第 479 页。

③　郭象注，成玄英疏：《南华真经注疏》，第 253 页。

④　林希逸：《庄子鬳斋口义校注》，第 204 页。

⑤　同上。

⑥　同上。

独得者，人皆不知，故己与人异"①。郭象昧于此，试图抹灭这一点而加以调和："言俗不为尊严于君亲而从俗，俗不谓之谄。明尊严不足以服物，则服物者，更在于从俗也。是以圣人未尝独异于世，必与时消息，故在皇为皇，在王为王，岂有背俗而用我哉！"②以从俗来凸显圣人的至高境界，并堵塞每一个体克服流俗仁义-政治束缚而走向自身的通道，将庄子道-德畅然而通之境与流俗之境杂糅为一，这是郭象式《庄子》注的危险之处。

道-德畅然而通之境，不能妥协于流俗之境，这是庄子哲学的基本点之一。但是，流俗之境如何转进于道-德畅然而通之境呢？在流俗中，有一种扭曲自身的邪见，即以同于流俗之见来肯定自身，却自以为有独得之见——独得而又欲求其流俗普遍性，这是一种悖谬之见，即道谀之见。道谀之见表现自身的方式，是自相矛盾、自相冲突的，即"合譬饰辞聚众也，是终始本末不相坐"——"牵合取譬，以饰其辞"③，"合其譬者，言合天下譬喻以立说也；饰辞者，言修饰其言辞也；聚众者，言聚天下之学者而归己也。观其初心，要高于一世，要其终也，不能离于当世之人，是其终始本末不相照应矣，故曰不相坐，犹不相当也"④。对毫无本质之别的君亲之意与流俗之见，舍君亲之意而从流俗之见，以流俗之众来肯定自身之见；如此陷于流俗之见而毫无独得之见，就是道谀之人，却又拒斥承认自己是道谀之人——"谓己道人，则勃然作色；谓己谀人，则怫然作色。而终身道人也，终身谀人也"——使流俗世界呈露出某种病理性症状，虚假乃至虚无而无可拯救。道谀而不自认道谀，使流俗世界弥漫着至愚之极惑风："垂衣裳，设采色，动容貌，以媚一世，而不自谓道谀，与夫人之为徒，通是非，而不自谓众人，愚之至也。"并非无人理解流俗的至愚极惑，知流俗之愚则不愚，知流俗之惑则不惑。但是，有所知于愚并非全智，而是自知有限性而处于愚；有所知于惑，是自知有限性而处于惑。与此相反，不自知其愚而自以为无所不知，乃是大愚，大愚一生无所解悟；不

① 林希逸：《庄子鬳斋口义校注》，第 205 页。

② 郭象注，成玄英疏：《南华真经注疏》，第 253 页。

③ 王夫之：《庄子解》，第 111 页。

④ 林希逸：《庄子鬳斋口义校注》，第 204—205 页。

自知其惑而自以为无所不明,则是大惑,大惑一生无所觉悟:"知其愚者,非大愚也;知其惑者,非大惑也。大惑者,终身不解;大愚者,终身不灵。"诚所谓"知不知,上;不知知,病。夫唯病病,是以不病。圣人不病,以其病病,是以不病。"(《道德经》第七十一章)

　　流俗作为所有人相与共在之域,相与共在对每一存在者而言,具有双重性。一方面,当相与共在之境中更多人解而不惑时,它就促进每一个体通往自身;另一方面,当相与共在之境中更多人惑而不解时,它就阻碍个体通达自身:"三人行而一人惑,所适者犹可致也,惑者少也;二人惑则劳而不至,惑者胜也。"流俗作为惑者与解者相与共在之域,二者之间的交相胜败,不但决定了相与共在的个体能否通往自身,也决定了流俗世界是否开辟出转向道-德畅然而通的通道。"当今之世"作为流俗世界,是一个特征鲜明之域,即惑者远胜于解者,从而解悟者之祈向都根本得不到通达:"而今也以天下惑,予虽有祈向,不可得也。不亦悲乎! 大声不入于里耳,折杨皇荂,则嗑然而笑。是故高言不止于众人之心,至言不出,俗言胜也。以二缶钟惑,而所适不得矣。而今也以天下惑,予虽有祈向,其庸可得邪!"有内容的东西得不到流俗心灵的理解与接纳:"大声,古乐也,喻其至高之论也。不止于众人之心者,与之说,不入也。"①无内容的鄙贱言说,则易为无理解之众庶所接纳,"折杨皇荂,比俗言也"②,众人听之"嗑然而笑","嗑、合通,同声而笑也"③。在众庶因其同而笑的流俗世界,一个想实现自身的人,只能是隐逸而生,而不可能有所得于流俗众庶。

　　在本质上,无论是诣谀父、君之情意,还是诣谀流俗之意见,最终都必然陷于无所适从而不能抵达广袤的天地与深邃的自身。个体要经由至言的引领而自行领悟,从中走出并跃入广袤的自在天地与自身的自然深邃,并非一件易事:"人然亦然,人善亦善,合譬饰词,垂衣设采,取悦于人之耳目,交相道谀以成乎风俗。于是至言不能感动,祈向不能孤行,出大惑大愚之天下,

---

① 　林希逸:《庄子鬳斋口义校注》,第 205 页。
② 　同上。
③ 　王夫之:《庄子解》,第 111 页。

孰从而诏之哉?"①

　　从亲顺君与循俗,都是无有本质的虚妄之举,都是在自我与流俗之间寻求无根的相似:"以迹传者,欲人之似己;道谀者,唯恐其不似人。"②但在某种契机下,即当其自醒于自身的丑陋与虚妄,并处于自身与他者的自然真实关联之际,它才有着刺破自身而放归囚禁之物,让其回到自身的可能:"恶人生子,恐其似己,是自知其恶也。彼且自知,而世之惑者皆不自知,则不如厉人矣"③,即"厉之人夜半生其子,遽取火而视之,汲汲然唯恐其似己也"。这是以悲壮而深潜之情,表达出一种绝望的希望。说是绝望,是因为流俗之天下都陷在无知之惑中,一个警觉而醒之人,在此流俗之世,只能"释之而不推";说是希望,是因为无知之恶经过充分的展开,其恶抵达其极,就会自行瓦解自身而返回真朴自然。绝望之希望的根底,就在于自然而真朴虽然潜隐而恒在其自身,总有契机吐露自身的生机。

第十五节:失性自囚与自由而清白之在

　　百年之木,破为牺尊,青黄而文之,其断在沟中。比牺尊于沟中之断,则美恶有间矣,其于失性一也。跖与曾史④,行义有间矣,然其失性均也。且夫失性有五:一曰五色乱目,使目不明;二曰五声乱耳,使耳不聪;三曰五臭薰鼻,困惾中颡;四曰五味浊口,使口厉爽;五曰趣舍滑心,使性飞扬。此五者,皆生之害也。而杨墨乃始离跂自以为得,非吾所谓得也。夫得者困,可以为得乎? 则鸠鸮之在于笼也,亦可以为得矣。且夫趣舍声色以柴其内,皮弁鹬冠搢笏绅修以约其外,内支盈于柴栅,外重纆缴,睆睆然在纆缴之中而自以为得,则是罪人交臂历指而虎豹在于囊槛,亦可以为得矣。

---

① 王夫之:《庄子解》,第 111—112 页。

② 同上书,第 112 页。

③ 林希逸:《庄子鬳斋口义校注》,第 206 页。

④ 陈鼓应认为"跖"上脱"桀"字,见《庄子今注今译》,第 333 页。

对百年之木来说,"破为牺尊,青黄而文之"之"破"与"断在沟中"之
"断",一破一断,破是断,断也是破,同为"破断"或"断破":"其断在沟中者,
破为牺尊之余者也。同此一木,或为牺尊,或弃沟中,荣辱虽不同,必竟皆是
枯木矣。"①就庄子的譬喻而言,"破""断"二者之间有两重比对,具体意涵是
不同的:一是对世俗价值之用而言,"破为牺尊,青黄而文之"是有用而美,
"断在沟中"是无用而恶。二是对木之为木本身而言,"失性一也",即丧失其
本性则是一样的:"牺,刻作牺牛之形,以为祭器,名曰牺尊也。间,别。既削
刻为牛,又加青黄文饰。其一断弃之沟渎,不被收用。若将此两断相比,则
美恶有殊,其于失丧木性,一也。"②就世俗价值或世俗之用而言,美恶其实是
相互依存而有的:"天下皆知美之为美,斯恶已;皆知善之为善,斯不善已。
故有无相生,难易相成,长短相较,高下相倾,音声相和,前后相随。"(《道德
经》第二章)世俗在使用价值的意义上故为美恶之分,基于苦乐感受,以将事
物从其自身拽离而置入异化扭曲之域:"美者,人心之所进乐也;恶者,人心
之所恶疾也。美恶犹喜怒也,善不善犹是非也。喜怒同根,是非同门。"③喜
怒、是非作为根源,衍生美恶、善不善交织之域。美恶之域即流俗世界。在
这个流俗世界中,喜怒、是非是个人自私性的情欲与意见,却扭转为一种普
遍而绝对的美恶差等相分的价值原则——美作为价值之所取得到肯定,恶
作为价值之所舍被否定。价值的根底本来是个人自私性的苦乐感受,个人
自私性之所以能转而为普遍性,成为流俗社会的普遍性价值取向,则是基于
权力。个人自私性的趋乐避苦之取舍的实现,依赖其权力的大小。在一个
崇拜权力的社会里,权力的本性具有手段与目的的合一性,权力既是趋乐避
苦的一种力量手段,本身又是乐的一种强力绽现。权力赤裸裸地强大,会吞
噬一切,湮灭一切。一方面,权力作为物性力量吞灭了一切其他非物性价
值;另一方面,至高的权力本身吞灭一切从属性权力。权力作为价值,本质
上是对一切真正价值的否定。这是流俗世界的吊诡。只有从深渊之处召唤

---

① 林希逸:《庄子鬳斋口义校注》,第 206 页。
② 郭象注,成玄英疏:《南华真经注疏》,第 255 页。
③ 王弼注:《老子道德经注校释》,楼宇烈校释,中华书局,2008 年,第 6 页。

出生命之为生命的本性，才能拒斥一种非价值的价值囚笼之囚禁："生命的价值是不能被评估的。不能被一个活人评估……也不能被一个死人评估。"①

在为流俗权力扭曲的普遍价值观下，人的生命是丧失其本性而离其自身的。权力的吞噬不仅表现为对人性的外在显性"破断"，而且尤其体现在每个人对自身本性的隐性"破断"——个体将流俗的权力价值观内化为自身的个人"认可而自愿"的准则，从而自行"破断"自身。显性"破断"似乎表现出一些外在的强加性质，隐性"破断"则似乎显现出内在的自愿性质。在权力社会里，"自愿认可"具有更为隐曲的意义，因为它使权力掌有者能够对那些违背了其利益与价值的人施以惩罚。"为了能够被判决、被惩罚——为了能够成为有罪的，人被设想为'自由的'：因此，每一个行为必须被设想为自愿的，每一个行为的策源地必须被设想为存在于意识中。"②但是，就其实质而言，只有在自然、自在与自由（自然即不虚伪矫饰，自在即非抽象认知所可把握，自由即无压制与奴役）的展开中，任何个体在其自身的自我实现才是不丧失其本质的。一个人不在其自身而在，将自身沦丧于自身之外，将本性丧失于流俗之中，就是一种存在的倒置："丧己于物，失性于俗者，谓之倒置之民。"（《庄子·缮性》）在一定意义上，丧己与失性相纠合，具有同样的内涵——流俗追求权力，权力追求占有，占有体现于拥有有形之物的量之大小。其中，尤其体现为对物化之人的占有与支配之量的大小，而通过占有人以占有其财产和通过占有财产而占有人的双向运作，将人不断物化，正是权力之无本质的本质。只有量而无其质的流俗价值追求，体现为财富或者声名，都是变情易性而离弃自身："小人殉财，君子殉名。其所以变其情，易其性，则异矣；乃至于弃其所为而殉其所不为，则一也。"（《庄子·盗跖》）"自三代以下者，天下莫不以物易其性矣。小人则以身殉利，士则以身殉名，大夫则以身殉家，圣人则以身殉天下。故此数子者，事业不同，名声异号，其于伤性以身为殉，一也。臧与穀二人相与牧羊而俱亡其羊。问臧奚事，则挟策读

---

① ［德］尼采：《偶像的黄昏》，第13页。

② 同上书，第40页。

书；问穀奚事，则博塞以游。二人者，事业不同，其于亡羊均也。伯夷死名于首阳之下，盗跖死利于东陵之上，二人者，所死不同，其于残生伤性均也。奚必伯夷之是而盗跖之非乎！天下尽殉也，彼其所殉仁义也，则俗谓之君子；其所殉货财也，则俗谓之小人。其殉一也，则有君子焉，有小人焉；若其残生损性，则盗跖亦伯夷已，又恶取君子小人于其间哉！"（《庄子·骈拇》）在如此流俗价值之流中，仁义不过就是伪饰而已，盗跖在盗中行"道义"，伯夷在君子中行"道义"；实质上，伯夷之"道义"与盗跖之"道义"就是一个"道义"。但吊诡的是，这个"道义"在伯夷之处被认为是美善，在盗跖之处被认为是丑恶。真相可能是另外一种情形，即被认为美善与被认为丑恶，都是肮脏的；相对而言，盗跖的"道义"反而清澈一些，伯夷的"道义"则更为浑浊。流俗所谓"道义"，不过就成了欺世盗名的东西，成为自我瓦解之物。在"道义"的伪饰之下，盗跖与伯夷二者丧失本性与丧失自身是一致的，戕害生命与损毁本性是一体的，即"残生伤性"或"残生损性"。

　　《天地》最后以百年之木的"破于庙堂"与"断于沟渎"而"失性一也"之喻，引出盗跖与曾参、史鰌①的"失性均也"，并以目、耳、鼻、口、心五种身体感官为色、声、臭、味、趣所坏乱、丧失来对"失性均也"加以阐明。这也就是目、耳、鼻、口、心为五色、五声、五臭、五味与五趣所系缚、囚禁："且夫属其性乎仁义者，虽通如曾史，非吾所谓臧也；属其性于五味，虽通如俞儿，非吾所谓甘也；属其性乎五声，虽通如师旷，非吾所谓聪也；属其性乎五色，虽通如离朱，非吾所谓明也。吾所谓臧者，非仁义之谓也，臧于其德而已矣；吾所谓臧者，非所谓仁义之谓也，任其性命之情而已矣；吾所谓聪者，非谓其闻彼也，自闻而已矣；吾所谓明者，非谓其见彼也，自见而已矣。夫不自见而见彼，不自得而得彼者，是得人之得而不自得其得者也，适人之适而不自适其适者也。夫适人之适而不自适其适，虽盗跖与伯夷，是同为淫僻也。余愧乎道

---

　　① 曾、史在《骈拇》中出现数次，成玄英认为："曾者，姓曾名参，字子舆，仲尼之弟子。史者，姓史名鰌，字子鱼，卫灵公臣。"（郭象注，成玄英疏：《南华真经注疏》，第183页）曾、史在《在宥》中多次被提到，《胠箧》也有论及，其基本用意与《天地》同，即都是以仁义伤身残性，使人不能在其自身而自然、自在与自由地存在。

德,是以上不敢为仁义之操,而下不敢为淫僻之行也。"①所谓属,即"以此系彼","属,系也";所谓臧,即善,"臧,善也"②。五色乱目而视不明,五声乱耳而听不聪,五臭熏鼻而闻不到,五味浊口而品不达,五趣滑心而思不畅③,仁义淆性而生不通,都是"得人之得而不自得其得者,适人之适而不自适其适者",被自身之外的东西束缚,不能在其自身而自然、自在与自由,当然不是真正的臧善;真正的臧善,是目视色而明、耳听声而聪、鼻熏香而闻、口品味而达、心思取而畅、生顺性而通,人在其自身,由其自身,为其自身而展开自身,是"自得其得,自适其适"。这也就是道-德的真意,即每个人之通达自身,亦即道-德之间的畅然而通。

　　流俗之人陷入或内或外的囚笼,如杨朱之恣肆自身的感性欲望而自陷,墨子之苦修以爱利他人而自囚,好比鸠鸮之养于樊笼,丧失人之存在的自我通达,壅遏了道-德之间的畅然而通:"杨墨之学,趣舍滑心者也,而乃自以为能。彼以其说自困,而乃曰自得,以此为自得,则禽兽在笼中亦为自得矣。"④人自身的存在就是存在之继续,或者说人之存在本身就是不断展开、绽出自身,就是不断地畅然而通,让未知的可能性不断地如其自身而涌来。那种画地为牢、自为困缚自身之行,不是真正的得其自身,而是失其自身。对形体而言,流俗之人内求声色之欲的满足而自塞,外求衣冠笏绅之饰而自囚——"夫浮伪之徒,以取舍为业,故声色诸尘,柴塞其内府;衣冠插笏,约束其外形"⑤;在心性上,流俗之人内持凝固的主观之见,以为生命不过就是某种自身意志与意识的实现,外执绝对不变的普遍之则,以为生命就是依据此绝对普遍原则而完成——"世俗之沈溺者,固为沟中之断;离跂以自为得者,亦牺尊耳;皆戕贼其性之贼心也"⑥。庄子对生命的养护,其基本旨向,就是破除

　　①　《庄子·骈拇》。这一段的诠释,可以参见赵帅锋、郭美华《仁义对道-德的碍阻与中断——论〈庄子·骈拇〉对仁义的批判》,《诸子学刊》2019年第2期(也可参见本书第一章)。

　　②　郭象注,成玄英疏:《南华真经注疏》,第190页。

　　③　成玄英说:"趣,取也。滑,乱也。"(郭象注,成玄英疏:《南华真经注疏》,第256页)

　　④　林希逸:《庄子鬳斋口义校注》,第207页。

　　⑤　郭象注,成玄英疏:《南华真经注疏》,第256页。

　　⑥　王夫之:《庄子解》,第112—113页。

囚笼而彰显自由："泽雉十步一啄，百步一饮，不蕲畜乎樊中。神虽王，不善也。"（《庄子·养生主》）

每个人都是一个自然、自在而自由的存在者，不为任何物、任何人或任何观念所囚禁，"没有人把人的特性给予他，无论是上帝、社会、他的父母和祖先，还是他自己……他不是一个本己的意图、一个意志、一个目的的结果，不是用以实现一种'人的理想'、一种'幸福理想'或一种'道德理想'的试验品"①。自然、自在而自由的存在者，从任何概念、任何价值、任何权力那里解放出来，自身跃入无限性的深邃与广袤之中，恢复到自身清白的生成之中："人是必然的，人是命运的一部分，人从属于整体，人在整体之中——没有任何东西可以判决、衡量、比较和谴责我们的存在，因为这意味着判决、衡量、比较和谴责整体……而在整体之外别无他物！……存在的方式不应被追溯到一个第一因，世界既不是一个意识统一体，也不是一个'精神'统一体，这才是伟大的解放……这样，生成的清白才能得以恢复。"②

在《天地》之终，庄子自然无碍而畅、自在无阻而通的道德之意，绽出人之生存的自由而清白之旨。天地之间，广袤而予以每一个存在者自由，深邃而予以每一个存在者清白。

---

①　[德]尼采：《偶像的黄昏》，第40—41页。

②　同上书，第41页。

附录一　出离与返回：作为过程的逍遥
——《庄子·逍遥游》疏解①

　　作为《庄子》全书首篇，《逍遥游》以逍遥为意，将自由存在的实现奠定为整个《庄子》哲学的基本旨趣。关于逍遥的基本意蕴，经典的诠释中，郭象注以"各任其性，逍遥一也"②，支道林则以"物物而不物于物"③之超然于物为解。二者深具内蕴，成玄英《南华真经疏》引支道林的说法，认为"逍遥游"的首要意蕴就是绝物。④然而，郭象的"各任其性"或"各足自性"，与《庄子》排斥

---

　　①　本章《庄子》文本分段以陈鼓应《庄子今注今译》（中华书局，1983 年）为本，内容解读以郭庆藩《庄子集释》（中华书局，2004 年）为基础。从文本结构来看，前一至七段层层引入并彰显主题；续以三个故事解释无己无功无名；最后与惠子对话的两个故事综说整篇《逍遥游》的意趣。本章疏解前七段。

　　②　《南华真经注疏·逍遥游第一》郭象注说："夫小大虽殊，而放于自得之场，则物任其性，事称其能，各当其分，逍遥一也，岂容胜负于其间哉！"（郭象注，成玄英疏：《南华真经注疏》，第 1 页）

　　③　《世说新语·文学注》载支道林说："夫逍遥者，明至人之心也。庄生建言大道，而寄旨鹏鷃。鹏以营生之路旷，故失适于体外；鷃以在近而笑远，有矜伐于心内。至人乘天正而高兴，游无穷于放浪。物物而不物于物，则遥然不我得；玄感不为，不疾而速，则逍然靡不适。此所以为逍遥也。若夫有欲，当其所足，足于所足，快然有似天真，犹饥者一饱，渴者一盈，岂忘烝尝于糗粮，绝觞爵于醪醴哉？苟非至足，岂所以逍遥乎？"（徐震堮：《世说新语校笺》，中华书局，1984 年，第 120 页）

　　④　成玄英《南华真经疏序》除支道林，另外引顾桐柏解逍遥为"道者，销也。遥者，远也。销尽有为累，远见无为理。以斯而游，故曰逍遥"；引穆夜解逍遥为"逍遥者，盖是放狂自得之名也。至德内充，无时不适；忘怀应物，何往不通。以斯而游天下，故曰逍遥游"（郭象注，成玄英疏：《南华真经注疏》，"南华真经疏序"，第 2 页）。将逍遥的基本意趣解释为去物、绝物或者游物。

的"自多"①若不相符；而单纯将逍遥理解为"绝物"，则与《庄子》所谓"物物者与物无际"②颇相扞格。在《庄子》中，逍遥而游的自由存在"出入自在而无所沾滞"③，既不自多，也不绝物，当然也不是滞于物，其中内蕴着一个逍遥主体与物之间的深刻而复杂的关系，这一关系必须置于一个过程中来理解。从过程的观点看，"物"在逍遥自由的存在中，不是单纯要加以清除瓦解的外在对象，而是要以合理而本质的方式展现的内在构成环节。传统主流诠释将逍遥理解为对物的超绝与隔绝，将之归结为孤另精神或心灵的持守相异，引向闲适的心境或心境的自由，无疑丧失了逍遥游磅礴万物为一④的气势。而把"物"（心灵或精神的他者）作为必然环节纳入对逍遥的理解，意味着一种艰苦的历程。逍遥作为艰苦的历程，要义在于它经由对自身的出离而与异于自身的他者相遇，并与他者共同构成彼此相聚的整体，在此整体中确证自身且返回自身。逍遥之"艰苦"，正是因为逍遥并非一个处于事情终点的心境清明或者精神受用，毋宁说逍遥自身的展开过程即是逍遥本身："事情并不穷尽于它的目的，而穷尽于它的实现，现实的整体也不仅是结果，而是结果连同其产生过程。"⑤如此过程，充满了严肃、痛苦的自身否定

---

① 语见《庄子·秋水》河伯与北海若的对话。河伯以为自己所在大河已经"足够大"，走出河而至北海，遇到北海若始知是"自多"，北海若告之存于天地间不能"自多"。郭象以"自足其性"解逍遥，忽略了逍遥而"游"必须走出自身而"不能自多"的意蕴。

② 语见《庄子·知北游》："尝相与游乎无何有之宫，同合而论，无所终穷乎！尝相与无为乎！澹而静乎！漠而清乎！调而间乎！寥已吾志，无往焉而不知其所至，去而来而不知其所止。吾已往来焉而不知其所终；彷徨乎冯闳，大知入焉而不知其所穷。物物者与物无际，而物有际者，所谓物际者也；不际之际，际之不际者也。"原意在于东郭子问"道恶乎在？"，庄子回以"无所不在"，最后指向主体的逍遥之游，其中蕴涵着逍遥主体及其道与物的关系。这个关系，庄子表达得极为深刻，它包含两个方面：一方面，逍遥主体与道不脱离于或不隔绝于物且具有对于物的主体性（物物而与物无际）；另一方面，逍遥主体及其道与物的"无际"（不隔绝），不同于物与物之间在物理空间意义上的"位置区别"（物际）。因此，逍遥主体及其道与物之间是"不际"之"际"（不离于物而与物本质不同），而物与物之间是"际"之"不际"（物与物围于其形而时空相隔，却在本质上同属于物而无别）。在此意义上，将逍遥游理解为绝物，显然悖于《庄子》此处意旨。

③ 钟泰：《庄子发微》，第3页。

④ 语见《庄子·齐物论》。

⑤ ［德］黑格尔：《精神现象学》上卷，贺麟、王玖兴译，商务印书馆，1979年，第2页。

以及坚忍和劳作。①《庄子》对逍遥的诗意言说方式本身,并不掩盖逍遥观念自身的过程本质。撇开了如此艰苦的历程,逍遥就会成为毫无内容的仅仅溢于言表的虚幻的托辞。逍遥必须回到其艰苦而丰富的展开过程,才是真实的。

一、出离自身而趋明是逍遥的首要意蕴②

> 北冥有鱼,其名为鲲。鲲之大,不知其几千里也。化而为鸟,其名为鹏。鹏之背,不知其几千里也;怒而飞,其翼若垂天之云。是鸟也,海运则将徙于南冥。南冥者,天池也。

郭庆藩《庄子集释》引方以智说:"鲲,本小鱼之名,庄子用为大鱼之名。"③鲲作为逍遥意象,在其语词的内蕴上就是一种自身转化,它将世俗的"小"(尤其以流俗而僵固的字典式理解为表征)转而化为"大"。而《逍遥游》文本中鲲之化而为鹏,不过是如此潜隐着的转化内蕴的更为显明的展现方式。因此,逍遥的意思,首先必须"转出"自身之凝固当下"化而为"对面之他者(作为与当下相异者)。何以鲲化为鹏(鱼化为鸟)而南飞,成玄英疏说:"所以化鱼为鸟,自北徂南者,鸟是凌虚之物,南即启明之方;鱼乃滞溺之虫,北盖幽冥之地;欲表向明背暗,舍滞求进,故举南北鸟鱼以示为道之径耳。"④以从暗趋明(由北往南)来解释鲲化为鹏而南飞,成玄英可能注意到这与地域背景有关,即北方远离太阳而南方接近太阳,而太阳意味着光明或光亮。不过,不能仅仅落目于南北鸟虫的事项特征,否则便湮没了"转化"之义。《逍遥游》开始的文字,鲲鹏意象的烘托,首先表达一种自身的内在转化,由

---

① ［德］黑格尔:《精神现象学》上卷,第 11 页。

② 根据陈鼓应《庄子今注今译》分段,这里对从第一段到第七段的疏解分别拟出概括标题。

③ 郭庆藩:《庄子集释》,第 3 页。亦见《尔雅·释鱼》。

④ 郭象注,成玄英疏:《南华真经注疏》,第 2 页。

此转化而去阴趋阳、背暗向明——转出自身而向明是逍遥的基础意蕴。"离"作为明,是事物自身展开的内在本质,意味着事物离开自身而得以彰显自身于光明之中。在《易传》中,"离"卦之意就是"明":"离也者,明也。万物皆相见,南方之卦也。"(《易·说卦》)在转小化大的鲲鹏意象中,"大而化之"的意境得以显露——出离自身而显明自身。一方面,北之鲲与南飞之鹏,其形体都"大得不足以知",二者之大,当然不能在实然的意义上来理解,它仅仅烘托转化自身的本质指向——超出自身而大;另一方面,北之鲲与南飞之鹏,都居住于辽阔之境,而且,鲲之转化为鹏,是从北溟之居移居南溟之所,虽有南北之异,却同是溟海,启示着鲲之转化为鹏并远走高飞,是在更高的意义上回到自己的固有居所(居所从暗转明)。因此,郭象注说"大物必自生于大处,大处亦必自生此大物,理固自然"[1],显然是将逍遥游理解为现成性的静态存在而滑失真意了。

二、远走高飞的出离自身可能遮蔽自身

　　《齐谐》者,志怪者也。《谐》之言曰:"鹏之徙于南冥也,水击三千里,抟扶摇而上者九万里,去以六月息者也。"野马也,尘埃也,生物之以息相吹也。天之苍苍,其正色邪?其远而无所至极邪?其视下也,亦若是则已矣。

　　化而趋明的大鹏飞在高空,带来的问题转换是:处于地面的存在者所见的苍苍而无至极的天,与已经飞翔在高空的大鹏所见,还是一样的"景致"吗?就流俗意义而言,大鹏本是地面(北溟)的鲲,当在地面之时,仰望上空,那上空是一个远离自身的陌异者。当其化而为鹏,出离自身当下的地面而高飞远达至于苍穹,这原本显得陌异的世界却成为自己飞翔的途程,此时的

―――――――――

① 　郭象注,成玄英疏:《南华真经注疏》,第 2 页。

苍穹不再陌异。但是，对苍穹不再陌异的大鹏途经这片苍穹之际，俯视自己原来居住、现在离开的大地，又会是什么景致呢？在庄子看来，在高空翱翔的大鹏见到的地面景致，与地面的鲲鱼见到的地面景致，彼此相殊。正如鲲鱼作为地面存在者见到的天空景致，与大鹏作为高空翱翔者见到的天空景致相殊一样。因此，趋明而走向逍遥，本身依然可能有蔽——它可能在出离自身而显明自身的同时在一定意义上遮蔽了自身。在流俗意义上，地面和天空，是不同的存在境域。而不同存在境域之中的存在者，对于处在相异境域之中的存在者，不能获得或达致同样的"世界"。因为流俗固守于分，而不见其全。高飞的大鹏，翱翔于天地之间，本如野马尘埃之游气，弥漫于天地之间并与之浑然整全。①可是，高飞在"上"的大鹏还在"视下"，它往"下"看——它将眼下处身其中的"上"与自身原来寄居的"下"割裂为二，"上"与"下"没有被"视"而为"一"。成玄英疏说："鹏处中天，人居下地，而鹏之俯视，不异人之仰观。人既不辨天之正色，鹏亦讵知地之远近？"②只要固守于"上""下"相分，"上"之视"下"，与"下"之视"上"，就同样"蔽而不全"。"下"者局限于"下"，"上"者局限于"上"；"上"不能与于"下"之观，"下"不能与于"上"之看。事物之出离自身而趋明，是将自身转化为他者而自我显明；但是，转化而成的他者处于此而明，却将原来之自身视为新的他者而蔽。如此之趋明而又陷溺于蔽，是因为单纯地走向他者而割裂与源初自身的联系。实质上，人或鲲鱼所居之下地，与鹏鸟翱翔的中天，是不可剖分的整全世界。

三、大鹏之飞以"风"为纽节而使天地、自身与他者结为整体

　　且夫水之积也不厚，则其负大舟也无力。覆杯水于坳堂之上，则芥

---

①　郭象认为野马尘埃之气是大鹏天空翱翔之所凭借（郭象注，成玄英疏：《南华真经注疏》，第2—3页），而王夫之《庄子解》认为野马尘埃是弥漫扰乱天空而使其失去正色者（王夫之：《船山全书》第十三册，岳麓书社，1998年，第83页）。

②　郭象注，成玄英疏：《南华真经注疏》，第3页。

为之舟；置杯焉则胶，水浅而舟大也。风之积也不厚，则其负大翼也无力。故九万里，则风斯在下矣，而后乃今培风；背负青天而莫之夭阏者，而后乃今将图南。

大鹏高飞于天而有的"蔽"不同于鲲鱼寄居于地而有的"蔽"。当其仍然处于地面时，那是源初的暗昧；而高飞于天，则是衍生的暗昧。前一情形是彻底的黑暗，不知道有他者，更不知道有自身；后者却是看见不同于自身的他者而忘记了原来的自身。两者都暗昧而不明。事物都在一个多样的具体境域之中展开自身，每一事物都有其自身的独特之点。事物的展开自身，显现为从一个特定境域转向另一个不同境域的过程。而两个不同境域之间的关联，是前者化为后者的环节或内容。鲲变为鹏，从地面飞到高空，地面与高空都是不同的境域，而寄居地面是高飞至天的构成内容或环节，二者统一于过程之中：事物之展开自身不但明于自身所处的境域（自觉于自身之境），而且明于他物所处的境域，更要明于从自身所处之境向他者所处之境的转化。郭象注说："夫质小者，所资不待大；则质大者，所用不得小矣。"[1]郭象之意本在说明每一物有每一物之性，故每一物自足于其自身而不必期求超出自身本性的事境。但庄子本意，则在一种对比之中彰显彼此相异之物之间的相关性。大海之水负大舟，坳堂之水负草茎，这是大舟之本性与大海之境或草茎之本性与坳堂水之境的相互契合。大鹏之展翅翱翔于苍穹，是鹏之本性与苍穹之境的彼此契合。坳堂水要浮起杯子，需要积水更多更深，累积以至于大海水之量以浮起大舟。坳堂之水与大海之水之间有着内在的连续性。大鹏之高飞，起于地面；风从地面升起，大鹏凭风而飞升。鲲化为鹏，从地面飞升至于上天，"风"是一个象征，它是天、地内在连续性的纽节。通过"风"的联结，高飞于天空的大鹏与地面并不隔绝而显出其一体性。[2]所谓一

---

① 郭象注，成玄英疏：《南华真经注疏》，第 3 页。

② "风"在《庄子》中对整体性的昭示意义，在《齐物论》开篇得到了更为深刻的展示。在颜成子游与南郭子綦关于"人籁、地籁、天籁"的讨论中，颜成子游似乎明白了人籁和地籁（其实，因为不明天籁，对此二者他也未能真正理解），可是依然不知道天籁为何物。可是，南郭子綦的回答仅（转下页）

体，既是事物自身的转化过程为同一个体绵延（鲲、鹏本为一物的不同展现形态），也是事物展开自身的整个过程相与之物的整体（鲲之在池、鹏之在天经由"风"而构成整体）。大鹏将向南飞，"风"在"下"，"风"之"下"还有"下"，"下"是"地面"，"地面"是鹏还未转化之前的鲲所寄居之处。离开地面（北溟），还将回到地面（南海）。因此，鹏在高飞往南时，地面并不隔绝于天空，而是转化了自身参与到天空之中。由此，大鹏飞过天空之后，还能回到地面。简言之，事物的展开自身，他物一直与之相伴随，并与此事物一起构成为一个整体。

四、地面小鸟对高飞大鹏之笑的荒谬性具有反向启示意义

> 蜩与学鸠笑之曰："我决起而飞，抢榆枋，时则不至而控于地而已矣，奚以之九万里而南为？"适莽苍者，三飡而反，腹犹果然；适百里者，宿舂粮；适千里者，三月聚粮。之二虫又何知！

如果昧于整体而局限于割裂开来的上下之分，就地面的观看眼光而言，高飞于天的鹏也显现为一个小小的影像；而大鹏远离地面飞在高空，它观看的地面之物，也显现为小小的影像。蜩、学鸠与大鹏，如果置于同一处境，当然鹏大而蜩、鸠小。但是，高飞于天空的鹏可能看不到原本就小的蜩与学

（接上页）仅是："夫［天籁者］吹万不同，而使其自己也，咸其自取，怒者其谁邪！"（王叔岷先生引证《世说新语》，加"天籁者"三字；"自己"的"己"有作"已经"之"已"者，当据郭注作"自己"之"己"。参见王叔岷《庄子校诠》上册，第48页）在此，"天籁"的意蕴似乎有着矛盾：一方面，每一孔穴都得到了"风之吹拂"，另一方面，每一孔穴之发出声响却是"咸其自取"而无外在使之者。显然，在《齐物论》中，"天籁"的意蕴是这两方面的统一，它意味着，风本身的吹拂对被吹拂者来说并非外在的使之者。起风处、风之吹拂与风之吹拂处，三者统一于同一个整体环境之中。如此，天籁构成了齐物的基本意蕴，即在整体中持守自身。

鸠,而蜩与学鸠则可以看到"变小"飞在天空的大鹏(其实是因飞在天空而变小)。小鸟没有起飞,也许如郭象注所说,是其本性使然。可是,没有起飞的小鸟对高飞在天的大鹏发出了嘲笑:何须高飞而往南? 小鸟发出的嘲笑本身之内容,消解了存在之趋向自由(逍遥而游)的本质。事物何以要离开自身而显明自身,这是事物展开其存在的必然要求。我们反倒要追问的是:小鸟何以会嘲笑大鹏? 后文郭象注说:"夫物未尝以大欲小,而必以小羡大。"①小鸟之于大鹏而欣羡,欣羡而有笑。此小对大的"笑",意味着"小"自身的境域限制以较为荒谬的方式展现出来——它不但不明于自身境域,而且在习于、囿于自身狭小境域之暗昧的同时发出对于他者区别于自身狭隘的更为深重的暗昧:它无以知晓他者有着自身的境域,故而对他者不能如己处于同样的存在境域发出嘲笑(蜩与学鸠二虫,不知道高飞的大鹏有所"积"而"后"飞。其所积,原在地面,即小鸟自身的处所)。《老子》第四十一章说:"下士闻道,大笑之,不笑不足以为道。"通向逍遥的道路,在小或下对大或上的"笑"之中,以荒谬的反讽方式呈露出来。郭象注以为"苟足于其性……小大虽殊,逍遥一也",显然是脱离展开过程而言。究实而言,未能高飞的小鸟根本就没有逍遥之游。蜩与学鸠②不能转而为他者,它们不能明白他者,也就不能明于自身(转为自身的他者而出离自身是逍遥的首要之点)。不过,可能的逍遥在领悟此一荒谬之笑中敞露其入口。因为荒谬总是一种对意识的撕裂,撕裂开来的缝隙,就是出离当下处境的契机与通道入口。当然,这一通道入口不是直接面对小鸟与大鹏敞开,而是对跃出小鸟、大鹏之对待并将小鸟与大鹏连同天空和大地合为一个整全世界的领悟者开启。

---

① 郭象注,成玄英疏:《南华真经注疏》,第6页。
② 郭象将原文"之二虫又何知"的二虫解释为鹏和蜩(郭象注,成玄英疏:《南华真经注疏》,第4页),郭庆藩《庄子集释》引俞樾认为是蜩与学鸠(郭庆藩:《庄子集释》,第11页)。从文意上看,当指蜩与学鸠。不过,郭象的误注却也启示出一些新意:一方面,囿于地面的小鸟不能理解大鹏高飞而笑;另一方面,高飞的大鹏囿于苍穹,也不能理解小鸟之起落于坊间屋梁。

五、小者之可悲在于它不能经由作为他者的大者而回到自身

> 小知不及大知,小年不及大年。奚以知其然也? 朝菌不知晦朔,蟪蛄不知春秋,此小年也。楚之南有冥灵者,以五百岁为春,五百岁为秋;上古有大椿者,以八千岁为春,八千岁为秋,此大年也。而彭祖乃今以久特闻,众人匹之,不亦悲乎!

世间事物有小大之别,而小不及大,这是自然之理。生存短暂(小年)的事物,其所知当然不及生存长久(大年)的事物。小年的事物显示出鲜明的局限性,大年的事物虽然有限但在与小年的事物的对比中则有所超越。在大与小的对比中,有着深层次的欲望——渴求存在的久延。所以郭象注说:"夫物未尝以大欲小,而必以小羡大。"[1]小之羡欲大,而求"匹配"(生命短暂的众人欲匹配长寿的彭祖)——欲使自身之小等同于他者之大。在羡欲以匹配之中,小者似乎窥见了大者的依稀之相。这与小者之嘲笑大者而对大者一无所知有着不同的意境。可是,在小者对大者的羡欲中,大者并未如其自身那样被理解,它只是作为小者自我扩张的虚设等价物。小者扑向自身所虚设的大者,以为自身能变而为大者。由此,大者被扭曲而小者丧失自身。小者不能从相异于自身的大者而回到自身,这是"悲剧性"的存在之境。此一悲剧性事件,其悲剧性的消除,只能是小者在与大者的彼此相对中,经由对于大者之异于自身而回到自身。只有在此意义上,郭象的注释才是可理解的:"小大之殊,各有定分,非羡欲所及,则羡欲之累可以绝矣。夫悲生于累,累绝则悲去,悲去而性命不安者,未之有也。"[2]小者与大者各自在瞥见了对方及其存在境域之际,回头瞥见了自身及其存在境域。由此,小者能够

---

① 郭象注,成玄英疏:《南华真经注疏》,第6页。

② 同上。

不歆羡大者而回到自身,大者能够不厌于小者而持守自身。小大之分不是被泯灭了,而是被转化并超越了——它以内在于事物展开过程的方式,促进了事物之展开而能回到自身。

六、小大之辩所要绽露的是二者统一的整体

　　　汤之问棘也是已。穷发之北有冥海者,天池也。有鱼焉,其广数千里,未有知其修者,其名为鲲。有鸟焉,其名为鹏,背若太山,翼若垂天之云,抟扶摇羊角而上者九万里,绝云气,负青天,然后图南,且适南冥也。斥鴳笑之曰:"彼且奚适也? 我腾跃而上,不过数仞而下,翱翔蓬蒿之间,此亦飞之至也。而彼且奚适也?"此小大之辩也。

　　汤之问棘一段,传统大多认为庄子以重言等方式在为自己的论述提供令人信服的证据①,这是不确切的。陈鼓应引闻一多补入二十一个字②,以追问"上下四方之极"再次叙述鲲鹏意象。所谓"上下四方之极"乃至于"无极之外,复无极",是指作为整体的世界之无限性。因此,汤之问棘不是同一意蕴的重复,而是文意的深化与递进。钟泰说:"上言'南冥者,天池也',此'穷发之北有冥海',而亦曰天池者,明南北皆假象,非果为异地也。"③南北并非相异之地,鲲鹏由北而南飞,其所趋向不过就是回到自身所居之地:一方面,大鹏之飞,仍将停驻于地面;另一方面,大鹏翱翔其间的天空、其起飞的北溟、其趋向的南海,都是无限世界中的有限处所。因此,斥鴳在此的发笑不同于前文蜩与学鸠的发笑。蜩与学鸠暗昧于大鹏与自身,而斥鴳则有觉于自身处所——它从鹏由北而南飞肯定了自身的腾越,腾越于蓬蒿之间亦

---

① 如成玄英就如此理解。见郭象注,成玄英疏《南华真经注疏》,第7页。

② 补入的文字是:"汤问棘曰:'上下四方有极乎?'棘曰:'无极之外,复无极也。'"(陈鼓应:《庄子今注今译》,第11—12页)

③ 钟泰:《庄子发微》,第12页。

如大鹏之飞于南北之间,二者都是有限的存在境域。斥鴳的笑,经大鹏而确证自身,即是回到自身。但斥鴳在回到自身之际,对鹏之由北南飞之境与其蓬蒿之境有着分别而未能为一。它肯定自身腾越于蓬蒿之间当然胜于羡欲大鹏之高飞,但蓬蒿之间与天地南北不能分割。斥鴳作为小者,鲲鹏作为大者,二者之"辨/辩",其意旨所在如王夫之所说:"辨也者,有不辨也。有所辨则有所择,有所择则有所取、有所舍。取舍之情,随知以立辨,辨复生辨,其去逍遥也甚矣。有辨则有己,大亦己也,小亦己也。功于所辨而立,名于所辨而成;六气辨而不能御,天地辨而非其正;鹏与斥鴳相笑而不知为神人所笑,唯辨其所辨者而已矣。"①有所辨则有所取舍,有取舍则失天地之全。斥鴳之从大鹏回到自身,是固守自身的狭小之地,而未能将蓬蒿之境置于天地之间。简言之,斥鴳有了自己的一方小小的有限空间,却将此有限空间割裂于无限。庄子所要昭示的,是斥鴳明白于天地之无限而回到自身——它将大鹏展开自身的南北高飞之境理解为超出自身而对无限世界的趋向,并在自身腾越具有与之同样本质的趋向意义上确认自身腾越的有限,而将自己腾越的蓬蒿之境与高飞南北之境合而为一整全,在此整全中安置自身的腾越之境。

七、逍遥之游是无己、无功、无名三者在过程中的统一

故夫知效一官,行比一乡,德合一君,而征一国者,其自视也亦若此矣。而宋荣子犹然笑之。且举世而誉之而不加劝,举世而非之而不加沮,定乎内外之分,辩乎荣辱之境,斯已矣。彼其于世未数数然也。虽然,犹有未树也。夫列子御风而行,泠然善也,旬有五日而后反。彼于致福者,未数数然也。此虽免乎行,犹有所待者也。若夫乘天地之正,而御六气之辩,以游无穷者,彼且恶乎待哉!故曰,至人无己,神人无功,圣人无名。

---

① 王夫之:《船山全书》第十三册,第85页。

　　本段从鲲鹏的寓言转入对人自身的言说，是整个《逍遥游》的主旨所在。对人自身而言，在知、行、德、能各个方面，不同的人能在不同的境域中实现自身，并局限于此一境域。宋荣子对此发出"犹然之笑"。此笑虽然是以大笑小，而异于前文以小笑大，但依然是"自足之见，斯其所得亦浅"①。郭注以为宋荣子"未能齐，故有笑"，成疏认为"荣子虽能忘有，未能遣无，故笑"②，都指出宋荣子之笑是其仍有欠缺的表现。宋荣子之笑，则显然是明于自身而对世俗功成名就者的笑。就流俗而言，虽则知、行、德、能获得了某种世俗的"肯定"，但流俗的这种肯定由于其浮于物表而无任何主体性却又似乎属于任何人，这使他们无法在内在确证的意义上自我肯定。而宋荣子有着凝固坚实的自我，内外荣辱分别严明，因此，有己的宋荣子对那些自以为肯定了自身却没有真正自己的流俗成就者发出了"犹然之笑"。但恰恰也因为如此内外之分的凝固坚实，宋荣子守于内在之己，无与于流俗世界的一切毁誉，表明他内己与外物之间构筑了坚实的墙壁或巨大的鸿沟，他"足于身，故间于世也"③，未能在从流俗走出并回到与流俗一体的意义上来肯定自身（即没有出离并返回的统一）。

　　相比于宋荣子之内己外物而彼此隔绝，列子御风而行则穿透了内外相隔的墙壁。如前所说，风是联结天上地下的连续性纽节，经由风，列子似乎既能在自己之内实现自身，也能在自身之外实现自身。列子之御风而行与宋荣子之内己外物，宋荣子是"犹有未树"，列子是"犹有所待"。"犹有未树"是说"只能内在孤立地肯定自身而不能与流俗统一"，"犹有所待"的意思是什么呢？郭注"苟有待焉，则虽御风而行，不能以一时而周也"，成疏"未能无所不乘，故不可一时周也"④，指出列子待风而行却不"周"。列子御风而行，轻妙而美，我们可以想见，他也能履地步行、乘舟乃至浮游水行，也能骑马疾驰，等等，但是，他不能如土行孙遁地而行，也不能逐光而行，等等。风虽然

---

　　①　钟泰：《庄子发微》，第 13 页。

　　②　郭象注，成玄英疏：《南华真经注疏》，第 7 页。

　　③　郭象以为宋荣子"内我而外物""荣己而辱人"，其意即是指出，宋荣子肯定自身之有己与否定流俗之人无己两者之间彼此隔绝。（同上书，第 8 页）

　　④　郭象注，成玄英疏：《南华真经注疏》，第 8 页。

是天地一体的联结者,但依然是天地之间之一物,而非一切物;风虽然可以在天地众多事物之间转化,但还不是所有物。列子御风而行,即是以风为展开实现自身之特定的依赖,而未能无所不依赖。所以郭注说:"非风则不得行,斯必有待也。唯无所不乘者,无待耳。"成疏说:"唯当顺万物之性,游变化之途,而能无所不乘者,方尽逍遥之妙致者也。"①因此,列子未能逍遥而游,就在于其未能无所不待而仅有特定所待(所谓逍遥无待,不是说一无所待,而是说无所不待)。人之存在而抵达自由,就是人在其所处的世界中,可以在与己同在的任何事物上实现自身。如此,即是"乘天地之正,而御六气之辩"。郭注说:"不为而自能,所以为正也。故乘天地之正者,即是顺万物之性也;御六气之辩者,即是游变化之途也。如斯以往,则何往而有穷哉!所遇斯乘,又将恶乎待哉!……夫唯与物冥而循大变者,为能无待而常通,岂独自通而已哉!"②列子之能御风而行,不是列子将自身之所求所需强加于风而使之行己,而是列子冥己于风,以风实现风之自身的方式而实现列子之自己。天地之正也就是万物之自然(道),乘天地之正也就能"所遇斯乘",也就是"游者"(作为主体)遇到一切物都能在其上实现自身。而游者之在一切相遇物上实现自身,不是"独自"实现自身;相反,它是让相遇物在与己相遇之际,能自如到来、显现其作为他物之自身于自己而实现自身。简言之,游者让他物如其自身地实现于自身而实现自身(通过相异的他者之如其自身地显现于己,游者实现自身)。这里蕴涵着两个环节:从自身让渡他物成其为自如者,并由此而返回自身自觉而自如。郭注直接说"玄同彼我""与物冥",则消解了这个过程性环节,使逍遥成为一种似乎是既得或神秘的东西。由此,超越于列子之待风,真正的逍遥之游,是明觉于自身却又能逸出自身让他物在自身成为自如者,在觉于他物之自如时并不丧失自身之觉。从而,逍遥就是在觉于自身并觉于他物的意义上,自由存在于一个真正的整体性世界之中(明于自身与他物之分界而又让二者聚合为一个整体)。

　　一个人基于明于自身并明于万物而处身二者统一的整体,就达到了做

---

① 　郭象注,成玄英疏:《南华真经注疏》,第8—9页。

② 　同上书,第9页。

人的极致,亦即"至人"。所谓"有己",是指坚执一个凝固的自我,如宋荣子之所为。至人经由自身而敞开他者自如到来的通道,并由他者再返回自身,他和他者或万物在彼此经由对方确认自身的基础上构成一个整体,这是真正的自身,而不是流俗的坚执之己。所以,至人无己而有真我(无己而有真我,在下篇《齐物论》一开始就得以讨论)。如果流俗世界中的存在者总是基于"肯定"而有自身之功用(如前文拥有知、行、德、能者为官、为君等),这种功用是无自我确证的虚假的自我在与世界万物(而此所谓世界万物本身依然是晦暗不明的)对峙中显现出来的,那么,无己的至人不能在流俗世界中有其功用,他已近乎神妙莫测的化境之中,那个世界似乎就是异于流俗的神界,在神界中的至人就是神人,所以称为"神人无功"。在流俗世界中,名以定形,而形有所限(王弼语)。至人虽则是人的极致,但仍可以"人"(流俗意义上的人)命名之;他尽管以在流俗世界的无功而莫测显现为"神人",而不能运用流俗世界中的名称称呼,但是可以以对流俗概念的否定性使用来得到界定(神人的意思,就是不同于一般流俗之人,亦即对流俗名词"人"的否定性使用)。在一定意义上,至人还在"流俗世界"(尽管他至于其边界),而神人则滑入另一个隔绝于流俗世界的莫测世界(借用宗教的概念,可以称为彼岸世界)。然而,真正的逍遥之游,是能走出流俗而进入神界,并从神界再返回流俗的自由往来。游者能从流俗走出,达于人之至极;他出离流俗,不在此,在彼而神;但他返回,他人而神,神而又人,所以既不能以流俗的形象来称谓,也不能以否定流俗形象来称谓,所以他是无名的圣人。无名的意思,不但是指人的逍遥之在超越了一切可能有局限的形,而且是指逍遥之游是人切实的动的存在状态,而非一种单纯的精神之光之自享自用。逍遥而游的存在者,出离了流俗而至于神界,并从神界返回流俗,将二者统一为整体而在整体中觉于自身。因此,至人、神人、圣人三者的统一,表达了逍遥之游的要义。①

　　当然,逍遥游的意蕴中,也有着自由存在者作为主体对物性力量的克服

---

　　①　成玄英疏"至言其体,神言其用,圣言其名,故就体语至,就用语神,就名语圣,其实一也"(郭象注,成玄英疏:《南华真经注疏》,第9页)指出三者的统一,但主要是静态抽象的统一,而忽略了三者之间动态的整体性。

与超越。但是,本章强调的恰好是物性力量之与人一体构成了逍遥游的基础,用庄子自己的话来说,逍遥游是"物物者与物无际"(《庄子·知北游》)。物物者是与物相遇的主体,与物无际则是说主体与物没有"界分割裂"。真正的自由存在,不是绝物,而是在与物一体中持守自身的本质。逍遥而游者必须走出自我,让物作为他者到来,在与他物相遇中构成整体,由此他者与整体再回到自身,才是真正的自由存在。如果"仅仅'体悟'自身之心灵状态且仅仅在自我心灵中完善他者,乃是被世界所遗弃者"①;被世界遗弃,则无逍遥可游,因为所谓逍遥而游,不过就是存在于这个世界之中,或者说"存在于两间"②。

---

① [德]马丁·布伯:《我与你》,陈维纲译,生活·读书·新知三联书店,2002 年,第 82 页。
② 王夫之:《庄子解》,第 1 页。"寓形于两间,游而已矣。"

附录二　思与在的辩证展开
——《庄子·天下》篇首章诠释

　　《天下》作为后序,涉及天下或道与不同致思立言者的关系。通常的理解总是引向将纷然的致思立言者视为对道或天下的分裂与扭曲,从而力图突出天下或道自身(其自身的完整性与自在性)。实质上,《天下》强调的恰好是:一方面,天下或道尽管为不同治方术者所扭曲与割裂,但是,只能经由思与言才能得以敞亮;另一方面,敞亮天下或道的思与言又具有不同的层级和品次,庄子突出了在个体之处的真实独得之境的辩证过程及其对整体的回归。两方面统一在一个世界整体之在和主体思与言的体用不二之中,世界整体之在和主体的思与言彼此互为体用,并展开为基于主体思与言的辩证过程。

　　根据钟泰概述,《天下》可以视为整个《庄子》的后序,表达了庄子哲学的旨趣:"此篇历叙道术由全而裂之故,以及《诗》《书》、六艺之用,墨翟、禽滑釐以至关尹、老聃之优劣,而后述己所以著书之意,与夫察士辩者之异同,盖与《论语·尧曰》之篇、《孟子·尽心》篇之末章,上追尧、舜授受之渊源,下陈孔子与孟子自己设施志趣之所在,大略相似。故自明陆西星《南华副墨》及王夫之《庄子解》皆以此为《庄子》之后序,其为庄子自作,无可疑者。"①《天

---

　　① 钟泰:《庄子发微》,第 754 页。

下》可以简单分为两部分,传统上从"天下之治方术者多矣"至"道术将为天下裂"为"总序"部分,其余为分述评论各家之言。我们将"总序"视为《天下》首章,以思与在的关系为中心,以豁显其中的蕴意:庄子之意并非要突出一个超绝的天下或道本身,而是要在丰富多样的思与言中彰显真实的存在。

一、思与言的整体及天下的敞亮

《天下》开首就以为天下有多样的治方术者:

> 天下之治方术者多矣,皆以其有为不可加矣。古之所谓道术者,果恶乎在? 曰:"无乎不在。"曰:"神何由降? 明何由出?""圣有所生,王有所成,皆原于一。"

尽管除内篇外,《庄子》外篇、杂篇每篇的篇名是取第一句话的起首二字,但就其实质内容而言,将"天下"与"治方术"相勾连而论,无疑绽露了特定的意旨。

治方术者,即思与言。天下者,也就是一般所谓在者及其整体。天下与治方术相连而言,则所谓天下,即不可离却思与言之天下。思与言,是人的主体性力量。简单而言,可以说,《天下》开篇豁显的即是不可离人而言天下。此亦荀子所谓"错人而思天,则失万物之情"(《荀子·天论》)之意。

不过,天下显现于方术之治,其中有三层义理待分疏:

其一,天下及万物之在,与人的思与言有何种关联? 或者说,离却人的思与言,在者是否仍然有其在?

其二,思与言总是具体个体之所为,有无所有主体共同认可的道术,或超越具体思考言说的普遍真理?

其三,不同个体由于其主观性差异,不同的思与言之间,彼此的关系如何？

从常俗观点看，有物在才能对物加以思考与言说。但是，物之显现其在，只能经由思与言而具体呈现。物之先在，是具体的思与言反省自身而有的推设。这里，似乎有一种逻辑上的悖谬之处：只有思与言的反省才能推定其所思所言之物的在，这是思与言先于物之在；而思与言之所以能思能言，必先有其所可思所可言，所可思所可言作为物之在，先于思与言。这是两种不同的"先在"，具有不同的意义，二者的真实根基何在？这是《天下》主旨内蕴的一个问题。

《天下》似乎一开始就将问题转换了：它不问能思能言与所可思所可言的关系，而是问——普遍真理（道术）何在？

这两个问题有何差别呢？

能思能言与所可思所可言的关系，一定意义上可以说是心物关系。但问普遍真理（道术）何在，则是群己关系，即我之能思能言及所思所言与他人之能思能言及所思所言的关系（所思所言与所可思所可言的含义不同，所思所言是思与言的观念性内容本身，所可思所可言是思与言的对象）。

每一个能思能言的"治方术者"，都以为自己的所思所言是最为切近真理的，甚至就是真理本身，他人的思与言以及所思所言对此无所增益。在此种谬解之中，有人甚至将其自身之所思所言僭越为超绝性的实体之在。这最需要警惕。

道术作为真理是能思能言之所求索的目标，既是所可思所可言，又是所思所言。道术不离对道术之治，真理不离思与言。如果预设道术作为具体思与言之先的实体，则道术等同于一物，即所谓"道之为物"，这就如同前面所说的会出现思与言同道术的悖谬。因此，《天下》一开篇就将心物关系转换为群己关系，它追问的是：道术存在于何处？

道术即存在于所有思与言以及一切所思所言之中，所以是"无所不在"。无所不在不是说道术均匀地存在于草木瓦石、虫鱼鸟兽和人群之中，而是说，道术就存在于所有不同的思考与言说之中。

思与言就是对道术的敞明。所以，《天下》在强调"无所不在"之后，紧随着对"神明"从何而来的追问："神何由降？明何由出？"降是由上而下，出是由下而上："神者天，故曰降；明者地，故曰出。"①《易传》认为，天垂象，地呈文。降如垂，源自天；出犹呈，发自地。神降自天，明出自地，神明之为神明而彰显自身即在敞亮自身于天地之间，并由敞亮自身而敞亮了天地万物。

居于天地之间者是什么？《易传》所谓易道，是"兼三才而两之"，即在六爻成卦所显示的变化法则中，上两爻象征天，下两爻象征地，中间两爻象征人。这表明，"人是居间的"："我们始终是居间的。"②《系辞》说："言行，君子所以动天地也。"人居天地之间而以言行动天地，如咸卦所说，人在天地之间动天地，使得天下行，地上行，使得天地相遇于人，三者相遇之所遵循，此即所谓道。③庄子乃至道家所谓道，具有相近的意蕴。

《天下》论天降神，地出明，神明即是思与言之本质。神与明意涵相同，明而申言之曰神，一方面彰显神明之居间，另一方面强调明之自然而不可究诘。神即是所谓神妙不可致思，意味着一种视野转换：不要追问明从何来，而即此能明以明其所当明。换言之，人能以思与言来敞明在者之在，不能去追问人为什么能思能言，而是要以此能思能言去真切地思与言，由思与言以及所思所言而敞明所可思所可言。

然而，无所不在的意思不是抽象地说道术存在于思与言之中，而是具体地存在于所有的思与言之中。既在我之思与言之中，也在你之思与言之中，又在他之思与言之中——道术存在于所有现实的思与言（及所思所言）之中。

对于道术或天下之在的敞明，从心物关系向"无所不在"的群己关系转化，这意味着某个特定个体不能将自己一己的思与言及所思所言僭越伪装为"道术"本身。居于天地之间的居间者，人，每个人并所有人，潜在地都是一个个能思能言者。道术就存在于一切能思能言者之被允许自由自主地运用其思、自由自主地运用其言的思与言的活动之中。而现实的思与言总是彼此差异的，彼此之间是非淆乱，争论不休。思与言的自由自主运用，相应

---

① 钟泰：《庄子发微》，第 756 页。

② ［德］马丁·海德格尔：《物的追问》，赵卫国译，上海译文出版社，2010 年，第 216 页。

③ 参见郭美华《从"天人之际"看〈易传〉"三材之道"的意蕴》，《人文杂志》2007 年第 4 期。

地就必然是不同观点意见的自由争论。因此,道术作为真理,就存在于不同的思与言之自由的展开以及它们相互之间的自由争论之中。唯其如此,道术才得以敞明自身。道术即是每一个能思能言者之能自由自主地运用其思、自由自主地运用其言以敞明自身。道术之敞明,就是使每一个自为主宰的能思能言者如其自身而敞明自身。

神明,作为敞明道术的思与言的本质,就其可能性而言,是每一个居间的存在者的内在力量。但是,神明的光亮并非均匀而普遍地散在于所有居间存在个体。道术以每一个体思与言的自由自主的运用为其呈现/敞明自身之本质,但是,在历史与现实中,并非每一个居间存在者都能对其能思能言进行自由自主的运用。有的个体有其神明之质,但不运用其思和言;有的个体又将自身的思与言膨胀而至于如日月之光而耀了万物和他者之神明。所谓膨胀而耀,就是居间者整体之中的有些个体,他的神明之光过于强烈,湮没了其他居间者的光耀,或者过于光耀而使其他居间者的神明暗而无光。居间者整体中,有的个体不愿运用其思与言,有的个体膨胀地使用其思与言,有的个体不能使用其思与言,有的个体不能充分地使用其思与言。所以,居间存在者之具体的思与言以及所思所言,便有不同的轻重厚薄程度的显现。

在此意义上,神明作为对道术的敞开,就以圣王为特出的表现。圣者耳聪目明以至于能通天下之情,王者言行卓绝而能贯天地人为一。在上古,圣者即王,而王未必即圣。但圣与王之能磅礴其思与言之神明,则根源于"一"。

我们须得追问:"一"是什么?

"一"即是圣与王之所以为圣与王的那个根基,即天地人之一体。由上所述,最可注意者,是与所有居间者之一体存在。圣王的思与言之神明,源自所有居间者浑然同在之整体。

神明对在者整体的敞亮,可以说,所有神明就是此整体自身之力量。整体中之特定居间者的神明,就是整体自身之神明。整体敞亮自身,经由居间者中的特定个体而实现。

整体有绵延,个体有发展。整体之一,内蕴着多。多的一个方面的含义是整体与部分之间的关系，另一个方面的含义是过去、现在与未来的关系。

相应地，居间者整体中的特定个体，磅礴其神明，无论其如何磅礴其光，一方面，必须首先照亮其自身在整体之中的界限，守其所当止而不逾越，使整体中的其他相与居间者能自神其明；另一方面，必须照亮自身绵延存在的变化流程，既明觉于当下之展开，又不昧于过去之远去和将来之切近。此即所谓"原于一"。

二、思与在相融之真的分层与统一

天下之为一，以居间者整体之一为根基。但居间者整体并非每一部分均匀散布的分子，所以《天下》紧接着说：

> 不离于宗，谓之天人。不离于精，谓之神人。不离于真，谓之至人。以天为宗，以德为本，以道为门，兆于变化，谓之圣人。

天人、神人、至人、圣人降而至于君子、百官以至于民，这是一个有着分层的整体，亦即一个双重性的整体存在。

一方面，是"本然的存在整体"，人群分为不同的品次：有能明而能言能思者，有无明的不能言不能思者；有明耀而多言多思者，有明弱而少言少思者；有明而不言不思者；等等。如此整体，一切能言能思所言所思，都可以视为整体自身内在的显现，或者说存在整体的自我彰显。这样的整体，可以括天地为一，"天地本无心，以人之心为心"；而人者，又以圣为其通，以王为其成："圣之为言，通也；王之为言，往也。体道之谓圣，故曰有所生；行道之谓王，故曰有所成。"①

---

① 钱基博：《读〈庄子·天下篇〉疏记》，见张丰乾编《〈庄子·天下篇〉注疏四种》，华夏出版社，2009年，第94页。

　　另一方面,本然存在的不同品次,自身都显现在"言说思考"之中。或者说,一切言说思考,其内涵都表征着特定人群的生存样式。比如,民者之生,农家为其言说思考;官吏之治,法家为其言说思考;君子(略读书者)的仁义礼乐,儒家为其倡言致思。

　　一切思辨言说,总是与特定的生存样式相融一体。思辨言说是存在自身的自觉。但存在整体的双重性,使得存在与自身的自觉往往出现分离和对峙。思辨言说易于走向对存在的疏离而自私用智,即单纯的精神觉悟与天地浑然一体的实存活动分离。

　　因此,庄子叙说诸家之论,就是以二者的一体或分离为说,以思与在的一或离判别诸家。这里对天人、圣人、神人乃至于至人的道家式强调,则突出强调思与在二者的统一于自然。

　　宗者,自然;天者,亦自然之意:"冥宗契本,谓之自然。"①所谓天人,就是领悟于生命之本质而融身其中而不言不思的存在样态。

　　所谓精,就是能领悟之能力。守住这一能领悟之能力,对于此世之境有种领悟,而决意求索不放失,就是神人。神人之意蕴,就是异于凡俗的存在样式。

　　所谓真,就是有限的明觉。明觉于此世之不足执着,而能实地去离妄求索其真,将此世生存的限制推至其极限,就是至人。

　　所谓圣人,就是能将天人、神人、至人融为一体的存在样式。

　　在庄子《逍遥游》的言说中,至人是无己的存在,神人是无功的存在,圣人是无名的存在。人突破此世的限制而达于其极致,就是无己;因为有己就是有自身有形的限制,无己则消解了有限之形的限制。此世存在者都有其形限,有形限而有其现实之功用。然而,至人没有了形限,则无以在此世有其功用。它表明至人以一种异于此世的方式存在,此世为人,则相异之存在方式就是神。所以,至人达其极致,相对于此世之人,就是神人。此世有形限的存在,有形则有名,以在时空中彼此相区分。有形有名者在此世,无形无名者在彼世。无形者无名,但是,当其与有形有名者相对而言之际,可以

────────────

　　①　郭象注,成玄英疏:《南华真经注疏》,第604页。

以对有形有名者的否定而获得一种名——"无形无名者"也是一种形名。凡夫存在于此世而人，至人存在于彼世而神。但神之在彼世，只要生命延续，还得返而归于此世。此而尘世，彼而神界。世人有形有名而局限在此之尘世，神人则破除形名而趋于彼之神界。彼此两界截然分途割裂，此世而不得其觉悟，彼世而不得其实存。两者相通，可以居于此世而得悟，可以逗留于彼世而实存，在尘世与神界两者之间自由往来，即是圣人。圣之为圣，本质之义即在于"通"。圣人通尘世与神界而不可定名于尘世，也不可无名于尘世；不可有名于神界，也不可无名于神界；欲以尘世之名名之，圣人又逗留在彼之神界；欲以对尘世形名之否定而界称之，圣人又留居在此之尘世。在逍遥游的意境里，圣人就是人存在的完满样式，是真正的自由之在。①在一定意义上，庄子后文所谓"内圣外王"，其蕴意就在于说明：内圣即是可以觉悟达于极致而逗留于彼之神界；外王就是可以不失其觉悟而与物混处、居于此之尘世。而内圣外王之统一，就是觉悟之精神与生命实存之尘世的统一。

对庄子来说，天人和神人两个概念是不可或缺的。

缺乏天人和神人的圣人，往往成为儒者僭越之虚伪。

圣人"和光同尘"，光必须神而至于彼界，然后回照此界乃可。没有让觉悟达于极致而逗留于彼之神界的和光，就不能有返而归居于此界的同尘。在庄子，神人居于遥远之神圣净洁的姑射山上。姑射山虽在大地，而隔离于尘世。神人的生存样式也与尘世大相径庭。

如果没有真正的光至于神界的觉悟，而只是强调在此之尘世的混同在世，则往往会是无神而纯粹伪装之在。浅薄俗儒妄称圣人者无一例外。所以，在孔子的儒家视野里，究极而言，圣人是一个虚位，不似孔子而后孔门弟子乃至孟子和后世儒者所谓，真圣在儒。

有神人和神界，以及神人、神界与俗人、尘世的分立，这是庄子作为道家的一个根本之点。由此，在彼之神界和此之尘世的自由来往与通而为一的生存样式中，超越思辨言说的真正觉悟就融摄在如其自然的生命流程之中。

---

① 　参见郭美华《出离与返回：作为过程的逍遥——〈庄子·逍遥游〉疏解》，《中国哲学史》2009年第4期（也可参见本书附录一）。

因此,所谓天人,就是不立言不致思而浑然天地一体的觉悟之在者。圣人则是立言致思的觉悟者。在一定意义上,天人就是不立言不致思的圣人。

思辨言说是对在世的觉悟,但本真性的在世觉悟则超越思辨言说。这种超越,在在凸显的是觉悟与生命实存的一体相融。这种相融,是内蕴的丰盈的"自然"之所意味的东西:自身之真与他者之真乃至天地自身之真的相融;圣人之返归于整体而非僭越于整体之上。就此而言,圣人内涵着天人、神人、至人的意蕴,使得道家的圣人概念迥异于孔子之后儒家虚构的圣人概念。

三、天 下 与 体 用

《庄子·天下》上引"不离于宗,谓之天人"以及首章末尾文字,实质上可以视为其后分述的一个综述:

> 不离于宗,谓之天人;不离于精,谓之神人;不离于真,谓之至人。以天为宗,以德为本,以道为门,兆于变化,谓之圣人。以仁为恩,以义为理,以礼为行,以乐为和,薰然慈仁,谓之君子。以法为分,以名为表,以参为验,以稽为决,其数一二三四是也,百官以此相齿,以事为常,以衣食为主,蕃息畜藏①,老弱孤寡为意,皆有以养,民之理也。
>
> 古之人其备乎!配神明,醇天地,育万物,和天下,泽及百姓,明于本数,系于末度,六通四辟,小大精粗,其运无乎不在。其明而在数度者,旧法世传之史尚多有之。其在于《诗》《书》《礼》《乐》者,邹鲁之士、搢绅先生多能明之。《诗》以道志,《书》以道事,《礼》以道行,《乐》以道和,《易》以道阴阳,《春秋》以道名分。其数散于天下而设于中国者,百家之学时或称而道之。
>
> 天下大乱,贤圣不明,道德不一,天下多得一察焉以自好。譬如耳

---

① 陈鼓应在"畜藏"后加"为意",见《庄子今注今译》,第 857 页。

目鼻口,皆有所明,不能相通。犹百家众技也,皆有所长,时有所用。虽然,不该不徧,一曲之士也。判天地之美,析万物之理,察古人之全。寡能备于天地之美,称神明之容。是故内圣外王之道,暗而不明,郁而不发,天下之人各为其所欲焉以自为方。悲夫,百家往而不反,必不合矣!后世之学者,不幸不见天地之纯,古人之大体,道术将为天下裂。

对此,王夫之以"体用显微"作了一个深一步的诠释:

盖君子所希者圣,圣之熟者神,神固合于天均。则即显即微,即体即用,下至名、法、操、稽、农、桑、畜、牧之教,无不有天存焉。特以得迹而忘真,则为小儒之陋;骛名而市利,则为风波之民,而诸治方术者,竞起而排之。故曰鲁国之大,儒者一人而已,亦非诬也。乃循其显者,或略其微;察于微者,又遗其显;捐体而狥用,则于用皆忘;立体以废用,则其体不全;析体用而二之,则不知用者即用其体;概体用而一之,则不知体固有待而用始行。故庄子自以为言微也,言体也,寓体于用而无体以为体,象微于显而通显之皆微。盖亦内圣外王之一端,而不昧其所从来。①

中国哲学中的体用概念,大致类似于西方哲学中本质与现象的关系、佛家中性与相的关系。但西方哲学中本质与现象有二重化倾向,佛家则重在破除相、消解相的实在性,而中国哲学强调的是体用不二、体用一如。王夫之以体用关系来理解《天下》思与在的关系,有着极深的义理内蕴。

就具体内涵而言,体用关系可以有两点意义:一是实体与功用的关系,即有某种实体就有某种属于该实体的功用。不存在没有任何功用的实体,也不存在没有实体担当者的功用。特定的实体,总有特定之功用;特定之功用,总是特定实体的实现或表现。单就这一层面而言体用,常易于陷入思辨的构造之中。但如果将世界整体视为某种"实体",世界整体之功用就是世界自身的显现,那么,实体与功用的含义可以在下一层次,即整体与显现的

———————————

① 王夫之:《庄子解》,第279—280页。

意义上来理解。二是整体与显现的关系，即整体的存在总以某种方式显现出来，而显现总是多样性的部分之基于相互关联而实现出来的。就整体与显现而言体用，存在两种显现方式：自在显现和自为显现。自为显现是渗入了主体性的言和思，整体以主体自己肯定自己、自己觉悟自己的方式展开自身，这就是整体自身展开的自为，或自为显现。所谓自在显现，则是主体言和思尚未自觉的潜隐之状，它为自为显现所推设，并且作为自为显现所以可能的基础。有所自觉即是显明在光亮之中，尚未自觉是隐微潜存于寂寥之中。自觉之显是自为，寂寥之潜是自在。整体自身是自在与自为的统一，二者统一于有理性存在者（万物之灵）的具体的知行活动之中。在理性存在者的具体知行活动的展开过程中，自为与自在两种显现方式统一起来才是整体。

　　整体与显现的关系，可以用大海水（整体）与众沤（显现）之喻来理解。这个比喻为熊十力所重视。大海水由无数的沤组成；大海水的澎湃通过众沤之涌荡而呈现；众沤之涌荡只是大海水澎湃的显现，每一沤都不能脱离大海水而存在；没有脱离众沤之大海水，也没有脱离大海水之任何一沤。①涌荡在眼前的水浪、水泡，近在咫尺，为我们生动的情思与觉悟所把捉，是显；涌荡而来的水浪、水泡，从天际之海水源源而来，天际之海水不为我们生动的情思与觉悟所把捉，是微。大海水的显与微，在我们的想象里融为一个整体：我们由显明于生动情思与觉悟的涌荡，想象且领悟了一个作为背景的无边无涯的大海水整体。

　　大海水与众沤之喻，是地面上的比喻。我们也可以用秋日夜晚的天空与星月之喻来理解整体与显现的关系。秋日之夜，仰望天空，闪亮的星星月亮，点缀在浩瀚天空。我们所见者，是这亮堂堂的月和星，但恰好是这星月的亮堂，无边天空作为整体性的背景才得以彰显。点点繁星布满天空，是为群星灿烂，那样的夜晚，我们可以自悟于自身的小小光亮；若是寥寥星辰，几颗星星若隐若现，天空显得静谧而幽隐。寥寥之星辰，闪亮着自身，一方面

---

　　①　熊十力在不同的地方反复提到这个"大海水与众沤"的譬喻，来说明整体与部分或体和用的关系。比较详细的论述，可以参见熊十力《十力语要》，中华书局，1996年，第40—42页。

是其自身之显现，但更为本质的是，它们以显现自身的方式显现着天空之整体。换句话说，天空作为整体恰好就是通过寥寥之星辰的自我（星辰）显现而显现自身（天空）的。

在理性存在者的历史与现实之在的汪洋大海或无边天空中，弄潮儿或寥寥星辰在一袭光亮中显现自身，而他们的显现自身，牵引着无边的关联者呈现。人世之寥寥星辰以语言和思闪亮自身，语言和思又广泛流布于人世的每一角落、渗透在人世之整体中。或可以说，语言和思自身就是人世（作为理性存在者的整体）显现自身的功用，语言和思在所有理性存在者的自明自觉的活动中显现自身。耀眼之星辰，与黯淡之星辰，彼此牵涉，更透显了广袤无边的日用而不知的大众——作为幽隐而潜在的理性存在者。恰如鲁地"儒者一人而已"，一人即已彰显鲁地之有儒；人世之寥寥星辰，也昭示了人世之有言和思。没有人世整体的言和思，寥寥之星辰无以为其亮；没有寥寥星辰之闪亮自身，人世之整体无以显现其广袤。

即此而言，王夫之以体用不二诠释《天下》，就突出了整体与部分（乃至个体）之间的相互辉映。这种相互辉映，要求我们恰如其分地理解体用不二的含义。也就是说，要破除静态理解，要避免从单纯的概念抽象性角度就体用的概念内涵来玩文字游戏，要在动态的、实质的存在过程中去理解，将体用不二理解为诸多环节的统一。

首先，破相显性是第一个环节。即，人在与事物的交互作用中对事物进行反思，通过对现象的否定寻找真实，其实质是现象界用自我否定的方式来呈现自身。比如，伸手不见五指的黑夜，闪电突然划破苍穹，那闪电就成为一种对黑夜之整体的撕裂，引向对这无边黑夜（现象）的否定，而于闪亮中趋向求取发亮者。

其次，摄用归体是第二个环节。即，要求破除现象的束缚，实现对事物现象背后实体的把握。黑夜为闪电划破，闪电之光亮否定了黑暗之现象，但闪电之所从来的发光者，并未直接在闪电之光亮中呈现自身。黑夜作为幽隐整体，其亮光之思，因为所照亮的夜间景物飘忽不定，思自身（那道闪电）便预设了一个确定不易的实体作为光亮的发出者。这一预设的光亮发出者或光亮的实体，超绝为其照亮的景，区别于被其所划破的漆黑夜晚；它自为持守,即是不变的、所以能亮的自身。由此,夜晚以及夜晚的那些飘忽的景物,便一起归属于这精神性的实体。精神性的实体是不变的体,而它所照亮的景物与划破的夜晚,则是流变不定的用。用以其流变之不定而假、而虚,体以其不变之持守而真、而实。

再次,称体起用是第三个环节。即,自为持守的精神实体,在现象世界中实现出来。漆黑夜晚的闪电,被预设为不变的精神实体的光亮;它照亮夜晚和夜晚中的景物,夜晚和夜晚的景物都飘忽流变;飘忽流变为实体的闪电所照亮,其能照着为体,其所照者为用;体不变而自为持守,用流变而无可确定。但是,流变之用作为所照,构成着能照之体的多样性内容——没有对于流变之照,体之所以为体则不得其显明。光亮总是有所照耀的照亮,不照一物的光亮比漆黑更为黑暗。因此,自为持守了的光照之体,在破除景物与夜晚之飘忽后,返回来,如其本质而照亮夜晚和景物,并以对黑夜和景物的照亮而真正地实现自身。而就人之寓存于此世而言,称体起用也就是作用见性。所谓作用见性,也就是人经由自身自觉的思与言的活动而显现世界整体的本质。这一环节,其实具有关键性的意义,它是前后诸环节的本质性中介。

再其次,即用显体是第四个环节。如上,光亮之所以为光亮,正是因为其有所照,其所照者即是飘忽不定的无边之物。让能亮者亮起来,让一切幽隐潜在于寂寥之中的飘忽者到场,就是光亮之为光亮。“让……亮”,并有不定的“X”到来。这是经由“让 X 亮”而显现自身之能亮。“让 X 亮”是用,而由此用更深刻地彰显了能亮之体。能思能言者之所思所言,就是“让 X 亮”的本质性所在。能思能言与所思所言,就是用,离却这用,无以显现“X”。

最后,摄体归用是第五个环节。如果说,发光的实体当且仅当其耀眼之光闪现才成其为发光者;而亮之所以为亮,当且仅当其有所照耀,才成其为亮。那么,无所照耀的实体自身,纯粹无所照耀的光亮自身,便是不可理解之物。能发光之实体,实体之所闪现的光亮,便依存于被照耀的万般景物——没有在光亮中显现的缤纷色彩,光亮就如同黑暗。用作为万象,是斑驳的、摇曳的、多彩的、流变的。但恰好是万象之斑驳、摇曳、多彩、流变,才真正彰显了光亮——光亮正是让事物如其自身地显现自身而成为光亮。作为被显现的"X"，其显现方式就不仅有唯一的"答案"，而是有无边无际、无量数的解答——不同的作为能思能言者的主体，都由自身给出异彩纷呈的回答。于此，不再有在事物的多样性、差异性展现之外的精神实体。世界作为整体的实情就是无边的、绚烂的、流变的绽放。

对有理性存在者的这个世界而言，这五个环节彼此牵连而成一个绵延不绝的整体过程。这个过程，具有内在的生存秩序，缺一不可。不能用任何一个环节去否定其他环节。而五个环节连缀而成的世界显现过程，也就是理性存在者运用思和语言彰显自身的过程。就这一过程内具的辩证秩序而言，体用不二最终要求回到具体而实在的感性生命中去。

就有理性的存在者寓存于世而言，理性之思与世界之在互为体用。一方面，可以说，世界之在是整体，理性之思是显现；不能脱离理性之思而言世界之在，也不能脱离世界之在而言理性之思。另一方面，也可以说，理性之思是体，世界之在是用，理性之思照亮世界中之物；能照为体，所照为用；不能脱离理性之思的照耀而言世界及其中的万物之在，也不能脱离所照的世界及其中的万物而言无所照耀的光亮自身。

因此，在一定意义上可以说，整个《天下》篇，就是在体用不二意义下，强调思与在的统一。由此，我们对《庄子》齐物与逍遥的意蕴也可以得到一个前后照应的理解，即二者都基于整体性与差异性的相融。齐物并非要在世界整体之外树立一个超绝的存在者，逍遥并非要在万物之外突出特定的唯一者，天下也不是要给出一个天外存在者。抹灭了纷然致思发言者的所谓"道"的自存，并不是天下之为天下的真意。《天下》篇的真意就是，天下即天下之一切，就是每一个与所有一切的统一。

后 记

　　哲学之为业,在今天这个时代,并非一件可欲之事。任何一个时代都在拒斥哲学,以便展开流俗样式的生活。这并不奇怪。奇怪的是,以复兴文化为鹄的的思想努力,也以拒斥哲学为自己的要务。哲学作为舶来品,身份一直可疑。于是,自同于伟大传统精神的人,就以清除西来浸染之物作为自身的信仰,似乎那个伟大的传统与西来之物都是自明的既成物,而自担大任者就有着洞察秋毫的天赋之禀并对二者严加辨析,以守护某种纯粹的属己之物。其中内藏着某种隐曲的转戾,自圣者的自私之物僭越地被夸大为了特定地域共存者的本质。就此而言,哲学之在"此"的生成,尚待时日。

　　我曾冀图通过孟子,为一己寻求安身立命之基。无疑地,操之在我的自我完善,经由自我选择与主动行动的本质生成,让有限生命绽放在自我创造的清晰透明之中,这些关涉人之为人的某些重要方面。可是,在仁义与政治的本质一致性中,仁义的自圣化与政治的侵夺弥漫,仁义-政治成为每个人乃至所有人生命的本质内容,造成了天地整体及其秩序之自在性的遮蔽,以及他者差异性的湮没。

　　倡言"人皆可以为尧舜"或"涂之人可以为禹",以极个别圣人作为所有人生存的目标,这既不符合历史与现实的实情,也违背基本的理性逻辑。在某种意义上,"人皆可以为尧舜"或"涂之人可以为禹"是悖于道德(老庄本体论意义上的道德,区别于仁义)的,其中蕴涵着仁义的伪造与政治的欺诈。

人是政治动物这一似是而非的教条，必须受到拒斥与揭露，才能将被扭曲和遮掩的真实生命重新敞开。

在《庄子》外篇的前四篇中，拒斥圣人、圣知、仁义、政治，是其鲜明的主题，四篇相对构成一个较为具有连续性的文本。尽管从《庄子》文本结构来看，《天地》与《天道》《天运》两篇相对构成一个连续性整体，但因为现在《庄子》解读恰好做完了《天地》篇，所以就把《天地》篇解读一并收录在一起。

作为仁义-政治一体化流俗生存样式的"他者"，捍卫自身的真实生命，就必然拒斥圣人-仁义-政治对世界的扭曲。让世界整体持守其自在性，让秩序持守其自然性，让他者持守其差异性，就成为每一个追求自身独一无二之真实生命之人的本己内容。实际上，逍遥与齐物的可能，首先不是给出一个自觉的自我实体或者理智的普遍性本质，而是彰显一个自在其自身的自然整体与自然而超越的秩序。只有当整体自身持守为一个不可被主体观念化的、无边广袤与无底深邃的自在之域时，迥然差异的每一物与所有物，才可能得以在其自身自然而自由，有序而共在。当世界整体及其秩序被个别主体（比如圣人）在其个体性主观观念中被同化合一而丧失自在与自然之际，作为他者的其他个体乃至所有个体，就都必然会"窅然丧其天下焉"——失去自身自由而自在生活的天空、大地与秩序。换言之，只有作为帝王的尧"窅然丧其天下焉"，尧之外的其他个体才能拥有自身的"在天下生存的可能性"。在"普天之下莫非王土，率土之滨莫非王臣"那种天下及其万物"尽在我之掌控"的视域中，仁义与政治沆瀣一气封闭了一切可能差异的生存之道，囚禁了一切殊相的可能自由，必须加以砸破、克服与超越。

在此意义上，从孟子转向庄子，既是个体生命走向自身的必然，也是思想深化自身的必然。思想与生命的融二为一，就只能是哲学的生存样式。

哲学以理性之思合于逻辑地展开作为自身的本质，它在"此"生根，意味着思想世界的根本性新生——摆脱仁义-政治的裹挟与囚禁，开创思想与生命独立而深邃的通道。

这本小书，是《庄子》通解的一部分。《庄子》内七篇的解读，以《迈向自由而深邃之境——〈庄子·内篇〉的生存论解读》为题，将由山东教育出版社于2025年出版，一方面显示了《庄子》思想的转进，另一方面也展示了我自己思考的转进。另外,我将继续逐篇解读,直到完成对整个《庄子》三十三篇的解读,以此为基础,再返回来进行专题化与主题化的思考。其中,《仁义对道-德的碍阻与中断——论〈庄子·骈拇〉对仁义的批判》,是与赵帅锋博士合作撰写的论文,发表于《诸子学刊》2019 年第 2 期。《仁义-政治之域对物之自在性与自然性的湮没——〈庄子·马蹄〉对仁义和政治的批判》,是与余敏博士合作撰写的论文,发表于《杭州师范大学学报》(社会科学版)2018 年第 4 期。对《庄子·天地》的解读,一共分成五篇论文(其中第一篇是与余敏博士合作撰写的),在两年多的时间内,陆续刊发在《商丘师范学院学报》"名家解庄"栏目,在此也特别感谢《商丘师范学院学报》和主编宁智锋先生、副主编郭德民先生,感谢他们的辛勤工作和真诚帮助。另外,《圣人与知识对政治生活的扭曲——〈庄子·胠箧〉对圣人与圣知的批判》刊于《中共宁波市委党校学报》2018 年第 1 期。《仁义的克服与政治的超越——〈庄子·在宥〉诠释》刊于《庄学研究》2019 年第 2 期。

　　《超越仁义-政治之境——〈庄子·外篇〉解读之一:从〈骈拇〉到〈天地〉》一书,受到教育部人文社会科学重点研究基地华东师范大学中国现代思想文化研究所出版资助,以及中央高校建设世界一流大学(学科)和特色发展引导专项资金与中央高校基本科研业务费资助。在此特别致谢。

2023 年 4 月
于法国巴黎

图书在版编目(CIP)数据

超越仁义 - 政治之境：《庄子·外篇》解读之一：从《骈拇》到《天地》/郭美华著. -- 桂林：广西师范大学出版社，2025.4. -- ISBN 978-7-5598-8014-7

Ⅰ. B223.55

中国国家版本馆 CIP 数据核字第 2025E39E74 号

超越仁义 - 政治之境——《庄子·外篇》解读之一：从《骈拇》到《天地》

CHAOYUE RENYI –ZHENGZHI ZHI JING——《ZHUANGZI·WAIPIAN》JIEDU ZHI YI：CONG《PIANMU》DAO《TIANDI》

出 品 人：刘广汉

策划编辑：刘孝霞

责任编辑：李 远

装帧设计：李婷婷

广西师范大学出版社出版发行

（广西桂林市五里店路 9 号　　　邮政编码：541004

网址：http://www.bbtpress.com ）

出版人：黄轩庄

全国新华书店经销

销售热线：021 - 65200318　021 - 31260822 - 898

山东新华印务有限公司印刷

（济南市高新区世纪大道 2366 号　邮政编码：250104）

开本：690 mm × 960 mm　　1/16

印张：15.25　　　　　　字数：225 千

2025 年 4 月第 1 版　　2025 年 4 月第 1 次印刷

定价：68.00 元

如发现印装质量问题，影响阅读，请与出版社发行部门联系调换。